Peter Brückner

Sozialpsychologie des Kapitalismus

Mit einem Vorwort von Klaus Weber

Psychosozial-Verlag

Argument Verlag

Peter Brückner
Sozialpsychologie des Kapitalismus
    Neuauflage der Ausgabe von 1981 (Rowohlt)
    Gemeinschaftsausgabe Psychosozial-Verlag (Gießen) und
    Argument Verlag (Hamburg)
    ISBN 3-89806-260-0 (Psychosozial-Verlag)
    ISBN 3-88619-328-4 (Argument Verlag)

Psychosozial-Verlag im Internet: www.psychosozial-verlag.de
Argument Verlag im Internet: www.argument.de

Bibliografische Information Der Deutschen Bibliothek
    Die Deutsche Bibliothek verzeichnet diese Publikation in der Deutschen
    Nationalbibliografie; detaillierte bibliografische Daten sind im Internet über
    http://dnb.ddb.de abrufbar.

Inhalt

Vorwort

> »Die Befreiung kann uns nicht gegeben werden, wir müssen sie
> selbst erobern. Erobern wir sie nicht selbst, so bleibt sie für uns
> ohne Folgen. Wir können uns nicht befreien, wenn wir nicht das
> System, das uns unterdrückt, und die Bedingungen, aus denen
> das System erwächst, beseitigen. Wie aber soll die Befreiung
> nun von uns ausgehen, wie sollen die Umwälzungen vollzogen
> werden, wenn wir immer nur gelernt haben, uns zu fügen, uns
> unterzuordnen und auf Anweisungen zu warten.«
> (Peter Weiss, Ästhetik des Widerstands I, S. 226)

Ist es sinnvoll], einen sozialrevolutionären Klassiker nach mehr als 20 Jahren wieder aufzulegen? Sind nicht die Zusammenhänge zwischen Produktionsweisen, Lebensweisen und den Subjektformen so vollkommen anders als in den 1970er und 1980er Jahren, dass kein Erkenntnisgewinn mehr abfallen wird beim Studium einer *Sozialpsychologie*, die exakt diesen Zusammenhang für die BRD theoretisch aufzuschlüsseln versuchte?

Vor allem die Fragen, welche eine Neuauflage von Peter Brückners *Sozialpsychologie des Kapitalismus* provoziert, zeigen, wie notwendig es ist, sowohl an ihn – den radikalen Intellektuellen – als auch an seine Texte – die man als Glutkerne einer Befreiungspsychologie bezeichnen kann – zu erinnern; schon allein deswegen, weil Brückner als Psychologe heute vielen nicht mehr bekannt ist und weil seine Art zu denken und zu handeln – sich an den ökonomischen und kulturellen Verhältnissen gesellschaftlicher Wirklichkeit orientierend und in sie eingreifend – von theoretischen Gegnern Brückners, mehr aber noch von seinen Freunden und Mitstreitern, vergessen worden sind.

> Intellektueller, so Jean Améry, ist derjenige, der sich »an *die Gesellschaft
> engagiert*«. Und er fügt hinzu, »dass es nicht die bestehende, sondern die werdende Sozietät ist, der er sich verpflichtet fühlt. Noch schärfer könnte man
> formulieren: sein Engagement gilt dem Werden selbst, dem Umbruch, der
> Revolution«. (Améry 2004, S. 51/52)

Der theoretische wie praktische Einsatz für eine gerechte, menschenwürdige – also sozialistische – Gesellschaft war Brückners Sache. Eine Trennung seiner wissenschaftlichen Erkenntnisse von seinen gesellschaftlich-politischen Grundannahmen war ihm undenkbar; anders formuliert: Die Erfahrung von und das Wissen um Herrschaftsmechanismen, welchen Subjekte in kapitalistischen Verhältnissen in der Mitte des 20. Jahrhunderts ausgesetzt sind, müssen sozialpsychologisch analysiert und in befreiende Theorie umgesetzt werden. Zu Brückners Zeiten war Psychologie – und das hat sich bis dato nicht verändert – in erster Linie *eine* der Kontrollwissenschaften, die sich nicht dem Werden einer anderen Gesellschaft verpflichtet fühlte, sondern der Zustimmung zur bestehenden. Die Themen, die Brückner in seiner *Sozialpsychologie des Kapitalismus* aufgreift – Gewalt in Familien im Verhältnis zur »heimlichen« und offenen Staatsgewalt, die Internalisierung der Eigentumsverhältnisse in der frühen Kindheit, der Zusammenhang zwischen einer moralischen Verwilderung der europäischen kapitalistischen Gesellschaften und dem innenpolitischen Terror gegen Außenseiter, die Gewaltform als Grundform zwischenmenschlicher Beziehung –, sind in sozialpsychologischen Theorien weder aufgenommen noch von SozialpsychologInnen weiter bearbeitet worden.

Sozialpsychologie als Herrschaftskritik

> »Psychologie ist nur als emanzipatorische möglich, oder gar nicht. Was nicht ausschließt, dass sie auf der Mitte des Weges stehen bleibt und sich aus einer Freiheitslehre in ideologische Affirmation von bestehenden Zuständen zurückentwickelt.« (Hans Mayer 1999, S. 82)

»Hilfe und Gewalt geben ein Ganzes / und das Ganze muss verändert werden«, heißt es bei Bert Brecht in *den Badener Lehrstücken zum Einverständnis* (1967, S. 599). Dass Gewalt Menschen schädigt und dass den Menschen Hilfe zuteil werden soll – das wird bei Brückner nicht bestritten. Wichtiger jedoch ist ihm, den *Zusammenhang* – also das *Ganze* – zu verstehen. Gewalt ist ihm dabei keine Kategorie, die essenziell gedacht wird. Den dümmlichen und individualisierenden Theorien zu männlicher Gewalt (vgl. Brückner M. 1991) – egal, ob es sich um Ehemänner oder um Jugendliche handelt – und den daraus folgenden systematischen Anti-Gewalt- und Anti-Aggressions-Trainings (vgl. Weidner 2001) hätte Peter Brückner eine schroffe Absage erteilt.

Gerade, weil diese TheoretikerInnen den *Zusammenhang* nicht denken – es also unterlassen, männliche bzw. jugendliche Gewalt ins Verhältnis zu setzen zu den ökonomischen, sozialen und kulturellen Bedingungen, in denen Gewalt gelernt und gelebt wird – und den Subjekten das aufbürden, was gesamtgesellschaftlich verändert werden müsste, verfehlen sie ihr Ziel,

dem sie dann umso vehementer und verbissener nachlaufen: eine gewalt-
freie Gesellschaft. Scheinbar gesellschaftskritische Theorie – in diesem Fall
feministische bzw. kritisch-kriminologische – wird herrschaftskonform in
dem Augenblick, in dem sie vergisst, dass Subjekte zwar verantwortlich
sind dafür, *wie* sie in schlechten Verhältnissen handeln, nicht aber für die
Verhältnisse selbst. Wie ökonomische und – damit verbunden – soziale
Bedingungen es den Subjekten nahe legen, sich gewaltförmig zu verhalten,
zeigt Dorothy Smith am Beispiel männlicher Gewalt überzeugend: Ihre
Analyse männlicher Gewalt sucht nicht *in* den männlichen Subjekten und
ihren Biografien nach eventuell gewaltfördernden Dispositionen, sondern
in den gesellschaftlichen *Formen*, in denen Männer und Frauen Beziehungen eingehen, nach Erklärungen. Ihre Erklärung ist einfach und für viele
doch schwer zu akzeptieren: Der *Familienlohn* – also der Lohn, der dem
Ehemann bezahlt wird und die Reproduktionsleistung seiner Frau beinhal-
tet – konstelliert eine soziale und psychische Dynamik, an deren Ende die
männliche Gewalt gegen Frauen logisch (auch: psycho-logisch) erscheint
(vgl. Smith 1998). Dorothy Smiths Erklärungsansatz ist nur deshalb möglich, weil sie marxistisches Denken und feministische Analyse nicht im
Gegensatz zueinander sieht: Das macht ihn für viele – auch und gerade
Feministinnen – unattraktiv. Denn im Aufweis der strukturell wirkenden
Mächte, Ideologien und Instanzen liegt gleichzeitig das Eingeständnis verborgen, dass der Kampf gegen Männergewalt ein kollektiv-politischer sein
muss, der angesichts der herrschenden Verhältnisse nicht aussichtsreich
erscheint. So wird eine individualisierende Erklärungsweise *hegemonial*,
weil sie zumindest die therapeutische Heilung durch Männergruppen, Anti-
Gewalttrainings etc. verspricht – auch wenn dieses Versprechen nicht
gehalten werden kann.

Das Ganze, den Zusammenhang denken, heißt für eine kritische Sozialpsychologie vor allem – und Peter Brückner hat dies in der *Sozialpsychologie des Kapitalismus* exemplarisch ausgeführt –, Ökonomie, Kultur, Soziales und Psyche als scheinbar völlig unabhängig voneinander existierende
Sachverhalte zusammenzuspannen, sie so zu vermitteln, dass Phänomene
wie z.B. Kindesmissbrauch und -tötung auf eine Art und Weise erklärbar
werden, die den Blick weg richten von den Tätern und hin auf die Verhältnisse, in denen Menschen zu Tätern und zu Opfern werden können, und auf
die Besonderheiten der Situationen, die eine Tat wie den Kindesmissbrauch
ermöglichen:

Brückners Erklärungsweise möchte »Täter, Opfer und Tat in all ihrer Absonderung konkret, d.h. in ihrem Verhältnis zum Allgemeinen verstehen, und
hofft auf diese Weise theoretisch das zu tun, was den Betroffenen lebens-

praktisch misslang: Ihre Situation auf einen sie und uns umgreifenden Zusammenhang hin zu überschreiten. Zunächst in Form von Abstraktionen, indem wir nach *Bedingungen* fragen, die als ›Bedingung der Möglichkeit von ...‹ anzusehen wären, dann aber – über die Frage nach den konkreten Vermittlungen – in Annäherung an die Komplexität tatspezifischer Situationen und ihrer Akteure«.

Als Brückner sein Buch schrieb, war der *sexuelle* Missbrauch in der BRD noch nicht als sexualpolitische Kampagne in die Medien eingespeist worden. Das hat den Vorteil, Brückners unaufgeregte Analysen zur Problematik der erotischen Beziehungen zwischen Eltern und ihren Kindern *mehr* als *Widerspruch* der Funktion von Sexualität in einer Klassengesellschaft lesen zu können und weniger als Versuch, dieses Problem herrschaftsförmig durch Kontrolle und Selbstkontrolle der Subjekte in den Griff kriegen zu wollen. Zudem zeigt Brückners Anordnung – Kindesmissbrauch und Kindestötung –, dass es ihm um die Frage geht, wie sehr ein »Zusammenhang zwischen (Kindesmord sowie) Mord und allgemeiner Leistungsbreite in Feindseligkeit« in der BRD besteht, und nicht so sehr um die Psychologisierung und Kriminalisierung des beschriebenen Sachverhalts.

Den »umgreifenden Zusammenhang« einer sozialen Tat wie Kindesmissbrauch zu beschreiben und ihn zu überschreiten, verstand Peter Brückner stets als Kritik des Ganzen – unserer gesellschaftlichen Wirklichkeit in der BRD –, insbesondere aber an den Herrschaftsmodi und -mechanismen, denen alle Bevölkerungsmitglieder – auf je verschiedene Art und Weise – ausgesetzt – besser noch: in die sie verstrickt sind. *Herrschaftskritik* war für Brückner kein intellektuelles Spiel, sondern die einzige Möglichkeit, als Intellektueller zu leben und zu überleben. Seine Kritik an den Herrschenden führte u.a. dazu, dass diese ihn auf die ihnen gemäße Art und Weise verfolgten: Sie versuchten, seine persönliche und professionelle Integrität als Hochschullehrer im besten Sinne zu zerstören – aber dazu später.

Identitätsarbeit statt eingreifenden Handelns

Wie wenig Peter Brückner denen Vorbild war und ist, die sich einer kritischen Sozialpsychologie zurechneten und heute noch zurechnen, ist daran zu erkennen, dass Herrschaftskritik *out* ist. Bestenfalls wird – wie in der *reflexiven Sozialpsychologie* Münchener Herkunft – ein Zusammenhang zwischen Gesellschaft und *Identität* theoretisch ausgeführt; ihr liegt aber weder ein kritischer Begriff von Gesellschaft noch ein selbstreflexiver Zugang zur eigenen Begrifflichkeit zu Grunde (vgl. Keupp u.a. 1999).

Markard kritisiert, dass das Identitätskonzept des Münchner Sozialpsychologen Heiner Keupp »den Gedanken an gesellschaftsveränderndes, eingreifendes Handeln zersetzt und ersetzt« (Markard 2002, S. 127). Im Konzept von Identität seien die Menschen so intensiv mit ihrer alltäglichen Lebensführung, mit der Auseinandersetzung mit sich selbst und der Herstellung ihrer Identität beschäftigt, dass *gesellschaftliche Strukturen* bestenfalls noch als Rahmenbedingungen, nicht aber als grundlegende Strukturen von zentraler Bedeutung für das eigene Denken, Handeln und Empfinden eine Rolle spielten. Das Individuum sei allein auf sich gestellt und dazu verpflichtet, dauerhaft an seiner Identität zu arbeiten. Gerade widersprüchliche gesellschaftliche Interessen würden damit ausgeblendet. So ist es kein Wunder, dass Keupp gemeinsam mit dem bayerischen Ministerpräsidenten und CSU-Vorsitzenden Edmund Stoiber, dem CSU-Fraktionsvorsitzenden im Bayerischen Landtag Alois Glück und dem Mundartdichter und Pädagogikprofessor Helmut Zöpfl (der auch schon mal im neofaschistischen MUT-Verlag veröffentlichte) zu den *Politischen Studien* der CSU-nahen Hanns-Seidel-Stiftung einen Artikel zu Identität und Heimat beiträgt, der nur noch von »aktuellen gesellschaftlichen Umbrüchen« (Keupp 2003, S. 25) und dem deshalb notwendig gewordenen »aufwändigen Projekt ... unserer alltäglichen Identitätsarbeit« (ebd., S. 30) spricht. Nicht gesprochen wird dagegen von den Lasten und Leiden, welche den Subjekten durch konkrete politische Entscheidungen im Sozialbereich zugefügt werden, und gesprochen wird auch nicht von den Strukturen und TäterInnen einer neoliberalen Politik. Irgendwie passiert Veränderung – »der globalisierte Kapitalismus entfaltet sich als Netzwerk-Struktur, die sich als Verknüpfung von technologischen und ökonomischen Prozessen erweist« (ebd., S. 28) –, aber es gibt weder verantwortliche Personen noch Institutionen dafür. Die Subjekte sind wegen einer »neuen Unübersichtlichkeit« (Habermas) damit beschäftigt, ihre Identität tagtäglich mühsam herzustellen; nach Handeln oder gar befreiendem Handeln wird in dieser theoretischen Konzeption weder gefragt noch wird es als Konzept gedacht.

> »»Identität‹ [ist also] ein aktuell wesentliches Konzept ..., mit dem gesellschaftliche Probleme in psychologische verwandelt werden, und dies bei aktiver oder in Kauf genommener Eliminierung ... gesellschaftlicher Widersprüche bzw. bei deren Verlagerung in das mit sich um Identität und Kohärenz ringende Individuum hinein.« (Markard 2000, S. 130)

Der Versuch der *reflexiven Sozialpsychologie*, den nicht näher spezifizierten Wandel mit Begriffen wie »gesellschaftliche Veränderung«, *Moderne* oder gar »einfache Moderne« zu fassen, greift zu kurz. Dass sich jede Gesellschaft in einem permanenten Veränderungsprozess befindet, ist eine

Selbstverständlichkeit. Was sind aber die Ursachen, Gründe und Hintergründe für den aktuell stattfindenden Umbruch? Auf diese Fragen gibt die *reflexive Sozialpsychologie* keine Antwort, weil sie sich zu schnell auf die »Veränderung der sozialen Landschaften« und die Überlegungen zum aktiven Potenzial der Subjekte in diesem Veränderungsprozess einlässt, ökonomische und soziale Prozesse und ihre Zusammenhänge aber vollständig ausblendet.

Auch Begriffe wie der einer *reflexiven Moderne* bzw. einer *zweiten Moderne* tragen nicht unbedingt dazu bei, die sozialen Ausgrenzungsprozesse bzw. widerständige Formen individueller Vergesellschaftung adäquat abzubilden. Vielmehr individualisieren deren Erfinder (Beck, Giddens und Lash) damit die Risiken und Chancen dessen, was sie *Moderne* nennen, und versuchen, reale Macht- und Ohnmachtstrukturen in Ökonomie und Gesellschaft als relativ belanglos für subjektive Handlungspotenziale auszuweisen (vgl. vor allem Giddens 1997). Individuelle Ressourcen und Kompetenzen werden somit als maßgebend für die subjektive Verortung und die gesellschaftliche Integration, aber auch für die Ausgrenzung von Individuen behauptet.

Markard kritisiert an diesem Konzept nicht die Theoretisierung des individuellen Bemühens um Positionierung und Handlungsfähigkeit an sich, sondern die Tatsache, dass das *Identitätskonzept* keinen Ansatz bietet, diesen Prozess der Subjektivierung im Kontext der Widersprüche in kapitalistischen Gesellschaften zu verstehen:

> »Mein wissenschaftliches Problem ist nicht, dass Menschen nach Identitäten suchen, sondern dass ... die Psychologie ein derartiges in gesellschaftlichen Widersprüchen fundiertes Problem terminologisch auch noch abpolstert, ontologisiert, normalisiert und verschärft – und die betreffenden gesellschaftlichen Widersprüche ausblendet.« (Markard 2002, S. 130)

Statt *Herrschaftskritik* hat eine reflektierte Form befriedender Affirmation des gesellschaftlichen Seins in der reflexiven Sozialpsychologie ihren Ausdruck gefunden. Hat Peter Brückner noch nach den Widersprüchen, Brüchen und Herrschaftszusammenhängen in aktuellen Phänomenen – in Hinblick auf die subjektive und gemeinschaftliche Befreiung aus Unterdrückungsverhältnissen – geforscht, so gibt sich kritische Sozialpsychologie heute damit zufrieden zu konstatieren, es gebe eine »Gesellschaft von Ichlingen« (Keupp 2000), deren Überschreitung durch »bürgerschaftliches Engagement« möglich sei. Dieses *bürgerschaftliche Engagement* ist das theoretische und praktische Scharnier, welches die neoliberalen Theoretiker einer Entstaatlichung sozialer Leistungen à la Anthony Giddens benötigen, um ihre Ziele – den radikalen Abbau staatlicher Hilfeleistungen bei gleichzeitigem Druck und Terror gegen Hilfebedürftige und die Verlagerung ehedem erkämpfter Sozialleistungen in die Hände ehrenamtlich tätiger Kräfte – als etwas Fortschrittliches und Zivilgesellschaftliches zu verkaufen.

Faschisierung und Folter

> »Prügel haben noch keinem geschadet, und was an dergleichen Thesen sich noch immer im Sprachschatz unseres Volkes findet, dessen Avantgarde schließlich Europa in ein KZ verwandeln und den Mord an Minoritäten zum sozialen Wohlverhalten erklären wollte.« (Peter Brückner)

Ein möglicher Grund, der ausschlaggebend sein mag für die radikale und ernsthafte Suche nach Befreiungsmöglichkeiten der Subjekte aus Unterdrückungsverhältnissen, mag Peter Brückners intensive persönliche Auseinandersetzung mit dem deutschen Faschismus sein. Lange vor den – den deutschen Büchermarkt überschwemmenden – Betroffenheits- und Entlastungsschriften deutscher TäterInnen und ihrer Kinder legte Brückner einen beispielhaften Bericht über seine Kindheit und Jugend zwischen 1933 und 1945 vor (Brückner 1980). Doch Brückner beließ es nicht bei der Darstellung seiner subjektiven Geschichte; Zeit seines Lebens und in vielen seiner wissenschaftlichen Werke ist die Blickrichtung seiner Analysen davon bestimmt, dass *Auschwitz* war und dass sich Faschismus re-etablieren könne. Sein rational begründeter und stets durchdachter Hinweis auf eine Re-Faschisierung der BRD in den Zeiten der Notstandsgesetzgebung angesichts der aggressiven staatlich-polizeilichen Gewalt gegen politische und soziale Außenseiter und der Hetze gegen RAF-SympathisantInnen war gegründet auf eine intensive wissenschaftliche Auseinandersetzung mit den Ursachen und Strukturen des deutschen Faschismus. Und Brückner vergaß nicht: Dass viele der alten Nazis – aktive Täter und ihre Zuschauer – in der Bundesrepublik zu Amt und Würden kommen konnten, so als sei es geradezu eine Voraussetzung für Karrieren in der BRD, Mitglied der NSDAP oder einer ihrer Gliederungen gewesen zu sein.

In seinen sozialpsychologischen Vorlesungen Anfang der 1980er Jahre spricht Peter Brückner über *Wirtschaftskrise und Faschisierung in den Jahren 1929–1933* (Brückner 1982), über die Zeit der Kursstürze, der Massenarbeitslosigkeit, des fallenden Sozialprodukts etc., und bezeichnet sie als »historische Verdichtungszone«, in der die Krise auf Kosten der »kleinen Leute« reguliert werde. Die Mobilisierung von Teilen der Arbeiterklasse im Rahmen der Herausbildung einer faschistischen Massenbewegung nennt er *Faschisierung* und stellt sie als »Sonderfall des Umstandes, dass unterdrückte Klassen – jedenfalls in breiten Schichten – die Ausbeutung ...

unterstützen« (ebd., S. 12) dar. Die subjektiv vorhandenen Strukturen der für den deutschen Faschismus »anfälligen Massen-Individuen« erklärt er unter Hinweis auf Wilhelm Reichs Analyse der bürgerlichen Sexualerziehung in den Arbeiterfamilien (1933) und das damit verbundene Auseinanderklaffen des »objektiv begründeten Klasseninteresses« (der geschichtlichen Tendenz) und dem durch Ideologie, Triebmotorik und sexualpathologische Momente gebrochenen »herrschaftspflichtigen Handeln«.

Den von Reich postulierten Zusammenhang von rigider Sexualerziehung in der Kindheit und einer Prädisposition für faschistische Ideologeme weist Brückner aber ebenso zurück wie sozialpsychologische Erklärungen des Faschisierungs-Prozesses aus dem Umkreis der *Kritischen Theorie:*

> »Nie soll übrigens der Sozialcharakter, als Produkt spezifischer Sozialisationsbedingungen, den Faschismus ›erklären‹, nicht einmal die Faschisierung der Bevölkerung. Obwohl eine conditio sine qua non, ist Sozialisation (oder ist die bürgerliche Familie) alles andere als der zureichende Grund.« (ebd., S. 62)

Bei der Analyse der psychosozialen Vermittlungsinstanzen zwischen Produktionsweise und subjektiven Strukturen stellt Brückner die »Produktion von Normalität« in den Mittelpunkt: »Diese Normalität gehört zu den Bedingungen der Multistabilität des Ausbeutungssystems« (ebd., S. 24). Damit weitet sich die Frage aus: »Wie ist denn überhaupt Ordnung, Gleichförmigkeit, Regel und Schweigen, wie ist ›Herrschaftskultur‹ geschichtlich herstellbar? Zu fragen wäre nach einem Insgesamt von Prozessen, Techniken, die ›Integration‹ herbeiführen und die auf ›Sozialisation‹ nicht reduzierbar sind« (ebd., S. 100). Diese Frage verweist auf hegemonietheoretische Untersuchungen und ist brandaktuell angesichts neoliberaler Versuche, die Zustimmung der Beherrschten zu den modernsten und neuesten Formen von Ausbeutung und Unterdrückung zu erlangen.

An Peter Brückners Fragen, die aus intensiver Arbeit am Material zur Geschichte des NS und gleichzeitiger Reflexion seiner individuellen Biografie im NS resultieren, hat sich kaum ein Sozialpsychologe und schon gar nicht die Mainstream-Psychologie abgearbeitet. Fast alle kritischen Sozialpsychologen kommen ohne Bezug zum Holocaust – seinen Tätern und seinen Opfern, seinen Ermöglichungsstrukturen und seinen sozialpsychologischen Hintergründen – aus; so als habe es diese zwölf Jahre in der deutschen Geschichte nicht gegeben. Erst vor kurzem ist aber an Brückners alter Wirkstätte – der Universität Hannover – Harald Welzer mit seiner Forschungsgruppe zur Frage der Täterpsychologie und der intergenerationellen »Weitergabe« von Erinnertem bzw. von Beschwiegenem bekannt geworden mit einer bahnbrechenden und kritischen Arbeit zum »familiären

Gedächtnis« der NS-Täter-Kinder und -Enkel (Welzer et al. 2002). Doch trotz des publizistischen und öffentlichkeitswirksamen Erfolgs dieser Forschung (oder wegen des Erfolgs?) soll das Fach *Sozialpsychologie* in Hannover durch die neue niedersächsische CDU-Regierung personell reduziert und inhaltlich gleichgeschaltet werden.[1]

Was Brückner – auch wenn es heute veraltet klingen mag – als »Klassenpsychologie« etablierte, war das Nachdenken über den Zusammenhang zwischen dem Niedergang der Arbeiterklasse und dem Aufkommen des Faschismus. Doch noch in der *Sozialpsychologie des Kapitalismus* bleibt Brückner diesem Begriff treu: Geht es ihm doch darum zu zeigen, wie die Geknechteten und Unterdrückten – die immer Opfer und Täter zugleich im gesellschaftlichen System sind – an ihrer Unterdrückung mitarbeiten, sie mit herstellen, und wie dieser Prozess mit der Verteilung ökonomischer Ressourcen und dadurch mit Handlungs- und Hoffnungsmöglichkeiten der Subjekte korrespondiert. Da mag noch so viel von Pluralisierung der Lebensstile oder Patchwork-Identitäten in der Postmoderne geschrieben und gesprochen werden; all diese Konzepte übersehen geflissentlich, dass die Frage der *Klassenpsychologie* – also danach, wie Menschen arm gemacht oder reich werden oder, moderner ausgedrückt, nach sozialer Ungleichheit – und der mit ihr verbundenen Überlegung, wie Befreiung aus diesen ungerechten Verhältnissen möglich sein kann, aktueller ist denn je.

Faschisierung und *Gewaltförmigkeit* einer Gesellschaft sind für Peter Brückner zwei thematische Kernpunkte einer radikal parteilichen Sozialpsychologie, die Prozesse staatlicher Unterdrückung, gesellschaftlicher Ausschließung und subjektiver Unterwerfung nicht nur nicht hinnehmen will, sondern den Kampf gegen sie aufnimmt, um sie zu überwinden. Die Beispiele, die er in diesem Zusammenhang erwähnt, sind bis heute aktuell geblieben, auch wenn die diskursiven Kämpfe um ihre Inhalte in einer anderen Form ausgetragen werden: Da ist zum einen das Thema Kindesmissbrauch, das für Peter Brückner den Stand von Zivilität bzw. Barbarisierung unserer gesellschaftlichen Wirklichkeit anzeigt.

Zum anderen thematisiert Brückner die Faschisierungstendenzen der BRD und der westeuropäischen Staaten am Beispiel ihres Umgangs mit dem Phänomen der *Folter*. So wie die *Neue Züricher Zeitung* und die *Weltwoche* schon in den 1970er Jahren mit dem Gedanken spielten, Folter

---

[1] Alle kritischen Fachbereiche und Projekte in Niedersachsen werden durch ein so genanntes *Hochschuloptimierungskonzept* ausgeblutet und langfristig zum Verschwinden gebracht. Die Messung wissenschaftlicher Leistung in Form von Drittmitteleinwerbung und andere marktkonforme Umstrukturierungen der Hochschulen werden vor allem die linkslastigen Geistes- und Sozialwissenschaften zerstören.

könne in manchen Situationen sinnvoll sein, weil das in der Folter erpresste Geständnis Menschenleben oder anderes retten könne, spekuliert im Jahr 2004 die *Frankfurter Allgemeine Sonntagszeitung* mit dem Gedanken, „ob die freiheitliche Demokratie mitunter zu scharfen Mitteln greifen muss, um sich ihrer radikalsten Feinde zu erwehren" (FAS 16.5.2004). Auch wenn *Süddeutsche Zeitung* und *Frankfurter Rundschau* in zwei Beiträgen (Grimm 2004; Meier 2004) deutlich darauf hinweisen, dass die Demokratie nicht dieselben Mittel anwenden darf, die ihre Feinde benutzen, weil dann langfristig von der Demokratie nichts mehr übrig bleibt, so findet diese Meinung auf den Leserbriefspalten dieser beiden liberalen Zeitungen ebenso wenig Anklang wie an den Stammtischen. Natürlich: Folter der USA gegen ihre Gefangenen wird kritisiert; die Folterandrohung des Frankfurter Vize-Polizeipräsidenten gegen einen Verdächtigen – wie im Fall der Entführung des Bankierssohnes Jacob von Metzler im Jahr 2003 geschehen – wird bis ins Innenministerium hinein gutgeheißen. Der Polizeibeamte, sagte SPD-Innenminister Schily der *Zeit*, »hatte keine schlechten Absichten, als er Schmerzen androhte. Er handelte aus Sorge um das Kind. Das ist ehrenwert« (*Zeit* 12/2003).

Politische Hardliner wie der Innenminister von Brandenburg, Jörg Schönbohm (CDU), nutzen die Stunde, um die Anwendung von Folter prinzipiell in Betracht zu ziehen, und sie malen terroristische Bedrohungen an die Wand, vor denen alle rechtspolitischen Argumente verblassen sollen. Zu Peter Brückners Zeiten war es der niedersächsische Ministerpräsident Ernst Albrecht (CDU), der die Anwendung von Folter für gerechtfertigt hielt:

> »Wenn es z.B. etabliert wäre, dass ein bestimmter Kreis von Personen über moderne Massenvernichtungsmittel verfügt und entschlossen ist, diese Mittel innerhalb kürzester Frist zu verbrecherischen Zwecken einzusetzen, und angenommen, dieses Vorhaben könnte nur vereitelt werden, wenn es gelingt, rechtzeitig den Aufenthaltsort dieser Personen zu erfahren, so kann es sittlich geboten sein, diese Information von einem Mitglied des betreffenden Personenkreises auch durch Folter zu erzwingen, sofern dies wirklich die einzige Möglichkeit wäre, ein namenloses Verbrechen zu verhindern.« (Albrecht, zit.n. Jepke 2003)

Menschwerdung – Kinder in »eigentümlichen« Verhältnissen

Als entscheidende Instanz zur Herstellung gesellschaftlicher Feindseligkeit sieht Peter Brückner die bürgerliche Familie. Das »Opfer« ist in Brückners Argumentation dabei das Kind, das weder Rechte noch sonstige Möglichkeiten hat, sich aus den Zwängen dieser Institution zu befreien. Diskutiert

Brückner den Terror gegen Kinder in den bürgerlichen Familien am Beispiel von Kindesmord und Gewalt gegen Kinder, so hat sich an diesem Phänomen grundsätzlich wenig geändert. Kinder sind nach wie vor Objekte familialer Herstellung von Normalität und Konformität – die elterlichen Gewaltandrohungen bzw. Schläge wurden lediglich durch massiven Einsatz von Psychopharmaka (vor allem von *Ritalin)* abgelöst.

Grundlage für die Verschiebungen im Umgang mit Kindern sind veränderte Arbeits- und Lebensweisen und damit auch veränderte Erziehungsziele und -methoden im neoliberalen Kapitalismus. Die Kompetenzen, die Kinder und Jugendliche heute für eine völlig veränderte Wirtschaftsformation auszubilden haben, sind einerseits vielfältiger und anspruchsvoller als zu Peter Brückners Zeiten, andererseits aber sind sie (wie die Produktivkräfte auch) einem raschen Wandel unterworfen, der dazu führt, dass gestern geltende Erziehungsmaximen morgen schon wieder überflüssig und veraltet scheinen können. Was bei allen Umbrüchen und Veränderungen jedoch gleich geblieben ist, sind die Besitz- und Eigentumsverhältnisse. Sie strukturieren unsere »Menschwerdung«, ohne dass dies heutzutage noch großartig zum Thema würde. Und doch: Ob ein Kind in einer Mietwohnung aufwächst oder ob die Eltern es sich leisten konnten, eine Eigentumswohnung oder gar ein allein stehendes Haus zu erwerben, ist auf eine Art und Weise bedeutsam für die Wahrnehmungs-, Denk- und Fühlgewohnheiten von Eltern und Kindern, die in eigenartigem Gegensatz steht zur völligen Ignoranz dieses Sachverhalts in Sozialisations- und entwicklungspsychologischen Theorien.

»Besitzverhältnisse, von Anfang an in Macht-Ohnmacht-Strukturen verflochten, konstituieren die sinnlich erfahrene Welt. Wer sie akzeptiert hat, akzeptiert auch Herrschaft«, schreibt Peter Brückner. Diese *Herrschaft* hat heute ein fester gefügtes Fundament als zu Zeiten Brückners; das ist vor allem daran zu erkennen, wie selten *Eigentum und Besitz* theoretisch (in Soziologie, Psychologie, Erziehungswissenschaften) als Rahmenbedingungen menschlicher Entwicklung erwähnt werden. Da *Besitzgrenzen* aber auch zugleich *Lerngrenzen* darstellen, wäre es Aufgabe einer kritischen Sozialpsychologie aufzuweisen, wie Eigentumsverhältnisse Kinder und Erwachsene am lebenslangen Lernen hindern, und Vorschläge zu ihrer Beseitigung zu machen. Notwendig wäre dazu aber als Erstes, den gleichsam mythologischen Charakter von Besitz und Eigentum zu entlarven und »Entbergungsarbeit« zu leisten.

> »›Mein‹ und ›Dein‹ erschließt sich dem Heranwachsenden über Sprachlaut und vielfältige Formen von Lohn und Strafe als ein transzendentales Etwas höchster Bedeutsamkeit. Eine der für unsere Gesellschaften so zentrale

Gegenstandskategorie wie die des Eigentums bleibt in der Regel unanschaulich.« (Peter Brückner)

Erst wenn diese Unanschaulichkeit der Eigentumsverhältnisse und ihre verborgenen Wirkungen aufgedeckt sind – wenn also die Analyse ungleicher Verteilungen von ökonomischem, sozialem und kulturellem Kapital geleistet ist –, kann Lernen wirklich beginnen und können Kinder zu Menschen werden. Zu Menschen, deren Leben dadurch »bedingt« ist, dass sie selbst die Bedingungen ihres Lebens in eigenen Händen halten; zu Menschen, deren Zuhausesein nicht an Eigentumsverhältnisse gebunden ist; zu Menschen, die Glück nicht kaufen wollen und die sich Menschsein nur ohne Herrschaft vorstellen können.

Zur Person Peter Brückners

> »Professor Brückner lässt sich nicht aufspalten in einen großen honorigen und – möglicherweise – kleineren bedenklichen Teil seiner Lebensführung. Hier hat einer, wie immer er handeln mochte, ernst gemacht mit seiner Wissenschaft und mit sich selbst« (Hans Mayer 1999, S. 83).

Wie Peter Brückner vom bundesdeutschen Staat gejagt wurde, als er sich »erdreistete«, den am 25. April 1977 zum ersten Mal in den *Göttinger Nachrichten* (der Zeitung des ASTA der Universität) veröffentlichten Artikel eines unbekannten Autors mit dem Pseudonym »Mescalero« zusammen mit 47 anderen Professoren zu veröffentlichen, das kann man nachlesen (vgl. Sichtermann 1981; Brückner 1978). Nachzulesen ist, wie der Vorsitzende der CDU Niedersachsens und Minister im Kabinett Albrecht, Martin Hasselmann, die sofortige Entlassung Peter Brückners forderte, weil dieser ein »Lobredner des Terrors« sei. Jener Hasselmann, der im Februar 1970 für seine Wahl »die Stimmen der NPD« wollte und sich 4 Jahre später mit dem NPD-Vorsitzenden zu einem Vorbereitungsgespräch zum Landtagswahlkampf traf (vgl. Braunzone 1981, S. 99). Nachzulesen ist auch, wie der Berliner Wissenschaftssenator Peter Glotz (SPD) einen Brief an zwölf Berliner Professoren, die sich mit Brückner solidarisierten, richtete, in dem er diese auffordert, aus ihrem Dienstverhältnis als Beamte auszuscheiden. Jener Glotz, der sich bis heute als streitbarer Demokrat ausgeben darf.

Peter Brückner wurde *strafrechtlich* und *disziplinarrechtlich* verfolgt. Mit zwölf anderen niedersächsischen Kollegen wurde er nach der Herausgabe des Artikels »Buback – ein Nachruf« wegen Volksverhetzung, Staatsverunglimpfung, Beleidigung vor Gericht gestellt (und in letzter Instanz freigesprochen). Mehr als vier Jahre haben westdeutsche Gerichte gebraucht, um Brückners Suspendierung von seinem Posten als Psychologieprofessor rückgängig zu machen und das Hausverbot, das er an der Universität Hannover hatte, aufzuheben. Brückner wurde wegen seiner Äußerungen auf den Straßen Hannovers bedroht und beschimpft, so dass er vorübergehend seine Wohnung wechseln musste. Die Verfolgungslust des Staates und die Denunziationslust der MitbürgerInnen wird heute schnell – vorschnell – mit der RAF-Hysterie erklärt.

Brückner zog es vor, solche Handlungen in gesamtgesellschaftliche Zusammenhänge einzubetten – weil oder obwohl er oft deren Opfer war. So hat er bereits in *Staatsfeinde. Eine innerstaatliche Feinderklärung in der Bundesrepublik* (Brückner & Krovoza 1972) und später in seinem *Versuch, uns und anderen die Bundesrepublik zu erklären* (1978a) darauf hingewiesen, dass die Kontinuität zwischen dem NS-Regime und der BRD »strukturbildend« (ebd., S. 162) für Letztere sei und dass die – kapitalistischen Verhältnissen inhärente – Notwendigkeit, die Klassenverhältnisse durch Mythen wie den vom »sozialen Frieden« zu verschleiern, dazu führen, dass »alle revolutionär-emanzipativen Tendenzen ... tendenziell vernichtet« (Brückner & Krovoza 1971, S. 99) werden. Die Tatsache, dass kapitalistische Verhältnisse per se Ungerechtigkeit, Unterdrückung und unzählige Formen menschlichen Leids erzeugen und dass der deutsche Faschismus mit dem Jahr 1945 nicht zu Ende war, waren in Brückners sozialpsychologischen Theorien unhintergehbare Voraussetzungen für seine Analysen. Diese Analysen sollen zeigen, dass die bundesdeutsche »Demokratie« eine solche erst noch werden müsste und kaum Voraussetzungen dafür findet: weder in ihrer Geschichte noch in den aktuellen Verkehrsformen der BürgerInnen miteinander:

> »Die latente, aber immer abrufbare Verrohung in den Verkehrsformen, der Kern von Gewaltförmigkeit im ›sozialen Frieden‹ der bürgerlichen Gesellschaft muss bis in die Alltäglichkeit des Lebens, in die scheinbar gewaltlosen Beziehungen hinein verfolgt werden, die Menschen miteinander eingehen. Dort wäre auch der Nachweis für die These von der ›Verwilderung des Kontinents‹ zu führen.«

Die von Brückner konstatierte »Verwilderung des Kontinents« hat heutzutage – in neoliberalen Zeiten – subtilere Formen angenommen als die des offenen Staatsterrors gegen die Kritiker der herrschenden Verhältnisse. Brückner hat diese subtilen Formen – Integration, Affirmation und lustvoller Gehorsam – staatlicher Unterdrückung und individueller Anpassung und Unterordnung zum Thema seiner Bücher gemacht und sich als Intellektueller radikal und kritisierend eingemischt. Er war – wie Hans Mayer es so treffend formuliert – ein »Gelehrter, der das Entfremdungsdenken und die Entfremdungen unseres Daseins nicht bloß durchschauen, sondern beseitigen möchte« (1999, S. 82). Für Antonio Gramsci wäre Peter Brückner der »organische Intellektuelle« schlechthin gewesen.

Angesichts der Tatsache, dass ein Großteil der kritischen Intellektuellen – Professoren, Literaten und Journalisten – die Kritik zu Gunsten der Affirmation von bestehenden Zuständen aufgegeben hat, fehlt einer wie Peter Brückner – der 1982 in Nizza starb – in unsagbarer Weise. Die Neuveröffentlichung seiner *Sozialpsychologie des Kapitalismus* hat den Zweck, ihm späten Dank abzustatten dafür, dass er mein Herz schon früh »links« schlagen ließ, und sie soll ihn und seine Sozialpsychologie dem Vergessen entreißen – für diejenigen, die immer wieder aufs Neue die Befreiung der Menschen aus unmenschlichen Verhältnissen sich zum Ziel setzen.

Dank

Für die Übereignung der Rechte an Brückners Buch danke ich Barbara Sichtermann und den Kindern Peter Brückners; für die Hilfe bei der Erstellung der Druckvorlage und bei anderen Problemen Else Laudan, Iris Konopik und Sabine Günther vom *Argument Verlag*; für die heutzutage seltene Lust auf Kooperation dem Verlagsleiter des *Psychosozial-Verlags*, Hans-Jürgen Wirth. Frigga Haug danke ich für ihr schnelles Ja zur Produktion dieses Buchs und meiner Frau Kristin Teuber dafür, dass sie – als Psychologin – die gesellschaftlichen Zusammenhänge denken will und – in einer Zeit scheinbar universaler Verblödung und Verflachung – mit mir gegen den Strom zu schwimmen gewillt ist.

München, im Juni 2004

Literatur

Améry Jean (2004). Aufsätze zur Philosophie. Werke Bd.6. Stuttgart: Klett-Cotta.
Braunzone = Antifa-Kommission des KB (Hg.). Braunzone zwischen CDU/CSU und Neonazis. Wer mit wem? Ein Nachschlagewerk für Antifaschisten.
Brecht Bertolt (1967). Das Badener Lehrstück vom Einverständnis, in: Ders.: Gesammelte Werke Bd. 2. Frankfurt/M.: Suhrkamp. S. 587–612.
Brückner Margrit (1991). Die Liebe der Frauen. Über Weiblichkeit und Misshandlung. Frankfurt/M.: Fischer.
Brückner Peter (1978). Die Mescalero-Affäre. Ein Lehrstück für Aufklärung und politische Kultur. Hannover: Internationalismus Verlag.
Brückner Peter (1978a). Versuch, uns und anderen die Bundesrepublik zu erklären. Berlin: Wagenbach.

Brückner Peter (1980). Das Abseits als sicherer Ort. Kindheit und Jugend zwischen 1933 und 1945. Berlin: Wagenbach.

Brückner Peter (1982). Psychologie und Geschichte. Vorlesungen im *Club Voltaire.* 1980/81. Berlin: Wagenbach.

Brückner Peter & Krovoza Albert (1972). Staatsfeinde. Innerstaatliche Feinderklärung in der BRD. Berlin: Wagenbach.

Giddens Anthony (1997). Jenseits von Links und Rechts. Die Zukunft radikaler Demokratie. Frankfurt/M.: Suhrkamp.

Grimm Dieter (2004). Es geht ums Prinzip. Lässt sich die Folter rechtfertigen? *Süddeutsche Zeitung* 26.5.2004.

Jepke Ulla (2003). Gewöhnung an die Folter. *Ossietzky* 5/2003.

Keupp Heiner u.a. (Hg.) (1999). Identitätskonstruktionen. Das Patchwork der Identitäten in der Spätmoderne. Reinbek: Rowohlt.

Keupp Heiner (2000). Eine Gesellschaft der Ichlinge? Zum bürgerschaftlichen Engagement von Heranwachsenden. München: Eigenverlag.

Keupp Heiner (2003). Beheimatung als Identitätsarbeit in einer entgrenzten Welt. *Politische Studien* 2/2003. S. 23–32.

Markard Morus (2002). Überlegungen zu einer Funktionskritik des Identitätskonzepts. In: J. Meyer-Siebert, A. Merkens, I. Nowak & V. Rego Diaz (Hg.), Die Unruhe des Denkens nutzen. Emanzipatorische Standpunkte im Neoliberalismus. Festschrift für Frigga Haug. Hamburg: Argument. S. 125–135.

Mayer Hans (1999). Professor Brückner und die Staatstreue, in: Ders., Zeitgenossen. Erinnerung und Deutung. Frankfurt/M.: Suhrkamp. S. 79–99.

Meier Horst (2004). Darf man über den Einsatz von Folter ernsthaft diskutieren? *Frankfurter Rundschau* 27.5.2004.

Sichtermann Barbara (1981).Wie es wirklich war oder: Bericht aus dem Innern eines Falles, in: A. Krovoza, A.R. Oestmann & Klaus Ottomeyer (Hg.), Zum Beispiel Peter Brückner. Treue zum Staat und kritische Wissenschaft. Frankfurt/M.: Europäische Verlagsanstalt. S. 52–74.

Smith Dorothy (1998). Familienlohn und Männergewalt, in: Dies.: Der aktive Text. Eine Soziologie für Frauen. Hamburg: Argument. S. 77–97.

Weber Klaus (1999). Faschisierung, in: Historisch-Kritisches Wörterbuch des Marxismus Bd. 4. Hamburg/Berlin: Argument. Sp. 142–147.

Weidner Jens (2001). Anti-Aggressivitätstraining für Gewalttäter. Ein deliktspezifisches Behandlungsangebot im Jugendstrafvollzug. Godesberg: Forum Verlag.

Weiss Peter (1975). Die Ästhetik des Widerstands. Bd. I. Frankfurt/M.: Suhrkamp.

Welzer Harald, Möller Sabine & Tschuggnall Caroline (2002). »Opa war kein Nazi«. Nationalsozialismus und Holocaust im Familiengedächtnis. Frankfurt/M.: Fischer.

Zur Einleitung

Auch freundliche Kritiker der *Sozialpsychologie des Kapitalismus* haben dem Autor vorgehalten, er beschwöre eine gesellschaftliche Totalität der Entfremdung und der Gewalt, die so nicht gelten könne. Sind denn nicht Glück und Identität möglich? Drückt der schlichte Satz: »Ich lebe gern!« nicht auch Erfahrungen des Autors und seiner Leser aus? Und steht nicht der Alltag vieler – leichter, befriedigter, auch komfortabler als der Alltag ihrer Großväter – überhaupt jenseits der Dramatik von »Glück« versus »Gewalt«?

Wohl, ja. An einzelnen Thesen oder Grundstimmungen dieses Buchs sind Differenzierungen angebracht. Immer sind es unsere Thesen und Theorien, die der Macht – des Staats, des Kapitals, der »Verhältnisse« – eine Totalität des Zugriffs einräumen, die die Macht wohl anstrebt, aber eben nur in unseren Theorien erreicht. Es gibt alternative Logiken des menschlichen Zusammenlebens, die uns davor behüten sollten, aus der Analyse der »Verhältnisse« einen Katastrophenfilm zu machen.

Gleichwohl gibt es die Katastrophe nicht nur im Film. Ist unsere Kultur der »geheime Nährboden« von gesellschaftlicher Inhumanität oder nicht? Der Umstand, dass zwischen 1914 und 1945 etwa 70 Millionen Menschen durch Krieg, KZ, GULag umgekommen sind, gewisse Ereignisse seither (Algerien, Vietnam), Alltägliches wie die vorzeitige Konsumation im Arbeitsprozess u.ä. haben sogar anthropologische Konstanten merkwürdig ins Schwimmen gebracht. Drückt der gern für logische Spiele (»Schlussfiguren«) verwendete Satz, alle Menschen seien sterblich (und deshalb auch Cajus, der ein Mensch ist), ein biologisches Datum aus oder nicht? Ja, nein. Der Tod, das Sterben, das ist massenhaft ein *historisches* Faktum geworden – also: nicht von der Natur gegeben (»Datum«), sondern von Menschen gemacht.

Was soll man von Erfahrungswissenschaften halten, deren »Bedingungsanalyse« und Problembestand zeigt, dass ihnen dieser Schreck nie in die Glieder gefahren ist? Und falls sich die unerschrockene Erfahrungswissenschaft Psychologie für *historische* Erfahrungen nicht zuständig fühlt, können wir unter der Schwelle des »gemachten Todes« bleiben, wo es das Erschrecken auch gibt. Robert Musil – Romancier und Psychologe – sprach, sich das Österreich-Ungarn der Jahre 1913/14 vergegenwärtigend, von einem »atmosphärisch verteilten, zwischen allen Geschöpfen schwingenden Hass« (Musil 1978, S.513), *ein* Thema der im Wien der Jahrhundertwende entstehenden Psychoanalyse. Alles Glück und Alltag – und auch der wissenschaftliche Fortschritt seither – widerlegen die Freudsche Sorge nicht, im Kulturstaat habe das Zwangsverhältnis von materieller Selbsterhaltung der Gesellschaft und dem Triebverzicht der Individuen eine Form angenommen, die den Tod dieser Kultur einläuten könne – den des Subjekts und seiner sozialen Beziehungen einbeschlossen.

Indem aber die Psychologie, als Wissenschaft oder als *science,* nicht erschrickt, von der immanenten Logik ihrer Forschung behütet, erhält sie sich jene furchtbare Unbefangenheit im Umgang mit Problemen und Menschen, mit *mice and men,* die durch Auslassungen zustande kommt.

Wer sich gegen Auslassungen sträubt, macht dabei verschiedene Erfahrungen. Er entfernt sich z. B. von der Psychologie. Ich hoffe, dass der Leser der *Sozialpsychologie des Kapitalismus* spürt, wie sehr noch dieses Sich-Entfernen sich einer *psychologischen* Frage, oder doch der Frage eines *Psychologen,* verdankt. Wo liegt denn das wirkliche Bedingungsgefüge unseres psychischen »Wachstums«, unserer Entwicklung, unserer Wahrnehmungsweisen, unseres Verhaltens – gattungsgeschichtlich, für die Lebensgeschichte der Individuen, für dich und für mich? In einem, wie ich meine, sehr komplexen Bedingungsgefüge, das sich der einzelwissenschaftlichen Erklärung entzieht.

Als »Formel« gefasst: *Politik,* als das, was als Herrschaftssystem und Herrschaftsordnung in der Lebenswelt der Individuen mit über ihr Schicksal entscheidet, die *Wirtschaft* (als eine je *bestimmte* Form der materiellen Selbsterhaltung) und *Innerlichkeit,* also die Prozesse in und zwischen den Individuen, sind *vermittelt,* voneinander abhängig; mit der ökonomischen Sphäre als transzendentalem Rahmen. »Transzendental«, das heißt: Es ist die materielle Produktion, also die gesellschaftliche Arbeit, die Bedingungen der Möglichkeit für menschliche Entwicklungen (und für die Entwicklung des Menschen) setzt.

Wer eine solche Formel entfaltet, wird bald bemerken, dass ihre Logik nicht dogmatisch angewendet werden darf. Ich kann ihr, der »Formel«, an diesem Ort übrigens eine andere Form geben. Die Psychologen sollen – das besagt sie nämlich – sich Rechenschaft darüber ablegen, dass *alle* Elemente ihres Arbeitszusammenhangs, ihre Objekte, ihre Probleme, ihre Dienstleistungen und die Logik ihrer Forschung Erzeugnisse eines weltgeschichtlichen Prozesses sind: dem der kapitalistischen Industrialisierung. Es ist *ein* Bedingungsgefüge, das die Genese der Wissenschaft Psychologie und die ihrer Probleme umgreift.

Sie, die Psychologen, sind also längst ins Geschiebe der Wirklichkeit geraten, und die akademischen Bräuche der Disziplin mögen zum Teil große Vorrichtungen dafür sein, diese Einsicht zu blockieren.

Hannover, im Oktober 1980

Kapitel 1

Sozialstrukturelle Gewalt der bürgerlichen Gesellschaft – die Arbeiterklasse im Kapitalismus

Die Entfaltung des Kapitalismus hat Landbewohner verstädtert, Bauern und Handwerker proletarisiert, lokale, ständische, religiöse Gehäuse, bornierte Bezugssysteme und Gemeinwesen mit geschichtlich stabilen und verbindlichen Orientierungsmustern aufgelöst; sie hat den Arbeiter zum »freien« Arbeiter gemacht und eine neue Mittelschicht: Angestellte und technische Intelligenz produziert. Die Entfaltung der kapitalistischen Produktionsweise zersetzte auch konsistente und praktikable Normen, Werte und Moralen der Kleinbürger und bereichsweise der Bourgeoisie. Auch für die expandierenden Mittelschichten mussten sich relativ beständige Strukturen des zwischenmenschlichen Verkehrs aus einer Fülle von Wechselbeziehungen unter den einzelnen Elementen, Subsystemen, Klassen, Schichten der Gesellschaft erst ausbilden: Mit der Produktion großer Bevölkerungsmassen stellte sich der bürgerlichen Gesellschaft ein in dieser Größenordnung historisch neues Problem: deren *soziale Integration;* freilich unter Erhaltung jenes Gliederungsprinzips, das Disreali mit der Formel von den *two nations* bezeichnete. Ältere Verhaltenserwartungen, Standards, Werte sowie Denk- und Gefühlsgewohnheiten wurden dysfunktional, soweit sie sich nicht an Ungleichzeitiges anlagern konnten. (Soweit dies der Fall war, können sie bis in unsere Gegenwart hineinreichen). Im deutschen Sprachraum zog sich der Prozess der Homogenisierung wachsender Populationen rückständiger gesellschaftlicher Verhältnisse wegen in die Länge.[1]

Die gleiche Entwicklung, die Menschenmassen, ihre Verhaltenstraditionen zersetzend, unter die Bedingungen der Lohnarbeit zwang, erzeugte – nach einer Phase der Zerstörung proletarischer Familien durch die industrielle Exploitation der Kinder- und Frauenarbeit – »Kindheit« und auch »Jugend« als relativ separate Teilpopulationen, als Subsysteme, mit eigenen Verhaltenszumutungen, Umgangsstilen und Rechtsverhältnissen, die aus dem Lebensverhältnis der Erwachsenen weitgehend ausgegliedert wer-

---

[1] Die Metternichsche Reaktion schlug ein für die Integrationsarbeit (und für die Arbeitsamkeit) bedeutendes Thema schon um 1830 an: die Sanktionierung der *Sexualität*. Die Zensur traf *Wally, die Zweiflerin* (Gutzkow) so hart, dass es dem Verleger Ausweisung und ersten Berufsverlust einbrachte; wegen der »Sittlichkeit«. Metternich hätte bekanntlich am liebsten Goethes *Wahlverwandtschaften* verboten.

den. Die Mechanisierung der Produktion hatte einerseits Arbeitskräfte frei-
gesetzt: Das betraf die Frauen und kam vor allem den Kindern zugute;
andererseits entstand ein dringlicher Bedarf nach qualifizierten *hands,* wobei die Basisqualifikationen vor dem Eintritt in die Erwerbssphäre erworben werden mussten. (Von da an bleibt die Freisetzung der Kinder, z.T. der
Jugend, von der Produktion die Voraussetzung dafür, ihre Entwicklung und
Sozialisation dem Interesse der Kapitalverwertung zu subsumieren). Innerhalb der *Bourgeoisie* hatte sich die relative Exterritorialität von Kindheit
und Jugend zeitiger herausgebildet; in den neuen *Mittelschichten* (vor allem
seit Mitte des 19. Jahrhunderts) traten Kindheit und Jugend ganz in Strategien der äußersten Abgrenzung *nach unten* und des sozialen Aufstiegs ein.
Wie defensiv es zuging, erkennt man schon daran, dass die Lektüre klassischer deutscher Dichtung aus dem Lehrplan der Ausbildungsstätten für
Volksschullehrer, den *Seminaren*, ausgeschlossen blieb – reserviert für die
Kinder der Bourgeoisie.

Andere, für die geschichtliche Entstehung der Subkultur Kindheit und
Jugend relevante, durchaus auch die Bourgeoisie betreffende Bedingungen
waren die fortschreitende Trennung von Arbeitsort und Behausung, die den
Vater aus der Familie für viele Stunden regelmäßig herauslöste, die Kinder
ihm gegenüber verselbständigte und seine Arbeit aus dem Erlebnisumfeld
der Kinder schwinden ließ (also ihr Spiel, ihre Erfahrung gegenüber Werk-
zeugen usw. isolierte); die Tatsache, dass sie von nun an für ihre Familien
eine ökonomische Belastung waren – und nicht mehr, wie früher, nützliche
Arbeitskräfte, was eine Regelung ihrer sozialen Position begünstigen,
musste, die Ähnlichkeiten mit den Indianerreservaten der USA hat; ferner
die depravierenden Folgen der Kinderarbeit im Frühkapitalismus, die ihre
Schonung erzwang. Seither ist das erste sozialpsychologische Problem der
kapitalistischen Gesellschaft: das der *Integration*, d.h. der Normierung,
Strukturierung, Abstimmung einer aus bornierten Verhältnissen gewaltsam
freigesetzten Population unter den Bedingungen des Klassenkonflikts,
unlösbar mit ihrem zweiten Problem verflochten: dem der *Sozialisation,*
Erziehung der reservatartig und subkulturell verselbstständigten und gegen
die Produktion isolierten Kinder (und einer Minderheit von Jugendlichen).
Von vornherein stellt der Rhythmus der Produktion den der Sozialisation
ein. Der Reservatcharakter gerade der Kindheit erschwert jedoch, ja ver-
unmöglicht bereichsweise ihre volle Assimilation an die gesellschaftlichen
Bedingungen der Produktion, des ganzen Verkehrs der Erwachsenen. Die –
oft bruchartig sich vollziehende – Subsumtion der Heranwachsenden unter
die klassenspezifischen Formen sozialer Integration fällt daher – schlag-
wortartig verkürzt – mit ihrem ersten Lohnempfang zusammen.

Es ist leicht zu sehen, dass *die geschichtliche Erzeugung von Klassen* (in der entwickelten Klassengesellschaft des Kapitalismus) *und die relative subkulturelle Verselbstständigung der Kindheit (und z.T. der Jugend)* noch eine weitere Differenzierung und Verselbstständigung bei sich führt: Die Aufspaltung der Lebenszeit in *Arbeitszeit* und *Freizeit,* wobei freilich letztere nur »frei von Arbeit« meint, die Verselbständigung einer Privatsphäre, im Wesentlichen der *Familie,* von der »Erwerbssphäre«, der industriellen Produktion[2]. Diese Hälftung des individuellen Daseins in Arbeit und Freizeit, Betrieb und Familie, die sich in der Art des Drehtür- oder Wetterhäuschen-Prinzips gegeneinander isolieren, kann selbst als soziales Strategem begriffen werden: Die regulativen Prinzipien der Familie (und Freizeit oder Privatsphäre) sind nur der Erscheinung nach von denen der Produktion verschieden; doch dass der Verwertungszusammenhang des Kapitals Familie und Privatsphäre längst unter sich gerissen hat, wird für viele unerkennbar.

Diese Trennung menschlichen Daseins in Arbeit und Freizeit reproduziert sich, vermittelt über Spekulation und Profitinteresse, in der *Urbanisierung* und wird dort als Entmischung von Wohn- und Wirtschaftszonen usw. beklagt: »Es zerfiel dabei auch das gewachsene Geflecht zwischenmenschlicher Beziehungen« (Spiegel 24/1971, S. 57).

SOZIALE INTEGRATION

Man kann die im Zuge der Auflösung partikularer Orientierungen und Verhaltensmuster sich herausbildenden neuen und komplexen Systeme sozialer Integration – der relativen Standardisierung und *Orientierung* ganzer von psychophysischer Verelendung und steigenden Suizidraten bedrohter Bevölkerungsmassen und ihre Affirmation an die Verkehrsformen einer auf Ausbeutung und Warenproduktion fundierten Gesellschaft – auf verschiedenen Ebenen analysieren. Der von Marx skizzierte Sozialcharakter des 19. Jahrhunderts – der asketische, produzierende Knecht – war ein Resultat der industriellen Disziplinierung der Bevölkerungsmassen und ihrer Armut; ergänzt durch obrigkeitsstaatliche, durch Untertanengesinnung. Letztere integrierte in anderem Kontext auch die in den Verwertungsprozess des Kapitals gerissenen Kleinbürger und selbst die Bourgeoisie, soweit sie nicht schon zur »Machtspitze« rechnete; jedenfalls in Deutschland. Namentlich in der Verbindung mit Aufstiegsimpulsen entfaltete die Untertanengesinnung ihre stabilisierende Kraft. Die Militärdienstpflicht war ein weiteres Instrument sozialer Integration; namentlich der »unteren Klassen«.

---

[2] Und der für Distribution, Zirkulation, Konsumtion erforderlichen Wirtschafts-, Verwaltungs- und Dienstleistungsbetriebe.

In Deutschland überlebten nicht nur Residuen des Feudalismus länger als anderswo, sogar die – viel spätere – Refeudalisierung durch den Monopolkapitalismus konnte noch an Traditionen anknüpfen, die durch Sozialisationsagenturen wie die *Schule* bereichsweise konserviert worden waren.

Nach der Jahrhundertwende schufen die Erfordernisse der Kapitalverwertung und darin einbeschlossen die der Konsumtion neue Sozialcharaktere, die jene überlieferten und doch z.T. gerade erst erlernten (»bürgerlichen«) Tugenden, Werte und Gesinnungen erneut labilisieren mussten. Der Kunsthistoriker Wilhelm Hausenstein registrierte das kühl im Jahre 1912:

> »Bürgerliche Kultur ist … nicht konsumptiv gestimmt«, so seine schon rückblickende, gegenwartskritische Diagnose. »Der bürgerliche Mensch arbeitet und spart, der Grundsatz seines Lebensprinzips ist der größtmögliche Reinertrag«.

Inzwischen hatte sich innerhalb der Angestellten und der Intelligenz die Internalisierung von Normen, Werten und Standards (»Über-Ich«) durch vielerlei Einflüsse, zuletzt durch die Prüderie des viktorianischen Zeitalters, so verfestigt, dass die vom Profitstreben des Kapitals, vom *Markt* erzwungene Labilisierung bürgerlicher Tugenden (Sparsamkeit, Verzicht um des Aufstiegs willen, obrigkeitsstaatliches Denken, Unselbstständigkeit u.a.) und die zögernde Emanzipation der wissenschaftlich gebildeteren, von »Proletarisierung« bedrohten Mittelschichten von feudalen, nationalen und religiösen Bindungen nur noch um den Preis von psychischen und sozialen Konflikten zu erzielen war. Sie erwarben sich dabei jene neurotische Idiosynkrasierung von Aggressivität, die emanzipativ-politische Willensbildungen im Ansatz lähmte, weil der Staatsbürger von nun an am Problem der *Gewalt* neurotisch scheitert – nur um zugleich zwischenmenschliche Beziehungen unter das Prinzip konformierender *social control,* des Vorurteils, der abrufbaren Aggression zu stellen: mächtige Instanz der sozialen Integration.

Es ist sicher, dass das Zusammenspiel von *sozialer Kontrolle* und *Internalisierung von Normen* Wesentliches zur Homogenisierung der wachsenden Populationen und zu ihrer sozialen Integration, Orientierung und Abstimmung (aufeinander) beträgt.[3] Allgemein betrachtet, wird *social control* beispielsweise auf dem Wege über die nachbarschaftliche, öffentliche usw. Kontrolle der Kinder und ihres anschaulichen Verhaltens steuernd auf

---

[3] Soziale Kontrolle: »Die Furcht vor allem Auffallenden und Abweichenden ist enorm groß, und ein stärkerer Hüter des bestehenden Zustands als alle Polizei, von der man gar nichts bemerkt« (Jacob Burckhardt am 24.4.1865). Internalisierung: Robespierre wünschte sich ein »Meisterstück der Gesellschaft«, einen Instinkt zu schaffen, der *ohne Beistand des Denkens* die Menschen das Gute tun und das Böse meiden lässt.

deren Eltern wirksam, d.h. erhöht deren »Sozialisationsdruck«, der, indem er an die Kinder weitergegeben wird, die normativen Regulationen der Eltern verfestigt (und die je betroffenen Eltern, als Nachbarschaft, Öffentlichkeit usw., kontrollieren wiederum verstärkt die Kinder fremder Familien). Je stärker Sozialisationsstile und erzieherisches Verhalten am äußeren Erscheinungsbild kindlicher Lebenstätigkeit, Erscheinung usw. orientiert sind (und je geringer die Interpretation des anschaulichen Verhaltens auf Motive sowie subjektive Beweggründe), desto lückenloser verschränken sich innere Normen und soziale Kontrolle – also außerhalb der Mittelschichten (und der Oberklasse).

Ohne Internalisierungsvorgänge hätte soziale Kontrolle wenige Ansatzpunkte zur Steuerung der Einzelnen, weil Achtung und Ausstoßung nicht mehr die brutale Sanktionierung wie etwa im Mittelalter zur Folge haben. Andererseits stabilisiert soziale Kontrolle alle Internalisierungsresultate: Nachverdrängungen werden erzwungen, der Weg zu Ersatzbefriedigung und Symptombildung erleichtert, wenn und solange selbst minimale Ansätze zur Selbstfreigabe in Einzelnen auf die Sanktionen der Mitwelt stoßen und daran scheitern.

Soziale Kontrolle und Internalisierung *ergänzen* sich schließlich in dem Sinne, dass dort, wo internalisierte Moral zur Stabilisierung von Verhalten (im Sinne der Funktionalität, Ordnung, Homogenität etc.) nicht ausreicht, *sie* größere Anteile der sozialen Integration übernimmt. Erinnert sei an die Beobachtung, dass Lehrlinge gelegentlich sozial dekompensieren, wenn sie mit Studierenden in einer »gewährenden«, von sozialer Kontrolle freieren Situation leben.

Die *soziale Kontrolle* vermittelt allererst den bekannten »dämpfenden Effekt« bürgerlich-strafrechtlich sanktionierter Vergehen, Verbrechen usw. auf die Gesamtpopulation. Sie ist ohne die Angst, dem Verband, der den Einzelnen umgibt, nicht mehr anzugehören, also ohne das Zugleich von Partikularisierung und allseitiger Abhängigkeit, kaum denkbar und regelt insofern vorzüglich das Verhalten in der lohnabhängigen Bevölkerung. Der Abstraktionsvorgang von der unmittelbaren Autorität aus den Jahrhunderten vor der Durchsetzung der kapitalistischen Produktionsweise wird hierin insofern erleichtert, als *jeder* ein Stück unmittelbare Herrschaft (und Autorität) gegenüber sozial Gleichen übernimmt. Die Rigidität der Kontrollnormen bestätigt sich z. B. in der »Diversifikation« des Arbeiterbewusstseins, in der Form der Abgrenzung gegen Gastarbeiter, arbeitende Frauen, Lehrlinge, eventuell gegen Jungarbeiter und in ähnlichen Disparitäten. Soziale Kontrolle und Ordnung der Produktion (wie Konsumtion) erscheinen so aneinander gebunden, dass Versuche zur Suspendierung der ersteren als »anarchoid« abgewehrt und Formen der revolutionären Umwälzung der

Eigentumsverhältnisse als Optimierung und Generalisierung sozialer Kontrolle aufgefasst werden können.

Es *erscheinen* also nicht alle gesellschaftlichen Mächte, »welche die Individuen bestimmen, subordinieren und in der Vorstellung als heilige Mächte erscheinen« (Marx 1969, S. 228) überhaupt noch als Macht, als Nicht-Ich: Das Individuum ist ihnen nicht nur subsumiert, es hat sie internalisiert. Die Vorgeschichte: Luther, Calvin und Kant (vgl. Marcuse 1970).

> »Somit stehen alle, die man Herren heißet, an der Stelle der Eltern und müssen von ihnen Kraft und Vollmacht zum Regieren sich geben lassen« (Martin Luther).[4]

Er, Luther, hat den Menschen von der äußeren Religiosität befreit, »weil er die Religiosität zum inneren Menschen« (Marx 1969a, S. 386) gemacht hat. Die Zentralisierung der Moralität (und Erlösungshoffnung) auf den ehrfürchtigen Gehorsam gegenüber der *Pflicht* und der von ihren individuellen Trägern losgelösten Autorität hat eben jene gesellschaftliche Funktion, die Immanuel Kant als politische »Nutzung« der moralischen Anlage des Menschen »mittels des Gewissens und der Religion« dem Gesetzgeber empfiehlt. Hierin wird ein religiöses, moralisches, sittliches Fundament gelegt, das psychodynamisch wie sozial sich verfilzt mit den Disziplinierungen des künftigen Lohnarbeiters in den Jahrhunderten der Vorbereitung und Etablierung der kapitalistischen Produktionsweise. Wo der Fürst als *Vater* bezeichnet, seine Autorität an *Gott Vater* festgemacht und der faktische Vater mit »Sie« oder »Ihr« angesprochen und *geehrt* werden soll, wird zugleich wiederum der Abstraktionsvorgang von den unmittelbaren Autoritäten in die Ordnung der bürgerlichen Gesellschaft erleichtert. Auch das Calvin'sche Erbe: dass im Leben der (berufliche, ökonomische) *Erfolg* die *ratio cognoscendi* der »Erwähltheit« des Individuums sei, die *ratio essendi* dieser Erwähltheit aber – dem Menschen ewig verschlossen – bei Gott liege, mag über die Schichten des Bildungsbürgertums, der Pfaffen, Lehrer usw. hinaus noch die Alltäglichkeit des Proletariers mit strukturieren.[5]

Die »Verinnerlichung des äußeren Pfaffen«, die Genese des Über-Ichs muss starken klassenspezifischen Differenzierungen unterliegen; zu erinnern wäre an Sprachstile (Bernstein 1970), aber auch an die Bedeutung von Haltungen wie Selbstständigkeit, Übernahme von Herrschaftsfunktionen für Mittelschichten und direkte Abhängigkeit, »Kontemplation« für die Arbeiterklasse je nach ihrem Ort im System der materiellen Produktion und

---

[4] Das Lutherzitat ist entnommen: http://gutenberg.spiegel.de/luther/katechis/3.htm
[5] Tradiert über Schule, schichtspezifische Massenmedien, lokale Traditionen und Religion.

Reproduktion. Nicht eigentlich überrichstrukturierte Gewohnheitsbildungen (Dressate), Assimilationsdruck, soziale Kontrolle und die stete Gegenwärtigkeit von Sanktionen führten innerhalb der Arbeiterschaft zu Integrations- und Sozialisationssystemen, die von den in der entfalteten Psychoanalyse beschriebenen abweichen. Über aufsteigende Schichten nach den Gründerjahren vermittelt, dehnten sich die mit Internalisierung von Werten, mit Über-Ich-Konflikten verbundenen, zu paranoiden Projektionen neigenden psychischen Strukturen allerdings allmählich in Richtung auf die Masse der lohnabhängigen Bevölkerung aus[6]. Der Fetisch der *Reputation,* von Sigmund Freud in frühen Falldarstellungen analysiert, blockierte neben Tendenzen zur Desintegration (= Produkt der tendenziellen Anomie der bürgerlichen Gesellschaft) auch die Ansätze zur Emanzipation (= Produkt der geschichtlichen Entwicklung der Arbeiterbewegung und des aufgeklärten bürgerlichen Intellektuellen).[7]

Die Übernahme bürgerlich-kleinbürgerlicher Reputation, d.h. zunächst von Formalien, in Schichten der arbeitenden Bevölkerung, erinnert an die Übernahme äußerer Merkmale der »Herrenkultur« durch ein Kolonialvolk. Noch die Beschäftigung mancher Arbeiterbildungsvereine mit Goethe oder Schiller, während ihnen die Bourgeoisie das Fell über die Ohren zog, hat etwas von der Absurdität des Schlipses, den der ausgeplünderte Eingeborene sich umhängt. Hierin wurzelt letztlich die Bedeutung, die Statussymbole für breite Bevölkerungsmassen gewonnen haben.

> »Schiller war doch unser«, erklärt H. Lange in seinen Erinnerungen an den Leipziger Fortbildungsverein für Arbeiter unter'm Bismarck'schen Sozialistengesetz, obwohl es ein hoher Rat nicht gestattete, dass Abgeordnete dieses Vereins einen Kranz im Schillerhäuschen zu Gohlis niederlegen durften, wozu sie doch entschlossen waren.

Die Übernahme kleinbürgerlicher Reputation, d.h. zunächst von Formalien und äußerlichen Umgangsstilen der Bourgeoisie in einen Bestand an Sollwerten der arbeitenden Bevölkerung (»Verbürgerlichung«) mit ihren psychischen Konsequenzen wurde von ihren Assoziationen: Arbeiter- und Arbeiterbildungsvereinen, Bünden, Gewerkschaften und Parteien als Grundlage für die Veränderung der sozialen Situation der lohnabhängigen Bevölkerung angestrebt. Während innerhalb der Bourgeoisie derjenige ein »guter Mann« ist, d.h. ein Mann, mit dem man reden, dem man Vertrauen entgegenbringen kann, der ein zahlbarer Mann ist, den Kredit in Bürger-

---

[6] In Folge der erzwungenen Affirmation an die tendenzielle Anomie der Gesellschaft ist dort in aller Regel der Ausgang anders, Schizophrenie.

[7] Sigmund Freud, als Jude selbst auf Reputation (und Arbeitsmoral) angewiesen, ist ein prägnantes Beispiel dafür.

rechte einsetzt,[8] lebt die misstrauische, immer nur partielle Kreditierung des vermögenslosen Arbeiters als »gutem Manne« ausschließlich von der Reputation, d.h. der Assimilation. Doch sprachen, wie sich noch zeigen soll, für den Enkulturationsdruck, der von Arbeiterorganisationen ausgeübt wurde, auch andere, praktische Gründe.[9]

Die »Reputation« und das reputierliche Benehmen werden zum äußeren Sinnbild einer partiellen Assimilation. Insofern läge es nahe, in der sozialen Integration der Lohnabhängigen (»untereinander«) als homogenisierendes Moment Verbürgerlichung zu entdecken; indessen quittiert diese assimilative Tendenz (wie fast jede, die wir noch antreffen) nur den Umstand, dass die proletarische Situation gerade unentrinnbar wird. Sie muss vor dem Ärgsten geschützt werden: Während in der zweiten Hälfte des 19. Jahrhunderts das Massenelend des Frühkapitalismus langsam schwand, wuchs ja zugleich die Präsenz bestimmter Randgruppen: Obdachlose, Asylbewohner, Verwahrloste, Trinker usw.: der *drop outs*; von Personen, die dem unbarmherzigen Leistungs- und Arbeitsniveau des Kapitalismus nicht mehr gewachsen sein konnten und, infolge der latenten Freisetzung von Arbeitskraft durch Produktivitätssteigerung via Mechanisierung und Automatisierung, nicht einmal mehr als *industrielle Reservearmee* fungierten. Außerdem hatte sich längst an die Stelle privater und vielfältiger Hilfe für Arme, wie beschränkt und unzureichend auch immer, staatliche Wohlfahrt gesetzt, deren bürokratische Prozedur neuartige Momente sozialer Ächtung des Elends enthielt, die früherer kirchlicher und privater Wohlfahrt nicht im gleichen Maße immanent war. Das bedeutete: *Nicht* arm, nicht Objekt solcher scherbengerichtsartigen Fürsorge zu werden, nicht in die Randgruppen der *drop outs* zu stürzen, wurde zur permanenten Sorge breiter Bevölkerungsschichten. Wer nichts als seine Arbeitskraft anzubieten hat, wessen Verdienstchance von konjunkturellen Zyklen abhängt, auf die er überhaupt keinen Einfluss nehmen kann; wer bloß passiv erfährt, dass sein Kleineigentum durch Krieg, Inflation, Massenarbeitslosigkeit und wieder Krieg permanent reduziert wurde, kann dieser »Sorge« nie ganz entrinnen. Sie motiviert zur zäh festhaltenden Affirmation an Stile reputierlichen Verhaltens, zur äußeren Assimilation an Merkmale der »Herrenschicht« – und nicht nur, weil Reputation die Abwesenheit jenes Randgruppenelend ausdrückt oder Arbeiter gegen das »Lumpenproletariat« abgrenzt.

---

[8] Karl Marx: Aus den Exzerptheften (Geld, Kredit und Menschlichkeit), zit.n. Marx/Engels, Studienausgabe 11: Politische Ökonomie, Frankfurt 1966, S. 250f.

[9] Die Eindämmung der Trunksucht des Elends, das Anhalten zur Sparsamkeit bei ersten Einkommensverbesserungen, das Zurückdrängen maschinenstürmerischer und antikapitalistischer Tendenzen u.a.m.

Eine weitere wichtige Bedingung für die Übernahme von bürgerlich-kleinbürgerlichen Verhaltensforme(l)n und von Stilen im Sinne der »Verbürgerlichung« (und damit eben auch für die soziale Integration, die Homogenisierung, Abstimmung und Steuerung großer Populationen) war – und ist noch – die Tatsache, dass *Herrschafts*träger (Vorgesetzte; »Die-da-oben« etc.) assimilative Mängel sanktionieren und für Assimilation Gratifikationen vergeben.[10] Äußere Erscheinung und Wohlverhalten werden symbolisch interpretiert: als Merkmale oder Ausdrucksformen von Loyalität, Betriebstreue, Fleiß und Sorgfalt im Umgang mit Arbeitsmitteln, und diese symbolischen Interpretationen können von größerem Einfluss auf die Lohnhöhe und Leistungszulagen des einzelnen Arbeiters sein als seine Arbeitskraft und berufliche Qualifikation. Insofern war es ebenso realistisch als erzwungen, sich im Sinne von »Reputation« zu assimilieren.

Noch die *bürgerliche Kultur* muss als Instrument sozialer Integration betrachtet werden, wenn sie auch gewiss mehr ist als dies. Unter dem Aspekt der unter ihr befassten Normen, Handlungsanweisungen, Denk- und Gefühlsgewohnheiten oder Sitten, Verklärung von bürgerlicher Reputation, wurde sie – jedenfalls in der Gestalt, in der wir sie aus der zweiten Hälfte des 19. Jahrhunderts kennen – gerade obsolet, als die Arbeiterorganisationen eindrucksvolle Leistungen an Affirmation an sie vollbrachten: Im *Bericht über die Verhandlungen des ersten Vereinstages der deutschen Arbeitervereine* Frankfurt/Main 1863 heißt es, der Arbeiter »unserer Tage« stehe unter dem Druck der Unwissenheit, der Ungeschicklichkeit und Unbeweglichkeit.

»Dazu kommt noch der Mangel an größerer Strebsamkeit und Sparsamkeit, wie ferner der Mangel an Sinn für die höheren Werte des Lebens, für Sitteneinfachheit und Sittenreinheit, für Benehmen und Charakter«,

Die Arbeiter würden nur siegen, wenn sie mit »Biederkeit, Rechtlichkeit und Treue« zu Werke gehen. Die Vereine sollten deshalb »Anstand, Sitte und gesellschaftliches Leben pflegen«. Und kein Geringerer als August Bebel schrieb in einer Werbeschrift der *Freien Volksbühne* für das Jahr 1913/1914 (Berlin) über seine Tätigkeit im *Gewerblichen Bildungsverein* 1861:

»Ich sah streng darauf, dass der erste Teil des Abends den ernsten Vorträgen, der zweite den humoristischen gewidmet war. Obszönitäten und Zweideutigkeiten waren streng verpönt«. Oder: Der *Social-Demokrat* Berlin, 5. Jg., Nr. 20 vom 11. Februar 1869 berichtet über eine »Abendunterhaltung« des *Allgemeinen Deutschen Gewerkschaftsbundes* mit Schillers »Schwur auf dem

---

[10] So zogen sogar Turnclubs langhaarigen Mitgliedern Punkte in der Leistungsbewertung ab.

Rütli« und fügt hinzu: Lobend sei zu erwähnen, »dass trotz der enormen Menschenmengen nicht die leiseste Störung vorkam und die Ordnung stets aufrechterhalten blieb« (zit.n. Knilli & Münchow 1970).

Bildung wurde von *Politik,* ja von politischer Bildung abgetrennt: Auf den – bereits zitierten – Arbeitervereinstagen 1863 (und 1864) wurde allerdings eingeräumt, politische Fragen ließen sich nicht *ganz* vermeiden; aber aus einem Arbeiterbildungsverein müssten wenigstens praktische Politik und Agitation gewissenhaft ausgeschieden werden (vgl. Feidel-Mertz 1964, S. 38f.) Es ging eben, im Sinne unserer Assimilationsthese, zunächst und auf lange Zeit darum, »durch maßvolle Leitung und Haltung« sich einen höheren moralischen Boden in der bürgerlichen Gesellschaft zu erwerben. Ein Pastor *Göhre* konnte 1891 erklären, die Arbeiter strebten eine Revolution nicht an, sie seien nun schon zu gebildet dazu (Göhre 1891). Die Bourgeoisie entwickelte in ihren sozialreformerischen Bemühungen Stile, Institutionen, Vermittlungen, die den Arbeiter zum »Verhandlungspartner« erziehen sollten. »Der Sinn, der sich dahinter versteckt, und der in dem Wunsch besteht, die Lebensdauer der bürgerlichen Gesellschaft um jeden Preis zu verlängern« (Jünger 1932, S. 21), blieb lange verborgen.

Diese assimilative Haltung, aus dem disparaten Zustand der verelendeten und in direkter Abhängigkeit gehaltenen Arbeiter und dem pädagogischen Auftrag der Vereine, Gewerkschaften usw. begründbar, hat wiederum, indem sie assimilative Formen sozialer Integration beförderte, über die familiale Sozialisation auf die nachfolgende Generation eingewirkt. Indem sie Formen der Verwahrlosung der Armen (Trunksucht usw.) und die Neigung zum maschinenstürmerischen Aufstand ohne organisierte Machtbasis abbaute, hat sie die Arbeiterschaft diszipliniert. Allein, wenn nun einmal nach dem Benjamin'schen Diktum jedes Kunstwerk zugleich eines der Barbarei ist und Kultur die Beute, die der Sieger im Triumphzuge mit sich führt, so liegt in diesen affirmativen und assimilativen Bemühungen doch etwas von Hohn, in dem Herrschaft der Lohnabhängigen spottet. Blicken wir auf bürgerliche Kultur unter dem Aspekt von Kunst, Literatur, Musik und »höherer Bildung« schlechthin, so vollbrachten auch da viele Arbeiterorganisationen des 19. und 20. Jahrhunderts eindrucksvolle Leistungen der Aneignung. »Eine tiefe Sehnsucht nach der Kunst«, so ein Genosse 1908 (*Volksbühne* 1. Jg., Nr. 3, Berlin), »lebt unausrottbar in dem klassenbewussten Proletariat, das alles große Vermögen gesitteter Menschheit für sich zu erobern entschlossen und fähig ist«. (Modernere Autoren stoßen zugleich auf Entrüstung; wegen anarchischer Tendenzen, Sittenlosigkeit, Vulgarität). Unter den namhaften politischen Führern der Zeit um den Ersten Weltkrieg waren es sogar gerade die der Arbeiterbewegung, die – wie

Rosa Luxemburg und Karl Liebknecht – ein ungebrochenes Verhältnis zu bürgerlicher Kultur entwickelten. Liebknechts Briefe aus dem Felde an seine Familie zeigen, wie unmittelbar dies in die Sozialisation und Erziehung der Kinder eingeht: Kaum eine Zitierung Dantes, Shakespeares oder Beethovens, die nicht mit einer Mahnung zur ordentlichen Erledigung von Schulaufgaben verknüpft wird oder in einer kritischen Bemerkung zur Moderne in der Musik ihre Ergänzung findet. In seinen politisierten und organisierten Anteilen affirmiert die Arbeiterklasse in ihren Führern die Kultur des Bürgertums im Sinne einer konservativen Überholung – just, als sie, im Stadium teils der Zersetzung, teils der revolutionären Kritik angelangt, die Bourgeoisie nicht mehr bildete, von ihr bloß konsumiert, vielfach sogar abgestoßen wurde.[11]

Gegenwärtig kann von Kultur des Bürgertums als integrierende und sozialisierende nur noch zögernd und selten gesprochen werden. Was an ihre Stelle trat, die geplante, »schichtenspezifische« Produktion von Druckerzeugnissen für Lohnabhängige und dergleichen, integriert gewiss auch. Der Protest Offenbacher Arbeiter gegen den Torverkauf der *Bildzeitung* (1969) ist wirklich ein kulturelles Ereignis gewesen. Ebenso bedeuten Straßentheater in und nach der Studentenrevolte und verschiedene Experimentierbühnen eine Rekonstruktion von Kultur, die zum *Widerstand* anleitet (und »sozialisiert«) – soziale Integration und Sozialisation treten in solchen Ansätzen endlich wieder auseinander.

Bemerkenswert erscheint auch, dass in der viel späteren Phase repressiver Entsublimierung, vor allem nach 1948 in der BRD, innerhalb breiter Mittelschichten Anzeichen zu einer schlechten Anarchisierung konsumptiv begriffener Sexualität auftreten, die – historisch betrachtet – in gewissen Aspekten hinter die Sozialisierung der Arbeitersexualität zurückfallen. Das bekannte »Loch ist Loch!« (vgl. Reiche 1970) der Unterschicht reproduziert sich unter Erwachsenen der Mittelschichten, während sich im Proletariat teils »solide« eheliche Verhältnisse halten, teils aber – in der Arbeiterjugend – Entwicklungen zu differenzierteren Formen von Sexualität empirisch fassbar werden.

Die Wechselbeziehungen zwischen den einzelnen Elementen und Subsystemen der Gesellschaft, aus denen sich – in Anlehnung an überlieferte Institutionen und gestützt auf Ungleichzeitigkeiten der industriellen, kulturellen, religiösen Entwicklung – relativ beständige Strukturen des Verkehrs, der Interaktion und Kommunikation entwickeln, müssen, so viel

---

[11] »Die Bildung, statt ein geistiges Medium zu sein«, so Jakob Burckhardt 1865, »ist bei der großen mittleren Leuteschicht ein Vehikel des Fortkommens und mehr nicht«, was sich auf die reiferen Zustände in Frankreich bezog.

haben wir erörtert, als Klassenkonflikt begriffen werden. Die bürgerliche Gesellschaft benötigt den »freien«, industriell verwertbaren Arbeiter, dessen Klassenschicksal unentrinnbar sein soll – sie muss Integrationssysteme produzieren, in denen der Emanzipationsanspruch der Arbeiterklasse unterdrückt oder zersetzt wird, soweit es ihr nicht gelingt, die Konstituierung einer politischen Identität der Klasse *als* Klasse von vornherein zu verhindern; sie muss die neuen Mittelschichten: alle die *clerks, commis,* Bureau-Vorsteher und später die technische Intelligenz, sozial so organisieren und psychisch so beeinflussen, dass sie an die Interessenlage der Bourgeoisie gebunden bleiben. Die »freien Arbeiter« sind als einzelne wie in ihren Organisationen assimilativen Tendenzen unterworfen, haben sich aber in der Geschichte ihrer Bewegung kämpferisch gegen Ausbeutung und Diversifikation gewendet. Die Institutionalisierung von Normen, d.h. von Zweck-Mittel-Systemen zur Regulierung menschlichen Verhaltens, vollzieht sich teils über Internalisierungen, teils über permanente soziale Kontrolle als dem dominierenden Typus rudimentärer Nachbarschaftsbeziehungen und über ein differenziertes System von Sanktionen und Gratifikationen. Genauer betrachtet, handelt es sich dabei z.T. um eine erzwungene (auch: »gewaltlos« erzwungene), z.T. um eine intendierte, das heißt in eigene Regie genommene partielle Assimilation an die tendenzielle Anomie kapitalistischer Gesellschaften[12]. Zum wirkenden Prinzip der sozialen Integration wie der Sozialisation wird daher gesamtgesellschaftlich ein Regelungssystem, das zwar mit Erfolg auf Funktionalität, Effektivität und *Ordnung* ausgeht, aber zugleich Identitätsbrüche und Dissozialität bestimmter psychischer Gehalte bzw. Impulse und Orientierungsverluste impliziert.

Ein verhaltenssteuerndes Moment von größter Bedeutung wäre hervorzuheben. Die kapitalistische Produktionsweise führt mit sich nicht nur die Partikularisierung der Menschen, deren »Unabhängigkeit« sich nach einem Marxschen Verdikt als Gleichgültigkeit, Indifferenz herausstellt (die *Trennung* des Menschen vom Menschen ist nun sein wahres Dasein), sondern zugleich eine Maximierung der Abhängigkeit der einzelnen (denen namentlich als »freie Arbeiter« alle Ressourcen genommen sind und die vereinzelt auf ihr Schicksal keinen Einfluss nehmen können). In der Folge dieser unentrinnbaren Gleichzeitigkeit von Abhängigkeit und Vereinzelung verbreitet sich *Angst* im größten Stile – eine Angst, die freilich selten als solche auch erlebt wird; sie wird zum psychischen Fundament sowohl der sozialen Integration der lohnabhängigen Massen, soweit sie gelang, als auch der Sozialisation der Subkultur »Kindheit« und »Jugend«.

---

[12] Dies gilt ebenso für die neuen Mittelschichten.

Wenn wir nun heute vom »autoritären Leistungsstaat« der Gegenwart reden, so bezeichnet dieser Begriff gegenüber dem 19. Jahrhundert und den Anfängen des 20. Jahrhunderts deutlich veränderte Systeme sozialer Integration. Zwar trifft die Disziplinierung via Arbeitsprozess nach wie vor die Masse der Lohnabhängigen uneingeschränkt, aber auf neuem Vergesellschaftungsniveau. In der Produktion werden alle Einzelvollzüge in einem von der *technischen Anlage* vorgegebenen Sinne aufeinander bezogen, was neuestens auch Bereiche der Bürotätigkeit und Verwaltung erfasst. Die Kooperation der Arbeitenden wird mehr und mehr »versachlicht«, erfolgt auf dem Wege über die Technologie des Arbeitsprozesses – überall erzwingt Rationalisierung auch neue Reglementierungen. Die *Kontemplation* (Georg Lukács) und der fortgeschrittene Effektuierungsstil industrieller Produktion haben in wachsendem Maße auf andere Lebensbereiche übergegriffen.[13]

Die partiale Assimilation an Verhaltensstile der Mittelschichten (»Reputation«) trägt wesentlich zur Homogenisierung der ärmeren Population bei und bildet nach wie vor, als relativ verbindliches Wertmuster, das Orientierungssystem für die (solidaritäts-hemmende) soziale Kontrolle. Disziplinierung durch besonderes Gewaltverhältnis und obrigkeitsstaatliche Verpflichtungen integriert nur noch die Mehrzahl der Beamten: In den privilegierten Schichten der Arbeiter und der Mittelschicht wird durch *Leistungsmotivation* diszipliniert und damit sozial integriert – auch dies eine Abstimmung großer Kollektive auf gemeinsame Verhaltensregelungen, die sich in der Sozialisation der Neugeborenen reproduziert. Im Streben nach (verwertbarer) Leistung werden Konkurrenz und Rivalität *einheit*sstiftend. Soziale Integration vollzieht sich jedoch unter dauernder Stützung durch ein System von Statussymbolen, die zu erwerben den Einzelnen stärker bewegt als die Idee, seinen Status zu verändern. Lohn- und Gehaltsregelungen,

---

[13] Beispielsweise auf den Sport. – Im Sport schufen Mitglieder der englischen Oberschicht im 19. Jahrhundert Amateurregeln, dafür bestimmt, die gewöhnlichen Leute von ihrem exklusiv-privaten Vergnügen fernzuhalten. Um konkurrenzfähig zu werden, hätten die Angehörigen der unteren Schichten finanzielle Gegenleistungen für ihre athletischen Leistungen benötigt. Das Verbot von Bezahlung via Amateurregel schloss die auf Bezahlung Angewiesenen aus dem sportlichen Wettbewerb aus – Einübung, Training, sportlicher Erfolg waren (und sind) mit normaler Erwerbstätigkeit nicht zu vereinbaren. Noch der so genannte Staats-Amateurismus heute, aber auch die soziale Struktur etwa der Olympiamannschaft der BRD – mit wenigen Ausnahmen Kinder der Mittelschicht und Oberschicht – zeigen die nachwirkenden Konsequenzen solcher verdeckten organisatorischen Lösungen des Klassenproblems im Sinne der herrschenden Klasse. Inzwischen haben sich längst Prinzipien industrieller Effektivität und tayloristischer Rationalisierung des Sports bemächtigt (vgl. Vinnai 1970).

Prämiensysteme in der Industrie, für die Einzelnen undurchsichtig, vom »anatomischen« Kontext der Kapitalverwertung phänomenal gänzlich losgerissen, tragen dazu bei. Fortwährend stützt den Integrationsprozess auch die Fetischisierung des Konsums (als Entnahme von Waren und Inanspruchnahme von Dienstleistungen).

Noch im Konsumbereich signalisiert der Übergang zur Selbstbedienung und zum Supermarkt, wie entbehrlich Vorüberlegung, individueller Plan (Einkaufszettel!) und selbstständige Orientierungsleistung geworden sind. Die Supermärkte teilen Waren so auf, dass Orientierung, Lernen, Erfahrungsbildung möglichst erschwert werden; Lernen wäre dysfunktional.

Zugleich setzt sich in den Dienstleistungen (Reisebüro usw.) und in einer Vielzahl technokratischer Regelungen, Verwaltungen, Versicherungen etc. die institutionelle Umklammerung des je einzelnen Daseins weiter fort.

Hierin wird die *Bürokratisierung* des Daseins einheitsstiftend wirksam – von der konformen, privaten Verteilung der Lohn- und Gehaltssumme bis zu den Wegen, Schritten und Handgriffen, die etwa bei Krankheiten oder Urlaubsreisen zurückgelegt bzw. bewerkstelligt werden müssen, konstituiert sich für Millionen von Menschen ein je identisches Lebensgelände. Schließlich werden mit der technischen Reife neuartiger Medien der Massenkommunikation (Radio, TV) und mit den sich wandelnden Beziehungen zwischen Leserschaft und Druckerzeugnis auch umfassende Strategien der Lenkung, Leitung und Homogenisierung von Populationen entwickelt.[14] Auch diese *Sozialtechniken* und *-technologien*, noch in ihren weniger bekannten Quellen und Organen (Sozialpädagogik, Betriebspädagogik), antworten nicht nur auf einen sozialen Zustand, in dem trotz zeitweilig zurückgenommener Disziplinierung durch außerökonomische Zwangsgewalt breite Bevölkerungsmassen vereinheitlicht, integriert werden müssen, sondern auf die Entwicklung der Arbeiterbewegung, die Organisation des Proletariats. Auf dessen Solidarisierungstendenz (»Proletarier aller Länder vereinigt Euch!«) – so sie sich gegen die Integrationstechniken durchsetzt – reagiert die Gesellschaft des organisierten Kapitalismus im 20. Jahrhundert dreifach: mit der Produktion von »horizontalen Disparitäten«, von Diskriminierungen und Privilegierungen innerhalb der Arbeiterschaft (wozu auch die Pflege des »Angestellten«-Mythos rechnet), und zwar intendiert, d.h. die hier erzielte Diversifikation des Arbeiterbewusst-

---

[14] Ein Beispiel: Lange Zeit hindurch galten den Zeitungswissenschaften Leserschaften als dispers, als inkonstant in der Zusammensetzung; starke überdauernde Bindungen der Leser an *ein* Blatt (*Bild*, Grüne Presse usw.) steigerten den steuernd-integrierenden Effekt des Mediums stark. Erst auf der Folie dieser Leser-Blatt-Bindung können *Leserbriefe* verhaltenssteuernd wirksam werden (vgl. Brückner, 1964).

seins und die Reduktion von Solidarität und Gruppenegoismen stellt sich nicht hinter dem Rücken industrieller Entfaltungen selbsttätig her, sondern wird in den Unternehmen bewusst produziert – freilich gestützt auf organisatorische und technologische Veränderungen der Arbeitsverhältnisse, die ihrerseits vom Profitinteresse des Kapitalisten nicht abgetrennt werden dürfen. Psychologisch betrachtet: Im Horizont schlechthinniger Abhängigkeit und Ungewissheit über die eigene wirtschaftliche Zukunft konstituiert sich eine durch Konkurrenz gespaltene Arbeiterschaft; das strukturelle Elend des Arbeiters: die Entfremdung als Folge des Verkaufs seiner Arbeitskraft, der eigentliche Skandal der Lohnarbeit selbst tritt gegenüber Abhängigkeit, Unsicherheit und Konkurrenz fast unerkennbar zurück.[15] Die zweite Antwort auf das »Proletarier aller Länder – vereinigt Euch!« wäre in Wellen der Emotionalisierung längs nationalstaatlicher Vorurteilssysteme zu sehen, in denen rechte Agitation an Frustrationen und Aggressionsbereitschaften von Bevölkerungsmehrheiten anknüpfen, denen Einsicht in die wirklichen Gründe ihrer Lage entzogen bleibt[16]; auch dies wieder sozial-integrativ und sozialisationsprägend angelegt in der zweiten Hälfte des 19. Jahrhunderts. In dem bereits zitierten Bericht über den *Ersten Vereinstag der deutschen Arbeitervereine 1863* heißt es:

> »Aus dem Ganzen heraus aber tritt als mächtige Blüte: die Liebe zur Freiheit und zum Vaterland, die beide ihren Ausdruck finden in einem freien allgemeinen deutschen Staatsbürgertum, in einem einigen und freien deutschen Vaterland! (Lebhafter Beifall)« (Knilli & Münchow 1970, S. 23).

Die »Erziehung zur allgemeinen Wehrhaftigkeit« findet sich, als politisch-pädagogische Forderung der Arbeiterklasse, im *Erfurter Programm* der *SPD von* 1891 (vgl. Feidel-Mertz 1964, S. 21).

Schließlich wäre zu nennen die Etablierung von staatlich kontrollierten oder rechtlich stabilisierten Einrichtungen, die für einen so genannten geregelten Austrag gesellschaftlicher Konflikte in der Weise zu sorgen haben, dass die gesellschaftliche Substanz der Konflikte in Affirmation an die Ideologie des Sozialstaats schwindet.[17] Auf die Funktion der Presse, die in

---

[15] Dies muss nicht so sein; es erhebt sich die Frage nach den Interpretationsleistungen der Gewerkschaft und der SPD.

[16] Wie ja überhaupt das Privateigentum an Produktionsmitteln *das* Hemmnis für Volksbildung darstellt (und nicht nur im Falle Springer).

[17] Solange Auseinandersetzungen der Tarifpartner vertraglich geregelt und systemimmanent einander als »legitimierte Interessen« bestätigen, enthält auch die härteste Auseinandersetzung noch Momente der Affirmation; der Klassenkampf wird mit wachsender Härte nur um so stärker demontiert, bis schließlich – im Falle des Streiks und der Aussperrung – die Situation umschlagen könnte; nur, Aussperrungen sind

großen Bereichen nun die Bürger im Auftrage der herrschenden Klassen kontrolliert, die Grundrechte zu einer faktischen *Umkehr* der alten, bürgerlich-liberalen Kontrollfunktion der Presse nutzend, wurde weiter oben schon hingewiesen.

In diesem gesellschaftlichen Bezugsrahmen verändert sich der Stellenwert von *Spontaneität* unter Arbeitern: Das Verhältnis, in das wilde Streiks und Proteste zu den Organisationen der Arbeiterschaft eintreten, nimmt die Form der Entlarvung an – Spontaneität treibt, wo immer sie vorkommt, reaktiv den Ordnungsauftrag der Gewerkschaften und Arbeiterparteien prägnant hervor. In der geregelten Organisierung von den Apparaten her soll Spontaneität erneut den Strategien sozialer Integration unterstellt werden; soziale Integration, die in der für den organisierten Kapitalismus typischen öffentlichen Form des »sozialen Friedens« alle revolutionär-emanzipativen Tendenzen abweist, ja tendenziell vernichtet. Was das Proletariat zum Menschen machen, d.h. den Klassencharakter kapitalistischer Gesellschaften aufheben und jedes einzelne Individuum zum Gattungswesen erheben wollte, nimmt die Transformation der Klasse in Mitglieder eines Interessenverbandes pluralistischer Einfärbung in die eigene Regie. Die Ablösung der Führungsspitzen in Gewerkschaften und Parteien von ihrer Basis, ihre bürokratische Verselbstständigung und Umwandlung in eine ordnungsgewährende Kraft markiert einen Prozess der *Entfremdung* – wohl bemerkt: des Proletariats, denn *seine* Bedürfnisse, Zustimmungen, Handlungen treten ihm entfremdet gegenüber. Zugleich bestehen soziale und politische Beziehungen zwischen Organisation hier, der Arbeiterschaft dort weiter – schon aus Gründen der Zweckmäßigkeit, der Tradition, der Unentbehrlichkeit (und der Gewohnheit). Hierin liegt ein sozialpsychologisch relevantes Moment für die resignative Stimmung vieler Arbeiter, aber auch für Tendenzen, ihr Verhältnis zur Arbeit zu instrumentalisieren, es unter dem Aspekt von konsumfähigem Einkommen und Prestige zu sehen. Noch ihre Versuche, sich als Klasse zu organisieren und zu emanzipieren, historisch von revolutionärer Intelligenz angeleitet, werden ihr unter den Bedingungen des organisierten, sozialstaatlichen Kapitalismus entrissen, in systemstabilisierende Mächte transformiert; und doch bleibt das, was ihr Eigenes ihnen entreißt und entfremdet, in ihrem ökonomischen und auch sozialen Interesse positiv tätig. Es ist gewiss überzufällig, dass gerade die Septemberstreiks 1969 Formen der Studentenrevolte übernahmen, die auf

---

weitgehend illegitim. (Ich hoffe, dass der Leser aus dieser Anmerkung nicht entnimmt, ich plädierte für ein *Mehr* an Aussperrungen. Denn mit der Restitution des Klassenkampfs stellt sich zugleich die Machtfrage. Die aber muss gestellt werden, indem Arbeiterorganisationen ihren Spielraum ausnützen und überschreiten, aber die Arbeitgeberorganisationen nach Möglichkeit an ihre legalen Mittel binden).

Entfremdung und Verdinglichung antworten. Die Bedeutung der »wilden Streiks« liegt in ihrer Lehre: Sie zeigen, dass die sozial-integrativ wirkenden Gewerkschaften, selbst Produkte eines still gestellten Klassenkampfs, Spontaneität bereichsweise nur noch unzulänglich binden,[18] und dass sich die gesellschaftliche Substanz der Arbeitskonflikte restituiert. Da die Regelung der Arbeitskonflikte durch »Tarifpartner« die Gewerkschaften auch zu einem Instrument der Disziplinierung von Teilen der Bourgeoisie macht, und zwar im Auftrage der Bourgeoisie, wird auf die Spontaneität der Arbeiter eine verschärfte Unterdrückungsstrategie einzelner Unternehmen antworten. Ich werde bei dem Problem der Rückkehr roher Gewaltförmigkeit in die Politik der herrschenden Klassen auf sozialpsychologische Aspekte dieser Entwicklung zurückkommen und will nur daran erinnern, dass Drohung, Restriktion und Härte auf der Seite der herrschenden Klassen nach wie vor wichtige Instrumente der sozialen Integration sind. Dabei gilt, dass mit der Zunahme offenen Drucks in der Arbeitssphäre zumindest eine Zeit lang auch die Anzahl solcher Situationen ansteigt, in der Druck an Schwächere weitergegeben wird, d.h. in die Sozialisationssphäre (Kinder und eventuell Ehefrauen) spürbar einschlägt.

Namentlich in der Rekonstruktionsperiode des Kapitalismus nach dem Zweiten Weltkrieg in der BRD – Konformismus; das Herausbilden schweigender Mehrheiten und damit die Verbreitung vorurteilsgesteuerten Verhaltens; politisches Desengagement; Fetischisierung des Sports; Konsumzwänge; Wellen bornierten Nationalstolzes – konnte der Eindruck entstehen, als seien die Arbeiter verbürgerlicht und die Bürger, von Proletarisierungsängsten, vom aufsteigenden Unbehagen an ihrer geschichtlichen Lage beunruhigt, an Kleineigentum fixiert. Dieser Eindruck traf für die Mittelschichten zu. Es war jedoch schon *vor* der Rezession 1966/67 und dem Anschwellen neuer Klassenkonflikte unzulässig, von der Annahme auszugehen, an der Stelle vorkapitalistischer, partikularer sowie bornierter Orientierungsmuster habe sich – über industrielle Disziplinierung und Internalisierung von Normen und Standards – schließlich eine allseits konforme Weise sozialer Integration herausgebildet, in der auch die Masse der Lohnabhängigen, bei steigenden Reallöhnen, verbürgerlicht sei. Die *formierte Gesellschaft* der CDU/CSU markiert zwar ideologisch eine neue Phase in der Abwehr der Emanzipationsbedürfnisse der Arbeiterschaft und der Verfestigung der Kapitalinteressen, inzwischen in der Konzentration und multinationalen Organisation fortgeschritten, sie hypostasierte jedoch nur den

---

[18] In der Auseinandersetzung der Tarifpartner begegnet man sich bestenfalls als Freund und Feind, nicht als Herr und Knecht, d.h. als aufbegehrender Knecht, der den Herren entmachten will, sondern als formell gleichgestellter Gegner, der dem anderen Punkte entreißt.

Schein von »sozialem Frieden«. Dieser Schein entstand, grob gesprochen, dadurch, dass substanzielle gesellschaftliche Konflikte in den Zirkulationsnetzen der Massenkommunikation nicht mehr repräsentiert, ja: nicht mehr repräsentier*bar* waren.[19] Bei näherer Analyse ergibt sich der folgende Umstand, in höchstem Maße dazu geeignet, soziale Integration herzustellen und zugleich ihr Maß ideologisch zu übertreiben: In den hoch industrialisierten Gesellschaften des (sozialstaatlich stabilisierten) Kapitalismus hatte sich ein Lebensrahmen entfaltet, in dem den Individuen, Kollektiven, Teilpopulationen ein Stück Orientierung an internalisierbaren oder symbolisch repräsentierten Werten, Normen und Codices und sogar ein Stück Disziplinierung gleichsam erspart oder abgenommen wurde – Lebensrahmen, die in großem Umfange äußerlich, organisatorisch, technisch Formen des übereinstimmenden Verhaltens so vorgeben, dass es auch ohne irgendein Zutun der Staatsbürger konform, geregelt und affirmativ zugeht. Ich habe schon auf den Effekt der Bürokratisierung und der Entwicklung von Dienstleistungsbetrieben (Versicherungen und dergleichen) hingewiesen, aber die institutionelle Umklammerung des je einzelnen Daseins ist nur ein Aspekt der Regulation sozialen Verhaltens. Die Rationalisierung der Produktion, die sich erfolgreich auch im Bereich der sozialen Beziehungen im Betrieb durchsetzte; die fortschreitende Spezifizierung von »Berufsbildern« und der entsprechenden Ausbildungs- oder Anlernprozeduren; die Bürokratisierung immer neuer Lebensbereiche; die Technifizierung des Alltags und des Verkehrs; die »Effektuierung« des gesamten Lebensbetriebs, die dazu nötigte, war man einmal von ihm ergriffen, jeweils nur ganz bestimmte, vorgegebene Wege zu benutzen; der wachsende Einfluss technischer Mittel wie des Telefons auf zwischenmenschliche Kommunikation; die Verbreitung des Fernsehens, die noch den Wasser- und Stromverbrauch reguliert und Millionen von Menschen zu gleichen Zeiten gleichen Informationen konfrontiert – all dies bildet doch ein System, das die einzelnen Schritte und Bewegungen menschlicher Lebenstätigkeit vielfach kanalisiert.[20] Das funktionierende Gesellschaftssystem ist sehr weit verregelt und steckt voller Abhängigkeit seiner Subsysteme. Die erweiterte Reproduktion der Lohnarbeit und die Bedürfnisse der Kapitalverwertung schlagen sich darin organisierend, technisch und ingenieurmäßig nieder. Das Bewusstsein wird als bloßes Durchgangsmoment in die Schaltung verselbstständigter Appara-

---

[19] Die Demonstrationen und Aktionen der Studentenrevolte stellen einen Versuch dar, diese Repräsentierbarkeit in neuen »Medien« wieder herzustellen.

[20] Die alte Leninsche Anekdote: In Deutschland würden die Revolutionäre erst Bahnsteigkarten lösen, wenn sie den Bahnhof besetzen wollten, könnte unter diesen Bedingungen einen Kern von Nötigung enthalten (wenn auch nicht gerade für das von Lenin gewählte Beispiel).

te eingespannt; Bewusstsein und Orientierung der Menschen werden ein Stück weit entbehrlich und machen sich nur zu oft als »Sand im Getriebe« bemerkbar. Die soziale Integration ging in alledem über die Köpfe der Menschen auf neue Weise hinweg und konnte daher auch in der Sozialisation der Heranwachsenden keinen identitätsstiftenden oder internalisierbaren Niederschlag finden. Es erwies sich aber gerade an empfindlichen Orten: Produktion und Verkehr (zum Arbeitsort), dass Integration, dass die Homogenisierung ganzer Bevölkerungsmassen der Verankerung in phänomenal fassbaren, durch soziale Kontrolle exekutierten Normensystemen bedarf. Arbeitszufriedenheit und Kreativität verringerten sich, aber auch andere Dysfunktionen machten sich störend bemerkbar. Gleitende Arbeitszeiten können als entsprechende Rücknahme gewisser Überregelungen verstanden werden. Sogar im Produktionsprozess stieß die Rationalisierung bereichsweise an Grenzen und man begann, nach Möglichkeiten des *job enlargement* oder *job enrichement* zu suchen. Wo Verhalten gewaltlos zwangsgeregelt wird, verringern sich Stör- und Konfliktzonen in der Weise, dass Affektbeträge, Stimmungslagen und Bedürfnisse nicht mehr zureichend in sozialem Handeln, in Interaktion und Kommunikation entäußert werden. Sie können, einmal von der Entäußerung ein Stück weit ausgeschlossen, nicht mehr »sozial reifen«, bleiben oder werden roh. Diese partielle Dissozialisierung der Affekte, Bedürfnisse usw., namentlich angesichts der allgemein verringerten Nötigung, sich selbsttätig oder in Kommunikation mit anderen zu orientieren, konstituiert »mit einem Male« unterhalb der Koordination und Regelung des Lebensflusses eine wachsend nicht-sozialisierte und a-soziale Psyche. Dann aber reproduziert sich die schlechte Vermittlung von menschlichem Bewusstsein und »Verregelung« in Dysfunktionen – der Zunahme von Verkehrsunfällen, im Ansteigen des Drogen- und Tablettenmissbrauchs, im Anwachsen von Rohheitsdelikten, aber natürlich auch in der Zunahme psychosomatischer Erkrankungen, von Frühinvalidität, in der Abnahme von Leistungsmotivation usw. Eine Bedingung für diese »Dysfunktionalitäten« ist, dass sich die Triebrestriktion, wie sie Sigmund Freud analysierte und Wilhelm Reich zur Entschlüsselung sozialer Phänomene noch aufgreifen konnte, gelockert hat – in den Mittelschichten und angrenzenden Regionen der Unterschicht – oder historisch noch nicht die psychisch deformierende Gewalt annehmen konnte, weil Teilpopulationen in kulturellem Rückstand blieben, wie Teile der unterprivilegierten Lohnabhängigen. Da nimmt dann im Bereich der *rocker* und *gangs* mit dem öffentlichen Freisetzen von Sexualität die Anzahl der Vergewaltigungen zu, obwohl das Finden von Sexualpartnern ja kaum noch ein Problem darstellt. Offensichtlich reicht, was als Sozialisation in der frühen Kindheit beschrieben worden ist, nur dann lebensgeschichtlich als einmal erworbene Hemmung aus, wenn die je situativen und aktuellen gesellschaftlichen Bedingungen solche erworbenen Hemmungen verstärken oder wenigstens gleichsinnig stützen. Im Einflussbereich dieser Verzahnungsmängel zwischen erworbenen Einstellungen einerseits, situativen Bedingungen des sozialen Feldes andererseits (in unserem Falle: der repressiven Entsublimierung oder des Konsumtionszwangs), die einzutragen sind in einen geschichtlichen Zustand der Integration, wie er oben beschrieben wurde: einer zu weitgehenden bewusstseinsfernen »technokratischen« Organisation des sozialen Lebens. In diesem komplexen Einflussbereich bewegen sich größere Populationen auch der Arbeiterschaft. Aber nun lässt sich unter ihnen, wenn ein Anstoß wie Rezession, Verschärfung des Arbeitskampfes und dergleichen den Klassencharakter der Gesellschaft erneut manifestiert, das Nicht-Sozialisierte der Psyche nach vernünftigen Prinzipien solidarisch organisieren und wird dann ansatzweise zu *revolutionärer* Energie. Die psychischen Systeme werden »heiß«, um ein Bild aus der Physik zu gebrauchen. Nach dieser Auffassung *müssen* im Umfeld solcher Veränderungen zugleich anarchoide Erscheinungen sich häufen, die gegenkulturell sich aus der Gesellschaft entmischen: Hippies, Gammler und Subkulturen des Hasch. Noch schleppt das Gesellschaftssystem des Spätkapitalismus eine Fracht des Elends durch seine Geschichte, die vielfach nur im Elend der parzellierten Subkulturen oder in der Privatheit vieler Einzelner aufbrechen kann.

Gleichsam im Vorlauf vor solcher Entwicklung kehrte, als *ultima ratio*, Gewaltförmigkeit in die Steuerung der Populationen, in die Politik herrschender Klassen zurück (ich werde in Kapitel 5 darüber berichten). Aber auch ohne Rücksicht auf die Regression mancher kapitalistischer Staaten und ihrer Verbündeten auf vorbürgerliche Brutalität kann die partielle Rekonstruktion von Klassenbewusstsein, kann die Politisierung und Mobilisierung des Arbeiterbewusstseins in wilden Streiks, im von der Basis ausgehenden Druck auf Gewerkschaften, kurz: kann die Verschärfung des »Klassenkampfes« *weniger* bedeuten als wünschenswert wäre. Gewiss: Wo immer in einer Gesellschaft insuffizienter sozialer Integration der Prozess der Kapitalverwertung ins Stocken kommt oder/und die Staatsgewalt mit ihren Interventionen an die Grenze der Funktionsstabilität dieses Systems gelangt, schwindet und zerreißt auch der Schleier von Konformität, von Affirmation, und die wirkliche Lage der zwischenmenschlichen Beziehungen, die Klassenstruktur der Gesellschaft und ihr Ausbeutungs- wie Gewaltverhältnis zeichnen sich wieder deutlich ab. Doch gerade dieses Klassenverhältnis muss ja nicht nur wieder bewusst angeeignet werden, falls eine revolutionäre Bewegung sich soll ausbilden können; noch als bewusst angeeignetes ist es vielfach nicht mehr darin eingeübt, sich in den

Betroffenen der Komplexität ihres kollektiven Daseins zu vermitteln. Immer befasst »Klassenbewusstsein« weniger unter sich, als der Klassenlage wirklich zugehört. Seit einigen Jahren stellt sich daher in der Bundesrepublik die Frage nach den Interpreten und Organisatoren solcher Rekonstruktion politischer Identität. Unter sozialistischen Studierenden schien ab und an Rekonstruktion von Klassenbewusstsein mit Anweisungsstrukturen für soziales Handeln verknüpft zu werden, die tendenziell archaisierend waren – es zeigte sich der institutionellen Umklammerung des Daseins und der Rationalität wie Komplexität vieler gesellschaftlicher Prozesse gegenüber wie hilflos, imaginierte eine vorkapitalistische Lebenswelt voller Einfachheit und Transparenz, von der niemand zu sagen wüsste, wie sie den aufgelockerten, aber hoch komplizierten Verhältnissen abzuzwingen wäre. Ansätze zur Rekonstruktion können jedoch allerorten selbst unter den bestimmenden Einfluss jener Organisations-, Regelungs- und Integrationsstrukturen geraten, in denen der Spätkapitalismus den emanzipativen Anspruch der Arbeiterklasse abwies (technokratische, redogmatisierte, »stalinistische« Ansätze in der Gegenwart). Oder die Ansätze setzen sich in Organisationen um, in denen die mit abstrakter Arbeit verbundene Entfremdung und Disziplinierung mitsamt der Affirmation an Normen bürgerlicher Reputation und ihres *Bildungserbes* erneut zum Prinzip der Integration wird – konservativ und in der Perspektive auf ein Stück linker heiler Welt reduziert.

Es gibt hier jedoch einige *Andererseits*. Gerade wenn unsere Annahme einer tendenziellen Anomie der Gesellschaft zutrifft, und wenn, woran nicht zu zweifeln ist, es auch innerhalb der Klassen Disparitäten, Polarisierungen sowie schichtenartige Differenzen nach Arbeitslage, Einkommen und sozialem Ansehen gibt, schließlich auch angesichts mancher Ungleichzeitigkeiten in der Entwicklung, dürfen wir nicht erwarten, dass *ein* Erklärungsversuch mehr decken könnte als Teilaspekte gesellschaftlicher Probleme (oder der Probleme von Teilpopulationen). So wäre Folgendes anzumerken: Wo die oben geschilderte »technische« Organisierbarkeit des individuellen Daseins an Klassendivergenzen stieß, konnte sie zwar den Fundus konformer, integrativer Biografie des zeitgenössischen Menschen ein wenig verbreitern und ihr Funktionieren ein Stück weit gewaltlos erzwingen. Das Maß wurde jedoch ideologisch übertrieben; der Eindruck einer »formierten Gesellschaft« entstand durch ein zusätzliches Steuerungsinstrument: die Massenkommunikation. Nur was in ihren Medien präsent war, konnte in das Bewusstsein der Leser (und Hörer) eingehen, aber die Subsumption gerade der Massenpresse unter Marktgesetze, die Transformation der Nachricht zur Ware, zog dieser Repräsentation enge Grenzen.[21] Die Struktur dieser »Nachrichten« machte sie weitgehend zum Widersacher der Wahrheit. Auch konnten zum Beispiel Konflikte in Unternehmen, oft nur lokal, stumm bleiben, und wenn schon einmal über politisch-ökonomisch relevante Tatbestände berichtet wurde, dann oft so, dass der Leser nicht verstand.[22] Es spricht einiges dafür, dass die Modifikation des Bewusstseins der Leser auf Bereiche beschränkt blieb, in denen Vorurteile aktualisiert, gesteigert und gegen einen präsentierten Feind gerichtet wurden,[23] viele Leser sonst aber ihre Bezugsrahmen und Orientierungsmuster wieder verstärkt in Abhängigkeit von lokalen und regionalen Verhältnissen ausbildeten. Darüber lagen keine Informationen vor, das Phänomen existierte sozusagen nicht, es blieb gegenüber den herrschenden Integrationsbedingungen noch weitgehend stumm und wirkungsschwach. Die strategische Idee der Studentenrevolte, gerade an lokalen und subregionalen Konfliktstellen agitatorisch anzuknüpfen, hat in ihren Auswirkungen immerhin Belege dafür erbracht, dass in der Tat die Epoche allseitiger, weltumspannender Interdependenzen, der Gehlen'schen »Superstrukturen«, bereichsweise eine neue Zentrierung der Einzelnen auf Lokales und Regionales erbracht hat. In Subregionen und Gemeinden liegen Zonen möglicher Aktivität, die von den überregional oder gar national gegliederten Organisationen, Verwaltungen usw. nur schwer in Kontrolle genommen werden können. Im Bereich ihrer primären Erfahrung: Betrieb und Wohnviertel organisiert sich auch die Spontaneität der streitbaren Lohnabhängigen. Der Weg zur Rekonstruktion von Klassenbewusstsein, zur Konstituierung einer neuen politischen Identität des Proletariats wird, soweit ich sehe, über eine solche Lokalisierung von Emanzipation gehen müssen, wenn Fehlwege vermieden werden sollen.[24]

Es gilt auch für die Mittelschichten, dass Orientierungs- und Identitätsprobleme in einer zugleich antagonistischen *und* (sekundär) harmonisierten, zugleich tendenziell anomischen *und* funktional geregelten Lebenswelt und die damit verbundenen Probleme des geschichtlichen Bewusstseins, der Vergegenwärtigung der eigenen Lage *ohne radikale Umwälzung der*

---

[21] Absprachen konnten, wie im Falle der Studentenrevolte, hinzutreten.

[22] Ein blendendes Beispiel aus jüngster Zeit war die Berichterstattung über die Aufhebung der festen Dollar-Wechselkurse: umfassend und unverständlich. Rundfunkanstalten der DDR erwarben sich das Verdienst, wirklich zu informieren.

[23] Ich erinnere an Antikommunismus, Gammler-Ressentiments und die Lage der linken Studierenden (namentlich 1967/68).

[24] Vielleicht interpretieren sich sogar die allzu vielen Partei-Aufbau-Organisationen, die aus der Studentenrevolte hervorgegangen sind, eines Tages als lokale kommunistische Zirkel und nicht als Fundament einer Massenpartei mit nationalem Anspruch.

Gesellschaft nicht zu lösen, nicht aufzuheben sind. Aber weil die partikulare, formale Gleichheit der Rechtssubjekte, die partikulare Rationalität der technischen Verfügung über Mensch und Natur und die technische Regelung des zwischenmenschlichen Verkehrs »die bestehende Gesellschaft als im Prinzip vernünftig organisiert erscheinen lassen« (Negt 1968, S. 80), nimmt für Mehrheiten der gebildeteren Population der Versuch, Leben gleichwohl unter Vernunftprinzipien zu stellen, gerade den Charakter der Irrationalität an.

Überhaupt geht, wie jedes Ding, auch das Ding »Konformität«, »technische soziale Integration« (im vorhin definierten Sinne) mit seinem Gegenteile schwanger. Niemals ist, was immer im Einzelnen den Schleier eines verbürgerlichten Proletariats, einer »formierten Gesellschaft« durchbrechen mag, menschliche Lebenstätigkeit ganz unter gewaltlosen institutionellen Zwängen zu regeln, und von einem gewissen Ausmaße der Dysfunktionalität an könnte der unbewusste oder doch ungewusste Respekt vor der Funktionalität und Komplexität des gegenwärtigen kapitalistischen Systems einmal rasch schwinden – nicht überall stehen für diesen Fall sozialintegrative, ordnungsgewährende kommunistische Parteien hilfreich bereit wie im Frankreich des Jahres 1968. Wenn auch weder narodnikihafte Identifikationen mit »dem Proletariat« noch überoptimistische Einschätzungen der Klassenkämpfe berechtigt und nützlich sind, so sorgen viele Faktoren dafür, dass an den Systemen sozialer Integration immer wieder gezerrt und gerüttelt wird: Arbeit bleibt für den Lohnabhängigen nach wie vor unlustvoll, mühsam, in sich unbefriedigend, Frustration; Verschuldung und Mehrarbeit prägen nach wie vor die Alltäglichkeit der Arbeiterfamilie. Anders als der Bürger der Mittelschichten konnte die Masse der Lohnabhängigen sich nicht mit Hilfe der Integrationsideologie des *Schöner Wohnen* befriedigt aus einer geschichtlichen Lage herausfinden, die vor sehr langer Zeit mit der Trennung von Produktion und Behausung eintrat. Selbst wenn Arbeiter und Lohnabhängige es wollten bzw. ihre Organisationen dahin tendieren: Sie *können* letztlich nicht verbürgerlichen; ihre Affirmation bleibt begrenzt.[25] Anders formuliert: Die Integration des Proletariats in die Waren erzeugende Gesellschaft im Stile der »Volksgemeinschaft« oder des sozialen Friedens kann nur vorübergehend, bereichsweise äußerlich und vor allem nur in Verhältnissen partiell gelingen, deren ordnungsgemäßes Funktionieren des Bewusstseins der »Geordneten« nicht mehr bedarf.

---

[25] Begrenzt in ihren Auswirkungen bleibt freilich auch die objektive Proletarisierung der Mittelschichten; noch immer befindet sich gerade die BRD auf dem Wege zu einer *Kastengesellschaft*.

SOZIALISATION

Die soziale Integration, die Produktion umfassender Bezugsrahmen, Bezugsgerüste und kalkulierbarer Lebensgelände für die aus tradierten Bindungen gelösten freien Arbeiter ist geschichtlich mit der Sozialisation der Neugeborenen, mit Kindheit und Jugend verflochten. Die strikte, ideologisch überbaute und institutionell geregelte Separierung der Kindheitsepochen des Menschen von der Epoche des Erwachsenseins und die Entfaltung sehr verschiedenartiger Verhaltenserwartungen (mitsamt entsprechender gesetzlicher Regelung) für diese Teilpopulationen hat gewiss ihren humanen Kern, verstellt aber doch den Blick sowohl auf die ökonomische und politische Relevanz der Separierung der Kinder von den *grown-up's* als auch auf den eigentlichen Charakter des Erwachsenen: Der ist ein Produkt von Repression und Integration, nicht nur von *Reife*. Hier bestehen Parallelen zur Trennung von Arbeitszeit und Freizeit in der Weise, wie sie institutionalisiert und erfahren werden; zur Hälftung des Daseins in versachlichte, technisch rationalisierte Beziehungen in der Erwerbssphäre einerseits, die emotionalisierte und idealisierte Kleinstfamilie andererseits, deren intrafamiliale Beziehungen und deren Bewusstsein auf dem Ausschluss der Tatsache gegründet sind, dass auch sie (und die »Privatsphäre«) durch die Gesetze der Kapitalverwertung bestimmt werden. Diese emotionalisierte Ehe, als »Intimbereich« stilisiert, täuscht über die Härte im sizilianischen Alltag einer Waren produzierenden Nation ein Stück weit hinweg, reproduziert dessen Inhumanität aber bei näherem Hinsehen in Strategien wechselseitiger Schädigung der Ehepartner. Isolierung, Parzellierung, Aggregierung und Subsumption unter das Kapitalinteresse nehmen im Bereich der Produktion nur andere Formen an als im Bereich des organisierten Verbrauchs, d.h. der Familie und der »Freizeit«.

Lange Zeit hindurch galt die Kindheit und galt z.T. auch die Jugend als Kulturschutzpark, als Idyll, als selige Insel – namentlich in der Erinnerung der Erwachsenen von allem Störenden, Kränkenden und Trivialen gereinigt, durchaus lieblich, asexuell, angefüllt mit Spiel, Geborgenheit und Phantasie.[26] Von den Gräueln, Zwängen, Sorgen und Disziplinierungen der Erwachsenenwelt war Kindheit angeblich ebenso frei wie die familiäre Sphäre als frei gelten, soll von den Gräueln, Zwängen und Disziplinierungen der Erwerbssphäre. Uns beschäftigt hier nicht der Umstand, dass

---

[26] Leo Trotzki hat in seinen Lebenserinnerungen ein realistischeres Bild gezeichnet; man vergleiche das mit den Erinnerungen des früheren Bundeskanzlers Kiesinger, des »schwäbischen Buben«, die in ihrer affirmativen Trivialität und Ideologisierung ein Beispiel für Verfälschung von Wirklichkeit geben, das frösteln lässt.

Erwachsene daher Kinder nicht ernst nehmen, für ihre Lebensbedingungen schlecht sorgen und die wirkliche Lage vieler Kinder im Zeichen gesellschaftlicher Armut aus der Meinungs- und Entscheidungsbildung der öffentlichen Sphäre – zum Nutzen der privaten Aneigner des gesellschaftlichen Produkts – ausgeblendet blieb (vgl. Mitscherlich 1963). Es blieb lange unerkannt, und dies beschäftigt uns jetzt, dass die Aufzucht der Kinder in den Familien diese zeitig, unter Triebverzichten, auf den künftigen Erwerbstätigen hin zu reglementieren begann und – später – gerade eine permissivere, gewährende Haltung in Familien der Mittelschichten nicht weniger von den Erfordernissen der Wirtschaft beansprucht ist. Unbeachtet blieb, dass der Rhythmus der Produktion den Rhythmus der Sozialisation einstellt – Abwesenheit und Anwesenheit der Eltern in der Familie: Schichtarbeit usw., und dass die Daseinsweise der einzelnen in der Produktion – ihre Klassenlage – den Stimmungs- und Erwartungshorizont der Sozialisation definiert. Es blieb unbeachtet oder unerkannt, weil die Wissenschaftler – Psychologen und Pädagogen mit meist bürgerlicher Herkunft und ohne Einblick in die integrativen und herrschaftskonformen Funktionen ihrer Erfahrungs- und Theoriebildung – Psychologien der Kindheit und Jugend entwickelten, in denen Verhältnisse der Bourgeoisie und namentlich der relativ neuen Mittelschichten ontologisiert und damit für das Ganze genommen wurden.[27] Dass es in Arbeiterfamilien zeitig anders herging als im Bürgertum, wurde, wenn schon beachtet, dann nicht angemessen gewürdigt. Gerade in Phasen der Machtentfaltung der Arbeiterbewegung nach dem Ersten Weltkrieg, der Zuspitzung der Klassenkämpfe und der ersten Niederlagen entwickelte sich ein defensiv-bürgerliches Bild von Kindheit und Jugend, das so unreflektiert an den Gymnasiasten orientiert war, dass die Entwicklung der Arbeiterjugend nur als *modus deficiens* gesehen wurde und aus den Begriffen von Kindheit und Jugend ausgeschaltet blieb.[28] Denn für »Jugend« und ihren emphatischen Begriff gilt, dass Jugend rar ist. Jugend ist, was junge Leute selten haben: Die überwiegende Mehrheit wird nach Abschluss der Volksschule den Zwängen des Erwerbslebens subsumiert und steht schon früh im Schatten relativer Armut (und, bereichsweise, der Assimilation). Sozialisation in den »unteren Schichten« tendiert dazu, Abhängigkeit und Resignation zu reproduzieren.

---

[27] Der rationale Kern in dieser herrschaftskonformen Ontologisierung wurde nie entfaltet: Etwa, dass bürgerliche Sprache und Bildung nicht *nur* Privileg einer Klasse sind, sondern dass in ihnen zugleich Momente des Menschlichen, des Gattungswesens erreicht werden, die künftig nicht negiert, sondern verallgemeinert werden müssen.

[28] Vgl. Eduard Sprangers *Psychologie des Jugendalters*, die seit 1923 achtzehn oder mehr Auflagen erlebt hat.

Aber so wenig wie die Subsumption auch der Familie und der »Privatsphäre« unter das Kapitalinteresse erkannt, die klassenstrategische Bedeutung der Hälftung der individuellen Existenz in Erwerbssphäre hier, private Kleinfamilie dort durchschaut worden ist, so wenig wurde das Scheinhafte an der Ausgrenzung der Teilpopulation »Kindheit« (und privilegierter Jugend) aus dem »Ernst des Daseins«, also der Produktionsverhältnisse, bemerkt. Nur mittels einer als ausgrenzbar gedachten Privatsphäre der Familien konnte sich die große Entdeckung Sigmund Freuds, der Sozialisation der Neugeborenen in der Kindheit, strategisch gegen die Einsicht in die Verklammerung von »Arbeitssozialisation« und »Familiensozialisation« wenden lassen. Die Bedeutung der Lohnarbeit (des ersten Lohnempfangs für die Geburt des Menschen) schied damit aus dem Bezugsrahmen von Psychologie und Psychoanalyse aus. Andererseits stützen gegenwärtig die etablierten Sozialisationstheorien die Tendenz, dem Schein von »Privatheit« der gegenwärtigen Familie zu unterliegen – einfach durch die Bedeutung, die sie ihr einräumen. Die Freisetzung der Kinder vom vorzeitigen Erwerbszwang (und ihre Separierung von der Lebenswelt der Erwachsenen) schuf überhaupt erst Raum, Möglichkeit und Nötigung dafür, sie, d.h. die Kinder und jungen Leute, dem längerfristigen Interesse des Kapitals, den Bedürfnissen der Industrie (in Fertigung wie Absatz), der Verwaltungen usw. umfassend zu subsumieren. Die Produktion des künftigen Lohnabhängigen und Verbrauchers durch die Vermittlung von Haltungen, Fähigkeiten, Fertigkeiten und Rollenmustern entwickelte zugleich jene psychischen Merkmale, an denen später die »soziale Kontrolle« der Mitwelt und andere Strategien der sozialen Integration würden ansetzen können.[29] Weil in den Sozialisationsagenturen zugleich die Abweisung der emanzipativen Ansprüche der Arbeiterklasse institutionalisiert werden musste, entwickelte sich die Undurchlässigkeit, Exemption und Ausgrenzung dieser Agenturen – gegenüber öffentlicher Kontrolle und selbst wissenschaftlicher Analyse – zu erstaunlicher Perfektion. Ich erinnere etwa an das besondere Gewaltverhältnis, unter dem *Lehrer* stehen: Nach dem Urteil des Disziplinarsenats des OVG für Nordrhein-Westfalen vom 28.11.1964 (V 10/64) dient das »Disziplinarrecht in erster Linie der Reinhaltung und Erziehung der Beamtenschaft zu beamtenmäßigem Verhalten«. Hier überlebt der Obrigkeitsstaat alten Stils in einer pädagogischen Provinz. Von wem oder was soll die Beamtenschaft wohl »reingehalten« werden? Die Lehrerschaft der Volksschulen rekrutiert sich längst aus den Mittelschich-

---

[29] Beispielsweise die Sanktionierung abweichenden Denkens (»divergent thinking«) und Verhaltens und die Dressur auf Richtig/Falsch-Strukturen der Problemlösung, ohne die später soziale Kontrolle ohne rechte Ansatzstellen bleiben müsste.

ten, doch lehrt die Praxis disziplinarer Maßnahmen der Schulen in den letzten Jahren, dass dennoch die Nötigung besteht, sie, die Beamtenschaft, von plebejischen und radikaldemokratischen Einflüssen reinzuhalten. Dass ein Begriff aus der Hygiene benutzt wird, Reinhaltung, intendiert die wahre Natur des Proletariats und seiner Theorie für die pädagogische Provinz: Schmutz und Ungeziefer. Warum müssen Beamte »erzogen« werden? An die *éducation permanente* wird hier nicht gedacht. Vielmehr kann der Staatsdiener nie mündig werden, das ist's. Nur in autoritär und hierarchisch gegliederten Institutionen mit eigenem Disziplinarrecht (und Infantilisierung der Funktionsträger, der Lehrer) lässt sich eine Kontrolle über Lehrinhalte und Lehrformen optimieren, wie sie in geschichtlichen Epochen schwankender Klassenverhältnisse und emanzipativer Konflikte für die defensive Stabilisierung des herrschenden Systems benötigt wird.[30] Ich werde auf die Schulen als Sozialisationsagenturen gleich zurückkommen und will nur ergänzen, dass die wirtschaftenden Betriebe, die *Unternehmen*, als der Demokratisierung entzogene, technisch durchrationalisierte, aber der Kontrolle und öffentlichen Diskussion (namentlich »von unten her«) nicht zugängliche Institutionen der Integration (und, im Falle der Lehrlinge auch noch der Sozialisation) verharren.[31] Auch die Familie (vgl. Kapitel 3) bleibt – einerseits wenig rechtlich durchstrukturiert, andererseits wenig öffentlich kontrollierbar – als ein via Elternrecht besonders abgegrenztes Sozialgebilde eher konservativ. Wie die Erfahrung lehrt, können öffentliche Fürsorge und Jugendamt fast nur in Familien des Proletariats eindringen – und auch dann selten, um etwa die Interessen eines Kindes zu schützen, sondern nur dann, wenn das Kind die Interessen des geregelten bürgerlichen Lebens, namentlich das Privateigentum Dritter, verletzt. Insoweit soziale Kontrolle und Disziplinierung des Proletariats eine Durchlöcherung des Elternrechts und eine Einschränkung der Privatheit unserer Familien erfordern, steht der angemessene Apparat mitsamt der erforderlichen Rechtsgrundlage also bereit.

Die Verselbstständigung der Teilpopulationen Kindheit und Jugend hat, wie ihre Idealisierung in den einzelnen Momenten anzeigt, noch in zwei anderen Hinsichten strategische Relevanz. Gerade weil das Verhalten des Erwachsenen in unserer Kultur ein Ergebnis von *Repression* ist und seine Arbeitsverhältnisse mögliche menschliche Entwicklungen abschneiden (so

---

[30] Der Stil in den Schulen des 18. und des beginnenden 19. Jahrhunderts muss in anderem historischen Kontext interpretiert werden. Der entlassene Feldwebel als Lehrer – daraus ist keine Apologie der gegenwärtigen (»milderen«) Schule zu machen.

[31] Wie absurd weit diese Unzugänglichkeit reicht, lehrt folgende Überlegung: Was würde geschehen, wenn ein Arbeiter an seinem Arbeitsplatz fotografiert bzw. filmt, um die Bilder zu Hause vorzuführen?

dass gar ein Abbau verschiedener geistiger Funktionen schon kurz nach dem Eintritt in die Erwerbssphäre zu beobachten ist[32]), verlieren kindliche und jugendliche Eigenschaften wie Spontaneität, Neugier und Innovation das, was sie andeuten: Eigenschaften des Gattungswesens Mensch zu sein, und werden zu unverbindlichen Ergötzungen einer Subkultur – sie sollen nur warten, bis der Ernst des Lebens beginnt. Die Gesellschaft erwehrt sich der Einsicht in ihre Misere auch dadurch, dass sie den gelegentlichen Anblick von Glück *infantilisiert*. Von strategischer Relevanz ist hier noch in einem anderen Sinne zu sprechen. Die Lage des proletarischen Kindes, namentlich der nichtprivilegierten Schichten, und des Kindes aus ärmeren Angestelltenfamilien verschwindet hinter dem positiv-idyllischen Erwartungssystem, mit dem wir »Kindheit« und »Jugend« assoziieren. Es wird sich wiederum, an einer späteren Stelle unserer Erörterung, bestätigen, wie präzise die Konfliktsstrategien der Studentenrevolte (und einiger ihrer Nachfolgeorganisationen) die Schnittpunkte von Verschleierung, Verleugnung und Unterdrückung trafen, als sie die Lage des proletarischen Kindes und Jugendlichen praktisch wie theoretisch aktualisierten – und auch wie deutlich ihnen der fatale Charakter der so genannten Erwachsenen-Reife geworden war.

Perspektiven der Schule

Mit den Schulen, die ein Instrument der Sozialisierung und Ausbildung der proletarischen Jugend sind, verbinden sich neuerdings emanzipative Hoffnungen: Selbst eine unter technokratischen Absichten inaugurierte Schulreform müsse das Ausbildungssystem modernisieren und verbessern, das langfristige Verwertungsinteresse des Kapitals läge gerade darin; aber jede solche Verbesserung des Niveaus böte neue Ansatzstellen für eine Emanzipation der Arbeiterklasse. Auf die Nötigung, in hoch industrialisierten Gesellschaften für Berufsqualifikationen zu sorgen, sollte jedoch nicht zu sehr gebaut werden, und nicht nur, weil mit der technologischen Entwicklung der Produktion zugleich ein zusätzlicher Bedarf an unqualifizierten Arbeitskräften entsteht, der ohne Komplikationen und auf die Dauer nicht durch den Import so genannter Gastarbeiter und durch Frauenarbeit befriedigt werden kann. (Den »Zusammenbruchs-Theoretikern« wäre grundsätzlich zu entgegnen, dass der Kapitalismus gewiss in langfristiger und revolutionärer Perspektive sein eigener Totengräber ist, dass er aber mittelfristig und in vielen Ländern erst einmal der Totengräber von Sozialisten und Kommunisten war und bleibt.)

---

[32] Was die Psychologie naturalisiert – wie könnte es anders sein?

Schulpflicht

Die allgemeine Schulpflicht war doch schon immer auch eine der Sozialtechniken der Klassengesellschaft, der Arbeiterklasse die Emanzipation zu erschweren oder zu verweigern. Die Selektionssysteme der Schulen zeigen, dass hier mit der Vermittlung unentbehrlichen Grundwissens (und Haltungen von Arbeitsmoral, Gehorsam sowie Anpassung) eine Institution geschaffen wurde, die den Aufstieg der über ihre Lage beunruhigten oder nach ihrer Änderung verlangenden Populationen verhindert, und es zulässt, die Lernfähigen abzuweisen. Weil die Arbeiter, kleinen Angestellten usw. dem kapitalistischen System nicht durch die mittelschichtstypische Verfilzung von Internalisierungsmoral, Konsumprämien, Leistungsmotivation und privilegierter Arbeit voll zu integrieren sind, halten sich in den Grundschulen massenhaft Inhalte und Methoden aus den Epochen des Feudalstaats, der Monarchie, der Religiosität, der »heilen Welt« des Bauern, des Handwerkers usw.

Paragraph 3 des *Niedersächsischen Schulgesetzes* z.B. nennt als Fundament für die Volksschulen »Grundlage des Christentums«, »abendländisches Kulturgut« und »deutsches Bildungserbe«; in den Richtlinien für die Volksschulen wird man allerorts die Prävalenz von Termini wie »Gute Ordnung« oder »Sitte« antreffen. Für die Niederhaltung und Disziplinierung der Arbeiterkinder sind Christentum, abendländische Kultur und deutsches Bildungserbe gerade noch gut genug, während doch das gesellschaftliche und kulturelle Leben eher durch a- und antichristliche Haltungen, durch das Schwinden *jedes* Geschichtsbewusstseins (abendländische Kultur? Bildungserbe?), durch ökonomische (vielleicht besser: monetäre) Rationalität, technologischen Fortschritt und durch Profitmacherei charakterisiert ist. Ich repetiere diesen abgegriffenen Tatbestand, weil ich damit die Frage verbinde: Welche Denk- und Interpretationstechniken, Fähigkeiten bzw. welchen Bezugsrahmen hat die Arbeiterklasse entwickelt, um diesen Widerspruch, der sie ja längst eingeholt hat, zu bearbeiten? Soll sie das »Bildungserbe« der bürgerlichen Kultur gegen deren Zerfall streitbar setzen?[33] Oder soll sie bildungs*abstinent* bleiben? Was bedeutet Bildungsabstinenz? Sie bedeutet doch auch, dass die Masse der Lohnabhängigen sich an Momenten desinteressiert und desengagiert zeigt, die instrumentell ihre Emanzipation als Klasse mit zu verhindern haben.

Was den »erzwungenen« Fortschritt in den Bildungs- und Sozialisationsagenturen des Spätkapitalismus angeht, so wäre hier allein im Hin-

---

[33] Zum Teil hat sie dieses ja übernommen, ein ungebrochenes Verhältnis zu ihm entwickelt, was seine affirmativen Schattenseiten haben muss.

blick auf die *emanzipative* Bedeutung solcher Reformen Skepsis am Platz. Es muss doch beeindrucken, dass die so verschieden motivierten Ansätze zur Bildungsreform und Bildungswerbung nur das geschlechtsspezifische Bildungsprivileg der Knaben in Familien der Mittelschichten weitgehend abgebaut haben, die Verhältnisse also für deren Töchter egalitärer geworden sind, aber kaum für Söhne (oder gar die Töchter) des Proletariats; dass noch die »Vorschulerziehung«, von den Initiatoren (auch) als kompensierende gedacht, faktisch die Voraussetzungen der Mittelschichtkinder weiter verbessert, nicht aber die der Arbeiterkinder. Weil schließlich infolge der irrationalen Verteilung des gesellschaftlichen Produkts angemessene Investitionen ausbleiben müssen, produziert die Bildungswerbung den *numerus clausus* und die Bildungsreform die Verschulung der Universität.

Seit die Höheren Schulen nicht mehr so reibungslos als Anlieferer affirmierter Köpfe funktionieren und die Protestbewegung die Schüler erfasst hat, wächst die Bereitschaft dazu, das Abitur nicht mehr als Berechtigung zum Studium anzuerkennen (sondern Vorprüfungen usw. einzuführen). Ideen, »private Universitäten« zu gründen, Forschung total der Wirtschaft zu überstellen, durch Mediendidaktik die Isolierung der Schüler und Studierenden zu erhöhen, antworteten »technokratisch« auf den Übergang des studentischen Protests von der jakobinischen Revolte zur plebejischen Organisation.

Die wahre Restitution von Bildung organisiert sich in einer Minderheit, die in offenen Widerspruch zur herrschenden Klasse und zum Bewusstsein von Bevölkerungsmehrheiten tritt; indem sie sich auf die Seite des Proletariats stellt, tritt sie auch zu *ihm* in partiellen Widerspruch. Hier wird also die Bildungs- und Sozialisationstendenz des Bürgertums von Momenten ihrer eigenen, revolutionären Tradition »links überholt« während zugleich – und aus guten Gründen – innerhalb der Arbeiterschaft sowohl der »Arbeiterbildungsverein« als auch der Slogan *Wissen ist Macht* an Bedeutung verloren haben, ja noch die entwickelte Theorie der Revolution, die Theorie des Proletariats den Lohnabhängigen *als* Theorie wie ein Privileg und Statussymbol ihrer »Herren« erscheinen muss.

Grundschule

Die Grundschule als extrafamiliale Sozialisationsagentur lehrt zwar mehr als nur Kenntnisse für die Produktion[34], sie vermittelt seelische Haltungen wie Fleiß oder die Bereitschaft, sinnlose Arbeit zu leisten; sie hat als kon-

---

[34] Wozu vieles gehört: auch das Erlernen von Fertigkeiten wie Straßenbahn fahren, zur Post gehen usw.

servatives Institut gegenüber der organisierten (Partial-) Rationalität der Erwerbssphäre und den Verhältnissen zeitgenössischer Familien auch einen »Spielraum«[35]; der aber schafft infolge der Methoden und schiefen Inhalte weder Voraussetzungen zur Anpassung noch zum Widerstand, eher zur Ratlosigkeit. Die Wirtschaft fordert von einer revidierten Schule, sie solle nicht nur Fähigkeit und Fertigkeit zum Lösen von Problemen vermitteln, sondern zugleich Hilfen für eine optimale Anpassung; von den Bedürfnissen der kapitalistischen Produktion her wäre ein Stück Ratlosigkeit auf der Seite der (Lehrlinge und) Arbeiter, wie es die Schule hinterlässt, unentbehrlich, denn sie erleichtert die Anpassung. Ratlosigkeit bleibt so lange gewahrt, wie nicht die »Anatomie der bürgerlichen Gesellschaft« selbst zum Thema des Unterrichts in Grundschulen gemacht wird, und das ist unter den Bedingungen kapitalistischer Gesellschaften unmöglich. Soweit wir sehen, wird die Schule von den Eltern der Grundschüler generell gestützt, d.h. sie können kaum anders, als die Auslieferung kindlichen Bewusstseins an eine Institution von außen her zu befestigen, die gegenüber dem Klassenverhältnis – und sei es nur dadurch, dass sie es verschweigt – alles andere als neutral ist.

Was bedeutet es für den Volksschüler, dass ein Teil seiner Schul-Nachbarn zu weiterführenden Schulen übergehen? Dass sich nach der vierten Klasse sein Schicksal mehr oder weniger endgültig entscheidet? Spätestens mit zehn Jahren lernt ein Kind der nicht privilegierten Bevölkerung, dass es von nun an *zurückbleiben* wird; unter Zustimmung der Eltern. In der Erwerbssphäre werden Lehrlinge und Jungarbeiter mehrheitlich Initiationsriten unterworfen, die eine Solidarisierung quer zu den Altersstufen erschwert. Beides – Schulzwang und Arbeitszwang unter disziplinierendem Druck der Eltern – lockert die intra*familiären* Beziehungen, was Frühehen ebenso begünstigt wie Delinquenz. Irgendeine Form von Gefängnis erschien lange Zeit hindurch als unentrinnbar. Erst Ansätze zu einer Politisierung der Lehrlinge und Jungarbeiter, synchron mit dem Ansteigen der Klassenkonflikte seit 1966/67, durchbrechen diesen lähmenden Zustand einer ganzen jungen Generation in einigen Bereichen.

INTRAFAMILIALE SOZIALISATION

Die Verflechtung von sozialer Integration – als Abstimmung, Normierung und kollektive Orientierung einer geschichtlich zunächst »freigesetzten« und viel später an die tendenzielle Anomie kapitalistischer Gesellschaften affirmierten Population wachsenden Umfangs – mit der Sozialisation der

---

[35] Lehrer, die es dennoch versuchen, haben eine hohe Chance, ihren Job zu verlieren.

Neugeborenen, die selbst einfachste psychische Systeme erst erwerben müssen, wird aus den weiter oben skizzierten Gründen verkürzt gefasst, wenn nicht überhaupt vernachlässigt. Insofern nämlich das Verhalten der Erwachsenen wesentlich durch Normensysteme, Wertsetzungen und Standards kollektiv reguliert und homogenisiert wird, muss der Satz Wilhelm Reichs: Die Familie sei eine Strukturfabrik zur Erzeugung der gesellschaftlich erwünschten psychischen Strukturen, auch auf die *Eltern* angewendet werden. Das noch nicht in das geltende System von Verhaltenserwartungen eingeübte, zu Zeiten aus Gründen mangelnder Funktionsreife noch nicht einzuübende Kind konstelliert in seinen ungekonnten Aktivitäten und in Bedürfnisäußerungen jene alltäglichen Situationen, in denen sich die Normensysteme der Eltern reproduzieren. Der Umgang mit Kindern, insbesondere die Reaktion auf besondere erzieherische Situationen, verfestigt die eingebrachten Standards (Verhaltensregeln, Erwartungen, Werte etc.) der *Erwachsenen.*[36] Dabei gilt: Je spontaner Reaktion und Intervention, umso normativer, weil »Spontaneität« in diesen Situationen eine bloße reaktive Aktualisierung von Kontrollinhalten und Mechanismen ohne reflektierende Distanz oder rationale Argumentation bedeutet. Dieser Aspekt der integrativen Selbstdressur sozialisierender Erwachsener gewinnt klassenpsychologische Bedeutung insofern, als in den Familien der Unterschicht disziplinierende, d.h. regulative, normierende und repressive Interventionen häufiger sind als diskutierende (vgl. Rosenmayr 1963). Nun muss die Formel von der Reproduktion und Verfestigung elterlicher Normensysteme näher bestimmt werden:

(1) Sie kann z.B. nicht widerspruchsfreie Reaktualisierung eines Traditionsfaktors, d.h. ein Rückgriff auf psychische Sedimente der Eltern-Sozialisation sein, denn gegenüber den Sozialisationsklimata der Eltern ist ein Zustand inzwischen weiter fortgeschritten, in dem sich reproduzierbare Verhaltensnormen der Sozialisation in der tendenziellen Anomie überlieferter Wertsysteme brechen. So sind Erwerbssphäre und Verbrauchssphäre längst unter die Herrschaft divergierender Anweisungsstrukturen getreten – ein Umstand, von dem Mittelschichtfamilien stärker betroffen sein mögen.[37] Es gilt jedoch auch für die Arbeiter, dass die Konsumzwänge und regulativen Prinzipien der Freizeit und Privatsphäre *der Erscheinung nach* von den Leitlinien der Disziplinierung am Arbeitsort verschieden sind.

---

[36] Psychoanalyse und Kritische Theorie haben Erklärungen hierfür bereitgestellt.

[37] So soll, wer arbeitet, Produktionsmittel, Arbeitsmaterialien usw. schonen und pflegen, seinen Kleinbesitz jedoch nicht, da der Bestand ein Hindernis für den Warenabsatz darstellt u.a.m.

(2) Die Medien der Massenkommunikation bringen einmal eine Normenrelativierung mit sich (»Selbstinformierung der Gesellschaft über sich selbst«),[38] die in diesen Medien angebotenen Standards der Lebensgestaltung und Illusionsbildung treten in Widerspruch zu traditionellen Lebensregeln, Vorstellungen, Idealen des Arbeiters. »Seine ihm verständliche Klassenkultur (wird) durch die universalisierte Kulturindustrie aufgelöst« (Negt 1968, S. 53). Zum anderen führt die repressive Entsublimierung der Konsumsphäre – offensichtlich zu Widersprüchen: Mit den implantierten Erwartungen wachsen zugleich die Frustrationen.

(3) Die von den Eltern in der Form von wenig thematisierten und nicht reflektierten Anweisungsstrukturen bewahrten Normen sind in sich widersprüchlich: Sie vertreten und aktualisieren für sich Normen, deren Befolgung längst als unzweckmäßig oder nicht durchführbar erkannt wurde, ohne dass sie *als* Normen relativiert werden können. Ein Beispiel: Aufrichtigkeit und »die Wahrheit sagen«. Und die Anweisungsstrukturen reproduzieren Normen, welche die Verteilung bestimmter Lustquellen so regeln, dass hier verboten wird, was dort als mehr als nur erlaubt zu gelten hat. Ein Beispiel hierfür: Sexualität. Schließlich werden Normen vertreten, die im Widerspruch zum objektiven Klasseninteresse stehen wie Loyalität und Arbeitsmoral. Es bildet sich hier für Eltern wie Kinder ein Zentralbereich von Unverstehbarkeiten, Undurchschautem, Widersprüchlichem und Ernst-Unernstem heraus, was alles sich der Aneignung bzw. der Interpretation entzieht; ein Bereich irrationaler Herrschaft, von dem nicht einmal festzulegen ist, nach welchen Regeln sich Subsumption, Anerkennung, Entzug, Verletzung und Abweichung vollziehen. Sanktionen gibt es sowohl für die loyale Befolgung als auch für die Regelverletzung: So führen etwa Genauigkeit, Fleiß und Anstrengungsbereitschaft in der Erwerbssphäre zum Konflikt mit den Kollegen und/oder zum Hochschrauben der Anforderungen, die das Unternehmen an die Arbeiter stellt. Aber gegenteilige Verhaltensweisen führen gleichwohl zu Sanktionierungen. Oder: Die Differenz in der Einschätzung von Sexualität, bezogen auf die eigene 15-jährige Tochter, verglichen mit der 15-jährigen Jungarbeiterin (bzw. dem weiblichen Lehrling) im Betrieb – erstere oft streng behütet, letztere Objekt von Zote und demütigender Nachstellung – verfestigt nicht nur die Affirmation an vorgefundene, ungewusste und niemals thematisierte Strukturen der spätkapitalistischen Gesellschaft – hier: die Verfügbarkeit über Eigentum, die Triebrestriktion in den Familien, die latente Rohheit in den zwischen-

---

[38] Das heißt, die Konfrontation mit »fremden« Sitten, Regeln, Gebräuchen durch die Wiedergabe der Ergebnisse empirischer Sozial- und Meinungsforschung (namentlich zu sexuellem Verhalten).

menschlichen Beziehungen, – sondern wirkt im Sinne einer Entfremdung und tendenzieller Anomie in die Familien zurück. Die 15-jährige Jungarbeiterin ist ja außerhalb der Erwerbssphäre auch repressiv angeleitete Tochter eines (Arbeiter-) Vaters.

Auch wird, was sich in der elterlichen Reaktion in besonderen erzieherischen Situationen an eingebrachten Normen reproduziert und verfestigt, von den Einflüssen extrafamilialer Sozialisationsagenturen modifiziert – Schule, *peer group* und soziale Kontrolle (durch Nachbarn, die Mitwelt in der Straßenbahn usw.). Diese »Einflüsse« werden teils von den eingebrachten Normen der Eltern nicht gedeckt, in ihnen nicht voll repräsentiert, teils widersprechen sie ihnen,[39] zum Teil aber bringen sie überhaupt erst bestimmte Verhaltenskontrollen und ihre impliziten Normen hervor. Insgesamt artikuliert sich in elterlichen (väterlichen wie mütterlichen) Interventionen[40] ein System von Normen, Regeln und Quasi-Erfahrungen, die auf kein Lebensverhältnis mehr richtig »passen« und die *doch* zur Basis einer Konstruktion von Identität genommen werden. Auch dass »jede Sphäre einen anderen und entgegengesetzten Maßstab an mich legt, ein anderer die Moral, ein anderer die Nationalökonomie« (Karl Marx) wird vielfach *empirisch*: In der Produktionssphäre regeln Rollen männlicher Autorität (genitale Protzerei usw.) weitgehend das Verhalten gegenüber Frauen, in der Familie entwickeln sich versteckt Formen von Matriarchat; außer Haus, d.h. in der Öffentlichkeit, werden aus Gründen von Reputation Verhaltensweisen gemieden und bei Kindern sanktioniert, die im Haus geübt und bei den Kindern übersehen werden.

Allerorten eröffnen sich also Kommunikations- und Interaktionsbereiche für Eltern wie Kinder, die widersprüchlich, strukturell unreflektiert und uneinsichtig bleiben und die *doch* mit sozialer Bedeutung angefüllt sind. Es bedarf keiner Mystifizierung, um den historischen Charakter dieser schlechten Verfilzung von sozialer Integration (der Eltern) und der Sozialisation (der Kinder) aufzufinden: Beginnend mit der Kontinuität der Lohnarbeit, dem affirmierenden Zwang, auf »Reputation« zu achten[41] und den via Erziehung, Sozialisation gestifteten Traditionen, Überlieferungen konstituiert sich ein übersituatives Feld von Verhaltenserwartungen und Strukturen der Alltäglichkeit, eine fortwährend reproduzierte *Klassen*erfahrung,

---

[39] So könnte über Schulen und *peer groups* die mittelschichtspezifische Lockerung in der Kontrolle von Kleidung und äußerer Sauberkeit in rigidere Unterschichtfamilien gelangen – als nicht assimilierbarer Fremdkörper.

[40] Eventuell auch untereinander, nicht nur im Verkehr mit den Kindern.

[41] Im 19. Jahrhundert, weil darin ein Stück *Erziehung* geleistet und ein kleiner sozialer Aufstieg approximiert werden sollte, heute, weil nach wie vor der Abstieg in marginale Gruppen, ins Asyl usw. droht.

dem gegenüber einige Veränderungen in der Arbeitsorganisation, dem Einkommen und allgemeinerer gesellschaftlicher Großwetterlagen zwar immer nur Modifikationen darstellen, aber Modifikationen, die dem tradierten »übersituativen Feld von Verhaltenserwartungen«, Normen und Standards nur schwer rational vermittelt werden können. Was sich deshalb nicht nur geschichtlich durchhält, sondern erweitert reproduziert, sind die weiter oben erörterten Bereiche von Uneinsehbarem, Undurchschautem und dennoch sozial Bedeutsamem – für Erwachsene wie für ihre Kinder. Wenn Eltern der Arbeiterklasse in diesem tendenziell anomen System sozialisieren, d.h. mehr oder weniger spontan reagieren, aktualisieren sie in sich überlieferte Normen, die sozusagen prinzipiell niemals mehr ganz »passen«, nicht zur Basis einer Konstruktion sozialer Identität genommen werden können. Dabei legen sie erneut »schiefe« Erwartungshorizonte auch für ihr eigenes Verhalten fest und doch tritt der »Erfolg« – soziale Integration – damit zu oft ein. Anfangend mit der Affirmation an bürgerliche Verkehrsformen in der zweiten Hälfte des 19. Jahrhunderts bis zur neueren Diversifikation des Arbeiterbewusstseins durch die »Polarisierung« in dequalifizierte und qualifizierte Arbeiter usw., akzentuiert ferner durch die Entfremdung der Institutionen, in denen »Klassenbewusstsein« konstituiert und gegen den Kapitalismus gewendet werden sollte (Gewerkschaften, viele Arbeiterparteien), erstreckt sich eine Leidensgeschichte von Identitätsbruch, Orientierungsverlust und Intransparenz, die freilich hinter dem gewohnheitsmäßigen Vollzug alltäglicher Verrichtungen und dem zwangsgeregelten Gang der Arbeit und Konsumtion weitgehend verborgen bleibt, auch in verschiedenen Formen der Resignation, des Verzichts, der Befriedigung, des »ökonomischen« Kampfs, der Disparitätenkonflikte, der Sportbegeisterung, des Alkoholkonsums, der Fetischisierung des Pkw usw. vergessen, fragmentiert, überlagert und verdrängt (oder verleugnet) wird.

Die Familie ist mithin ein Ort, an dem sich Verhaltenserwartungen, Normen und »Werte« der Arbeiter-Eltern verfestigen – ihre Rigidität nimmt zu, fest geglaubte Gewissheiten und Regelungen des alltäglichen Verkehrs bilden sich aus, aber im gleichen konstitutiven Akt, Sozialisation der Kinder, reproduziert sich bewusstlose Affirmation an einen Zustand von tendenzieller Anomie und die Fixierung auf ihn. Diese innere, undurchschaute und »spontan« vermittelte Bindung an Undurchschaubares, rational nicht zu Durchdringendes, in dem bewusste, rahmenbewusste und unbewusste Inhalte, automatisierte Reaktionsbereitschaften und zögernde Anpassungsversuche sich verfilzen; der Kontrolle und Reflexion entzogene Regelungs- und Affirmationssysteme mit dem impliziten *double-bind*-Effekt – dies scheint die Rekonstruktion eines Proletariats als *Klasse für sich* zu erschweren, weil dessen Organisierung zugleich die Transzendierung sozialer Integration und Sozialisation zu leisten hätte. Die Kleinstfamilie mit der Fixierung von Kindern an Eltern (und *vice versa*) bildet mithin auch für die revolutionäre Politisierung der Erwachsenen eine konservative und emanzipationshemmende Kraft.

Weil so vieles an dem skizzierten Zustand unbewusst ist oder wenigstens ungewusst, und weil Aspekte der Lage, die den Einzelnen stimmungsartig oder sonst rahmenbewusst gegeben sind, unlösbare Probleme darstellen, auf die sich einzulassen die relative Ökonomie der Lebensgestaltung gefährdete, bleibt die Dramatik der geschilderten Situation auf deren *Schilderung* beschränkt. In einer empirisch abzugreifenden Realität würden sich die Verhältnisse, lediglich in ihren spärlichen Resultaten (und Resultanten) erfasst, wesentlich schlichter darstellen. Da die strukturellen Konstanten der Situation der Arbeiterklasse Systemeigenschaften des organisierten Kapitalismus sind: Lohnabhängigkeit, Entfremdung, Subsumption unter historische Notlösungen sozialer Integration; Trennung von Erwerbs- und Privat-, d.h. Familiensphäre, von Kindheit und Erwachsenenwelt, kann die Situation, auch innerhalb des kapitalistischen Systems nicht vereinfacht, durchschaubar gemacht und emanzipativ gelöst werden. Insofern einige der beschriebenen Verfilzungen von sozialer Integration und Sozialisation aber geschichtliche Resultate der Industrialisierung, Technisierung, der abstrakten Arbeit sein sollten, bliebe jede Vergesellschaftung, die die »Entwicklung der Produktivkräfte« fetischisiert, in der Gefahr, die Misere der Arbeiterklasse zu reproduzieren.[42]

Die eben wieder erwähnte »Verfilzung« unterwirft möglicherweise auch das Arbeitsplatzbewusstsein des Arbeiters der Modifikation durch teils direkt, teils indirekt affirmierende Normenkontrolle. Die Hypothese lautet: Die Stimmungslagen, Affekte und emotionalen Erfahrungen, in denen sich die Lage des Arbeiters im Arbeitsprozess mit ausdrücken, bringt er (oder, im Falle der Mutter, bringt sie) in die familiäre Situation so ein, dass sie in den »spontanen« Reaktionen auf das Verhalten der Kinder und Heranwachsenden den dabei aktualisierten Sozialisationsnormen vermittelt werden. Wenngleich dies ganz unthematisch abläuft, gewinnt die Konfliktregelung im Sozialisationsprozess dennoch vom Rande her modifizierenden Einfluss auf die Konfliktregelung auf der Ebene der sozialen Integration. In den sozialen Unterschichten geht es, was hierbei zu bedenken ist, durchschnittlich autoritär-disziplinierend zu, anale Haltungen wie Ordentlichkeit und

---

[42] Es sei daran erinnert, dass auch sozialistische Staaten seit geraumer Zeit vor dem Problem der Bildungsbarriere stehen: Die Anzahl der Arbeiterkinder in den weiterführenden Schulen sinkt mit der Klassenhöhe und – schließlich – im Anteil an den Personen mit Hochschulabschluss. Er ist gleichwohl wesentlich höher als in der BRD.

Reinlichkeit gehören vielfach zur »Reputation« und werden erzwungen. (Dagegen wurde in den Mittelschichten die autoritative Disziplinierung durch Leistungsmotivierung substituiert). Bei den »kleinen Leuten« läuft Sozialisation objektiv auf Unterordnung und Gehorsam hinaus, was sich in den Extremformen abweichenden Verhaltens ausdrückt: Willkür, Rohheit, aber auch Antriebsverlust (Lahmheit usw.). In den Geschlechtsprägungen herrschen in der Unterschicht eher eindeutige Rollen. (In den Mittelschichten zeigen sich Tendenzen zum *unisex*, jedenfalls zu gewissen egalitären Entwicklungen. Das soll freilich nicht überschätzt werden). Wie immer der Einfluss solcher Sozialisationsnormen auf die Erfahrungen des Arbeiters in der Produktionssphäre im Einzelnen auch aussehen mag – sie wirken insgesamt in Richtung auf *konservative* Verhaltensmuster.

Was sich andererseits in den Familien als Institutionen des Verbrauchs und der Sozialisation der Kinder, dem Bewusstsein und Verhalten des Arbeiters mitteilt (Reaktionsbereitschaften, Stimmungslagen, unausgesprochene Wünsche usw.), wird in die Erwerbssphäre mit einfließen und wird dort dem herrschenden Regelsystem zumindest randständig mit subsummiert. Dazu trägt die schon einmal erwähnte Tatsache bei, dass Vorgesetzte das *Verhalten* (und die äußere Erscheinung) des Arbeiters symbolisch interpretieren und diese Interpretation von Einfluss auf seine Lage ist; die normative Affirmation an tendenzielle Anomie: als Basis, Hintergrund oder Reservat der Alltäglichkeit des Lohnabhängigen, durchzieht alle ihre Lebensbereiche, umschlingt privates wie öffentliches Leben, Arbeit und Verbrauch und wird doch in der relativen Einfachheit, Monotonie und Stereotypie dieses Alltags oft unkenntlich. Wo immer aber die Situation sich in Richtung auf individuelles oder kollektives Aufbegehren zuspitzt, wo immer sich Klassenbewusstsein rekonstituieren kann und Prozesse der *Aneignung* der eigenen Lage Dynamik gewinnen, dort wird auch diese affirmierte Anomie und Verfilzung als Last, als Widerständigkeit und als Verkürzung untergründig wirksam.

Umgekehrt, d.h. von der Privatsphäre, der Familie her, rütteln und zerren Verschuldung, Mehrarbeit und Frustration am gegenwärtigen Stand der Dinge. Wir müssen davon ausgehen, dass der *Konsum*, d.h. die Entnahme von Waren und die Inanspruchnahme von Dienstleistungen, in der spätkapitalistischen Gesellschaft den Charakter einer sozialintegrativen Leitfunktion übernommen hat. Art und Ausmaß des Konsums entscheiden darüber, ob einer sich zur Gesellschaft rechnen kann oder nicht, d.h. dem Verband, der ihn atmend umgibt, auch wirklich angehört. Niveaulagen des Konsums werden gesellschaftlich vorgegeben. Was hinter ihnen zurückbleibt, bringt die Isolierung der einzelnen deutlich hervor und muss daher, im Sinne von Angstabwehr, möglichst vermieden werden. Verschuldung und Mehrarbeit

(Überstunden, Frauenarbeit), aber auch die »Bildungsabstinenz«, d.h. die Unwilligkeit, auf frühzeitigen Erwerb der Kinder zu verzichten, machen deutlich, welcher Integrationszwang hier ausgeübt wird. Das integrierende Konsumniveau liegt gleichsam immer etwas *über* dem Durchschnittseinkommen der Arbeiterklasse (und anderer Lohnabhängiger). Nur wenige privilegierte Arbeiter sind auf diesem Wege von Angst entlastet. Slogans wie das berühmte »keeping up with the Jones'« deuten an, wie jene Konsumniveaus sich praktisch durchsetzen. Was dabei an Standards und Stilen erworben wird und in die Bewusstseinsbildung der Verbraucher eingeht, hat Wilhelm Reich unter dem Aspekt des Verlusts revolutionärer Identität beschrieben. Innerhalb weiter Bereiche der Lohnabhängigen dürfte von hier aus verstärkt werden, was zugleich Niederschlag der Klassenerfahrung (Massenarbeitslosigkeit, Krieg, Inflation etc.) ist: Das Sich-Festklammern am Kleinbesitz. Es ist nicht auszuschließen, dass darin eine Quelle sowohl des Antikommunismus unter (privilegierten) Arbeitern zu suchen ist, als auch des anti-anarchistischen Affekts, der sich im Zuge der Studentenrevolte und des Erscheinens von »Gammlern« manifestiert hat.

Wenn auch die strukturelle (»latente«) Gewaltförmigkeit des organisierten Kapitalismus in der Lage der Arbeiter (und der »kleinen« Lohnabhängigen, Beamten) besonders greifbar wird, so wächst doch auch für Angehörige der Mittelschichten, namentlich der *Intelligenz*, ein Maß an Unzumutbarem heran. Der seit Mitte des 19. Jahrhunderts rasch anwachsende Bedarf an naturwissenschaftlicher Forschung, an technischer Intelligenz, die an szientivische Entwicklungen gebundene »Fortschritts«-Ideologie der Bourgeoisie, die Entfaltung der Medizin, des Bildungs- und Ausbildungssektors usw. ließ die (akademische) Intelligenz *blühen* – die Gesellschaft schien ihr mehr zu gewähren als Einkommen und Glückschancen, nämlich: Selbstentfaltung und Individualität. Sogar Romanheld, etwa bei Max Eyth, konnte der Ingenieur werden (vgl. Eyth 1930). Das Privileg entleerte sich rasch: Den Handlangern, so Bertolt Brecht, traten die Kopflanger zur Seite. »Erwartet wird auch von der akademischen Intelligenz spezialisierte Funktionstüchtigkeit im Dienste an vorgegebenen, fremd gesetzten Zwecken«. Werner Hofmann sprach in diesem Zusammenhange von der großen gesellschaftlichen Katastrophe unseres Jahrhunderts: dem Niedergange weiter Teile des Bürgertums und besonders die Zerrüttung der einstigen Bildungsschichten (vgl. Hofmann 1968). Ähnlich Jean Paul Sartre (1971). Dies: Die objektive Proletarisierung und Funktionalisierung der bürgerlichen Intelligenz, ist der historische Schatten, der auf sie fällt. Da aber die Bedeutung der Wissenschaften für die Produktion weiter anwächst, können zumindest die Heranwachsenden im Kulturschutzpark ihrer verlängerten Pubertät die Chance der Sensibilisierung und des »Klassenverrats« weiter nutzen.

Kapitel 2

Gewalt in der Sozialisation (I)
Kindestötung und Kindesmisshandlung

VORBEMERKUNG

Die latente, aber immer abrufbare Verrohung in den Verkehrsformen, der Kern von Gewaltförmigkeit im »sozialen Frieden« der bürgerlichen Gesellschaft muss bis in die Alltäglichkeit des Lebens, in die scheinbar gewaltlosen Beziehungen hinein verfolgt werden, die Menschen miteinander eingehen. Dort wäre auch der Nachweis für die These von der »Verwilderung des Kontinents« (Césaire 1968, S. 11) zu führen, den wir zu führen gedenken. Die Zunahme von Kindesmisshandlungen und Kindestötung ist *ein* Ausdruck dieser Verwilderung.[1] Inmitten einer Zivilisation, die Leidfreiheit, Verschwinden von Schmerz oder Sorge und *Genuss ohne Reue* suggeriert, deren Familienideologie wie zu Tiecks Zeiten[2] auf Treue und Schonung aufbaut, wird die These der *Dialektik der Aufklärung*, das lässige Streicheln über Kinderhaar und Tierfell hieße, die Hand hier könne vernichten (Horkheimer & Adorno 1981, S. 291), sie tätschele zärtlich das eine Opfer, bevor sie das andere niederschlägt, vom Gang der Dinge als schon bestätigte Prognose enthüllt. Die vielfach belegte Vorverlegung des Heiratsalters antwortet auf die Unwirtlichkeit einer Gesellschaft, die, auf der Basis sexueller Attraktivität, in der *Ehe* ein »legales Refugium der Menschlichkeit« anzubieten scheint. Dort können zweie sich »unter Ausschluss aller anderen *die* menschlichen Werte versprechen, die in der Gesellschaft sonst nicht zu finden sind: Liebe, Vertrauen, uneigennützige Hilfe, Verständnis, Zärtlichkeit, Geborgenheit« (Ritter 1969).

»Je weniger die Gesellschaft ... emotionale Sicherheit und Geborgenheit zu geben vermag, je vollständiger Vertrauen und menschliche Wärme aus der Großgemeinschaft schwinden, desto weiter zieht sich der einzelne in die einzig vorhandene Sphäre erhoffter Geborgenheit zurück, desto kleiner werden

---

[1] Die Tötung des Neugeborenen durch die uneheliche Mutter berücksichtigen wir im Folgenden nicht.

[2] Ludwig Tieck (1773-1853), Schriftsteller der Romantik. Zu dem von Peter Brückner angesprochenen Sachverhalt ist im Jahr 2004 eine Analyse der bürgerlichen Familie im Spätwerk Ludwig Tiecks erschienen (vgl. Schwarz 2004). –kw–

die emotionsgesicherten Primärgruppen; die Tendenz zur Kleinstfamilie ist also gerade in unserer heutigen Gesellschaft konsequent und notwendig« (ebd.).

Am Ende werden die Partner der »emotionsgesicherten Primärgruppen« nicht nur durch die nach wie vor gültigen Normen des Verzichts, der Gewöhnung, des Nachgebens, des Sichaufeinandereinstellens handlungslos aneinander fixiert, in wechselseitiger Repression (vgl. Schrader-Klebert 1969, S.40), sondern die Gruppe wird zu klein für den Dritten, das Kind. Das »unter Ausschluss aller anderen ...«, eine Bedingung von Glück, das doch gerade an diesem Ausschluss scheitert, trifft im Kern die Kinder nicht weniger. Für sie bleibt wenig Platz. Dabei sprach Ellen Key die Vorstellung vieler aus, als sie das 20. Jahrhundert das *Jahrhundert des Kindes* nannte.

STATISTIK DER GEWALT

Wir wissen von neunzig Kindern, meist im Alter zwischen zwei und vier Jahren, die im Jahre 1965 an Misshandlungen starben; oft langsam, nach wochen- und monatelanger Qual, an Schlägen mit Feuerhaken, Stuhlbeinen, Fäusten. Erschlagen wurden sie meistens, aber nicht immer, von Müttern. Im Jahre 1969 waren es bereits etwa *hundert* Kinder, von Mutter oder Vater ermordet, über die Informationen vorliegen, doch die *Deutsche Gesellschaft für Kinderheilkunde* nimmt nicht ohne gute Gründe an, dass ihnen eine unbekannte Anzahl von Opfern elterlicher Grausamkeit zuzurechnen wäre, bei denen eine flüchtige ärztliche Untersuchung fälschlich »natürliche Todesursachen« vermutet.[3] In anderen Fällen mag der Tod des Kindes durch fremde Ursachen gar sorgfältig arrangiert sein: Wenn, wie vor wenigen Wochen, die Mutter einen Säugling mit einem Schäferhund zusammen einsperrt, dem sie jede Nahrung vorenthält, kann man sich ausrechnen, dass der Hund das Kind früher oder später anfallen wird. Dieses Merkmal vom »Ausschluss aller anderen« aus der Primärgruppe: getötet von den eigenen Eltern, hat insofern etwas Künstliches, als es am nachweisbaren *Erfolg* bestimmter Handlungen orientiert ist, nicht an der Handlung selbst. Ob etwa ausbruchsartig, heftige Misshandlungen eines Kindes zum Tode führen oder nicht, könnte von sehr zufälligen Bedingungen abhängen: von den Körperstellen, die der Schlag trifft oder von der psychophysischen Widerstandskraft des Kindes. Bei kontinuierli-

---

[3] Ich entnahm diese und andere einschlägige Informationen Berichten im *Spiegel* (1966, 1968), in der *Frankfurter Rundschau*, in den *Vorgängen,* der kulturpolitischen Zeitschrift der *Humanistischen Union* (1969, 1970), früher auch der *Welt* (bis 1966).

cher Grausamkeit wären gleichfalls Umstände denkbar, die bei vergleichbarer Tat zu unterschiedlichem Ergebnis führen. Die Morde am eigenen Kind haben also eine breite Basis in der Kindes*misshandlung:* Wir könnten eine unbekannte Anzahl von Kindesmisshandlungen als Tötungen bezeichnen, die dieses Ziel nicht erreichten und eine Anzahl von Tötungen als Kindesmisshandlung mit irreversiblem Ausgang. Wie breit ist diese Basis des Kindermords? Zwar wurden in den zehn Jahren von 1950 bis 1960 »nur« 2571 Strafen wegen Kindesmisshandlung von deutschen Gerichten ausgesprochen; aber nach Schätzungen der *Deutschen Gesellschaft für Kinderheilkunde,* erfahrener Richter, Jugend- und Sozialämter sowie anderer informierter Personen oder Einrichtungen liegt die Dunkelziffer ungewöhnlich hoch. Man nimmt an, dass nur 5 bis 10 % aller Misshandlungen am eigenen Kind als Misshandlung anerkannt und geahndet werden. Bei dem 45-jährigen Vater, der seinem kleinen Sohn innerhalb von sechs Monaten zweimal den Arm über der Tischkante brach – als Strafe für das Verhalten bei Tisch –, bei der 30-jährigen Mutter, die ihrer Tochter den Arm brach, weil diese eine schon einmal erbrochene Suppe nicht erneut essen wollte, handelt es sich mithin nicht um Einzelfälle. Wir mussten vor wenigen Jahren mit etwa 4000 an sich strafbaren Kindesmisshandlungen im Jahr rechnen, Ende 1970 wird bereits eine Schätzzahl von 7000 genannt. Nach nicht unbegründeten Vermutungen haben die Misshandlungen seit 1960 um *300 Prozent* zugenommen (vgl. Jeziorowski 1970). Hohe Dunkelziffern bei solchen Vergehen sind nicht selbstverständlich.[4] Gequälte Kinder schreien – hat ihren Schrei niemand gehört?

> Eine 31-jährige Hausfrau schlägt ihren 5-jährigen Jungen mit einem Spazierstock tot, weil er im Schlafzimmer umhertobte.
> Ein 36-jähriger Melker tötete die 1½ jährige Tochter mit mehreren Fausthieben, weil sie schrie.
> Die zweijährige Christiane aus Gummersbach spuckte Kekse auf den Boden. Ihre Mutter trat ihr in den Magen. Christiane starb. Die Mutter vor Gericht: »Bei mir muss immer alles sauber und hübsch aussehen«.
> Mit den Füßen nach oben hängte der Arbeiter Josef Sch. (25) aus Elsfleth (Weser) seine zweieinhalbjährige Tochter Manuela an einem Dachbalken auf und schlug mit der Faust auf das Kind ein. Es starb noch am gleichen Tage.

---

[4] »Es fehlt in diesem Land ein Grzimek für Kinder. Die Tierschutzvereine verfügen in der BRD über 500 000 Mitglieder, der *Deutsche Kinderschutzbund* (DKSB) nur über 8000. Es werden pro Tag durchschnittlich neun Tiermisshandlungen gemeldet, dem DKSB werden jedoch nur drei Kindesmisshandlungen pro Monat bekannt« (Jeziorowski 1970, S. 393).

Falls der Schrei gehört wird – hat sich niemand um die Schreienden gekümmert? Und falls sich Menschen um gequälte Kinder kümmern – warum hat ihre Initiative so wenig Erfolg? Nicht nur die steigende Tötungs- und Misshandlungsquote, in deren Umfeld wir die Praxis der spanischen *Guardia Civil* wieder finden, auch das Missverhältnis von Tatquote und Aufdeckungs- oder Ahndungsquote bleibt zunächst unbegreiflich.

DIE GESCHLOSSENE GESELLSCHAFT DES ELENDS

Die *erste Erklärung* für Mord und Misshandlung am eigenen Kind sieht in den Tätern abnorme Einzelgänger: Etwa Schwachsinnige, geistig Defekte, Psychopathen, Säufer oder Verwahrloste und Asoziale, wobei sie sich »Psychopathen und Asoziale« als gefühlsroh und brutal vorstellt, weil sie Werte, Normen, Haltungen und Fähigkeiten der Kultur, in der wir leben, nicht oder nur unvollständig erworben haben – ohne freilich erst länger zu fragen, inwieweit unsere Handlungsgewohnheiten wirklich auf Werte fundiert sind. Andere Täter gehören wenigstens zum »Lumpenproletariat« und bleiben für den auf seine Reputation und Vollwertigkeit bedachten Bürger als solche unbegreiflich roh. Jedenfalls handelt es sich bei den Tätern, diesem Erklärungsmodell zufolge, um randständige Personen, deren Sozialisation und Integration an verschiedenen Gegebenheiten scheitern musste. Für die Kapazität dieser Erklärung, das Unbegreifliche ein Stück begreiflicher zu machen, sprechen einige empirische Daten.

So ist der Anteil an *Schwachsinnigen*, an intellektuell Minderbegabten ohne Volksschulabschluss bei den Tätern relativ hoch, er liegt nach manchen Statistiken bei fast 20 %, nach anderen Angaben sogar bei 25 %. Hoch ist auch der Anteil von Menschen mit Defekten oder Störungen im Bereich der Emotionalität und Affektivität, gemeinhin als »Psychopathen und Neurotiker« bezeichnet. Vor dem Europarat berichtete J. Vickers, die britische Delegierte, rund 60 % der schuldigen Väter und Mütter in allen statistisch erfassten Ländern seien Alkoholiker. Noch einmal signifikant überhöht ist der Anteil an Tätern aus unteren Sozialschichten, aus Obdachlosenasylen, Slums, Lumpenproletariat und überhaupt aus dem unserer Öffentlichkeit weit entrückten Bereich der sehr armen Leute; Personen aus ruralen, d.h. ökonomisch rückständigen, »primitiven« Gegenden eingeschlossen, etwa Landarbeiter und Melker. Was leistet diese Erklärung nun? Sie begründet die Tat, Kindermord und Misshandlung, aus der Insuffizienz, aus dem Versagen einzelner Personen, und regelt über die vermuteten Ursachen dieses individuellen Versagens zugleich die Zuständigkeiten für die Behebung des beklagten Sachverhalts. Wo die Ursache der sozialen Randständigkeit etwa im Erbgut der insuffizienten Person zu suchen wäre, wie –

verbreiteten Vorurteilen zufolge – bei Lernunfähigen und Defektpersönlichkeiten, ist zuständig offensichtlich der *Eugeniker*. Er hätte Modelle zur Verhütung erbkranken Nachwuchses zu entwickeln, um künftig mit der Rate lebens- und leistungsuntüchtiger sowie defekter Personen auch die Rate an Kindermord und Kindesmisshandlung zu senken. Wo dagegen die Ursache sozialer Randständigkeit und individuellen Versagens mehr in *abnormen seelischen Zuständen* gesehen wird, die den Täter entweder immer oder ab und an einmal zur unkontrollierten Entladung von Wut, Hass und Feindseligkeit motivieren, wäre der *Psychiater* zuständig. Er hätte auf dem Wege der Behandlung und pflegenden Internierung dafür zu sorgen, dass Personen in abnormen seelischen Zuständen entweder geheilt oder gegenüber potenziellen Opfern rechtzeitig isoliert werden. Und wo schlicht der Tatbestand der Asozialität, des Lebens in Randgruppen, Obdachlosenasylen, Slums und Hinterhöfen mit der vermuteten Rohheit und Brutalisierung neben anderem auch Misshandlung, ja Mord am eigenen Kind begründet, wären zuständig *Polizei* und *Sozialfürsorge*. Die Tat ist mitsamt den Tätern und Opfern in eine geschlossene Gesellschaft des materiellen und psychischen Elends gebannt und ist in dieser geschlossenen Gesellschaft die Folge persönlichen Versagens.

Gegen diese Erklärung ist nun einiges einzuwenden, was sie zwar nicht schon ganz untauglich macht, aber ihre Kapazität, Kindermord und -misshandlung wirklich zu begreifen, entscheidend einschränkt. Zunächst geben Statistiken über Intelligenzhöhe, Beruf, Einkommen, Lebenshaltung und seelischen Zustand der Täter ja nur Auskunft über die zur Aufdeckung und gerichtlichen Ahndung gelangten Fälle von Kindermord und Misshandlung, während wir über die Täter in nicht entdeckten Fällen keine Angaben zur Person haben können. Bildung, Beziehungen und Besitz erleichtern zudem Verschleierungen; der größeren Beweglichkeit der Täter käme von außen entgegen, dass von ihnen niemand so rasch Brutalität erwartet; kein »nahe liegender Verdacht« sieht, wo es um Wohlhabende und Gebildete sich handelt, das Indiz. Mit wachsender Differenzierung sozialer Formen und größerer Einübung in Reflexionsprozesse steigt auch die Chance, von der eigenen Unmenschlichkeit bestürzt zu sein, sie zu bereuen und doch der Umwelt gegenüber alles zu tun, was das Geheimnis wahrt. Einfachere Leute, Primitive gar, sehen eher im Geständnis und Selbstmord den einzigen Weg, vom gleichwohl bitter verspürten Druck der Schuld entlastet zu werden. Die in dieser *ersten Erklärung* genannten individuellen Bedingungen: Schwachsinn, Intelligenz- und Gefühlsdefekte, Elend, Asozialität, Verwahrlosung, Armut usw. könnten also ursächlich sein für das *Entdeckt*werden, nicht oder jedenfalls nicht nur für die *Tat*.

Ein zweiter, grundsätzlicherer Einwand richtet sich gegen das Grundmodell, das diese Erklärung fundiert: Erst die allgemeine Idee, die Persönlichkeit des Menschen sei monadisch, selbstständig, verantwortlich und »frei« in ihren Entscheidungen, erlaubt es oder legt es nahe, die Last des Scheiterns allein den Individuen aufzubürden. Der Blick der Erklärung zentriert sich folgerichtig auf das versagende Individuum, dem dann im zweiten Denkschritt schlechtes Erbgut, Psychopathie, Verwahrlosung oder mangelnder Arbeits- und Ordnungswillen bescheinigt wird. Dass entwürdigendes Elend, Dahinleben in Slums oder Dumpfheit auf soziale Bedingungen zurückverweisen und nicht primär auf individuelles Versagen, dass ganz allgemein das Konzept dieses »selbstverantwortlichen freien Individuums« ein pompöses Missverständnis unserer Kulturträger ist, hoch aufgebauscht in einer Gesellschaft, die »Persönlichkeit« als Massenware fabriziert, große Anteile ihrer Bevölkerung von Bildungserfahrungen ausschließt, ihnen noch Ansätze zur Entwicklung von Selbstverantwortung und Individualität verweigert – all dies wird ausgeklammert. Letztlich wendet man, was den Täter-Individuen angetan wurde, nun auch noch im Sinne von *Schuld* oder Makel gegen sie und hält sich selbst für jeder Beteiligung enthoben.[5]

Wer sich mit der Genese so genannten Schwachsinns, psychopathischer Störung, Armut, Asozialität und Verwahrlosung beschäftigt hat, wird daher in dieser *ersten Erklärung* eine verborgene, verschleierte, durchaus aufzudeckende Verwandtschaft zwischen der Erklärung einerseits und dem Tatbestand andererseits sehen, den sie erklärt: Indem wir, im Geltungsbereich der ersten Erklärung, jemanden zum »Täter« machen, der möglicher weise das *Opfer* von Verhältnissen ist, die er gar nicht zu verantworten hat, werden wir selbst zum Mittäter.

Übrigens stoßen wir bei Personen, die jene *erste Erklärung* bevorzugen, auf die Überzeugung, dass es bei Eltern in der Regel keine Hassgefühle gegen das eigene Kind geben könne und dass namentlich Mutterliebe etwas Naturwüchsiges und Naturgegebenes sei. Auf der Folie dieser Annahme werden Hass und Grausamkeit gegen eigene Kinder in der Tat *abnorm,* vereinzelt, zu so seltenen Fehlentwicklungen wie ein sechster Finger oder angeborene Taubheit. Nun ist aber keine dieser beiden Annahmen haltbar. Die emotionalen Beziehungen der Eltern zum Kind sind in der Regel ambivalent, sied schwanken zwischen Zuneigung und Ablehnung, oder, richtiger, enthalten noch in der liebevollen Zuwendung auch ein Stück Aggres-

---

[5] Als die Rede auf die intolerablen Zustände in der Kölner Obdachlosenfürsorge kam, erklärte, in einer Wahlversammlung vor den Kommunalwahlen 1969, der Oberbürgermeister Burauen (SPD) wörtlich: »Diese Soziallabilen sollen erst mal lernen, sich anständig zu benehmen. Wir schmeißen doch für die keine Steuergelder raus« (vgl. den Bericht in *Konkret* 12/1970.

sion. Nur werden solche negativen Empfindungen kaum zum bewussten Erleben zugelassen (es sei denn, eine »Unart« des Kindes böte dafür rationalisierte Gelegenheit). Seitdem Kleinstfamilien in der Enge des Aufeinander-Verwiesenseins, in einer technischen, kalkulierenden Wohnwelt, die erst zuletzt für die Bedürfnisse der *Kinder* gemacht ist, bei zunehmender Abtrennung ihrer Privatsphäre von Öffentlichkeit und Beruf höchstens beim Psychoanalytiker und Erziehungsberater noch Hilfe finden, werden auch diese ubiquitären Aggressionen gefährlich. In der Etagenwohnung ist das Kind so gut wie nie der mütterlichen Kontrolle und Gegenwart entzogen. In ökonomischer Hinsicht, Familien sind schließlich Konsumentenverbände, sind Kinder die Einzigen, die nichts zur Hebung des Konsumniveaus beitragen.

> »Da sich in einer ständig komplizierter werdenden Gesellschaft die Notwendigkeit einstellt, die heranwachsende Generation in steigendem Maße und mit wachsendem Zeitaufwand auf ihre allgemeinen gesellschaftlichen und beruflichen Aufgaben vorzubereiten, ergibt sich ein allgemein verzögerter Berufseintritt der Kinder. Sie beanspruchen die Finanzkraft der Eltern relativ lange, ehe sie eigene Einkünfte mit nach Hause bringen. Kinder, welche früher in jungen Jahren in den zumeist haushaltsnahen, technisch unkomplizierten Beruf der Eltern sowie in die zahlreichen Verrichtungen der Eigenproduktion eingegliedert werden konnten und eben deshalb sehr schnell Einkommens- und Leistungsträger waren, sind heute in einem erheblichen Maße zu Kostenfaktoren geworden« (Neidhardt 1975).

Angesichts der Stimmung von Gewaltförmigkeit und Repression, die sich als Großwetterlage über den Nationen ausbreitet, und der verbreiteten Zustimmung gerade zur konterrevolutionären Zwangsgewalt, können wir auch von Intimgruppen nicht erwarten, sie böten einander einen *point de résistance*. Mutterliebe gar ist, entgegen verbreitetem Vorurteil, nichts Naturwüchsiges; auch sie muss erlernt werden, auch sie wird unter beschreibbaren sozialen Bedingungen aktualisiert – sonst gewinnt sie leicht den Charakter bloßen Scheins, als Selbstunterwerfung der Frauen unter ein verbindliches Gefühl, das ihnen, zum eigenen Erschrecken, abgeht.

> »Die Idealisierung der Mutterrolle in den Tabus der Gesellschaft«, so Alexander Mitscherlich, »weist darauf hin, dass die Mutter-Kind-Beziehung ... durch soziale Regeln intensiv gesichert werden muss, außerdem, dass diese Sicherungen oft nicht genügen und vom Ideal die Mängel verdeckt werden müssen« (2003, S. 95).

Die Normen unserer Kultur sorgen, als verinnerlichte, dafür, dass Feindseligkeit gegen die eigenen Kinder zum Teil verdrängt, teils verleugnet, teils abgewandelt in legitimierten Strafprozeduren untergebracht, in ihnen also unvollständig sublimiert wird. Die *erste Erklärung* für Kindertötung und Misshandlung hat die Funktion, Feindseligkeit gegen Kinder *zusätzlich* zu einem exterritorialen Ereignis zu machen: Es gibt sie in jener geschlossenen Gesellschaft des Elends, mit all ihren furchtbaren Folgen, aber es gibt sie nicht in uns und in unserem Bewusstsein. Rationalisierung der Feindseligkeit und Exterritorialisierung müssen den Durchbruch roher Gewaltförmigkeit in der Erziehung und Aufzucht des Kindes namentlich bei dem Rückgriff auf *Prügel* und *Körperstrafe* erleichtern. Gerade dass in der familiären Strafprozedur das unkennbar wird, was doch ständig in sie eingeht: Destruktivität, macht Schläge gefährlich. Misshandlung, manchmal Tötung wären nur nach vollständigem Verzicht auf Körperstrafe reduzierbar; solange nur überhaupt noch geschlagen werden darf, sind Überschreitungen des »Züchtigungsrechts« unvermeidlich. In den USA, lange Zeit ein Land permissiver Erziehung, kehren heute selbst Familien der *upper middle class* zur Körperstrafe zurück. In der *Verwilderung des Kontinents* erweist sich unterdrückende, zerstörende Feindseligkeit erneut als unteilbar.

Im Geltungsbereich der *ersten Erklärung* wird der Täter, der als *outlaw* begriffen wird, nun auch in der Theorie über ihn erneut isoliert. Was ihm selbst misslang: den Zustand seiner Isolierung und Desintegration produktiv zu überschreiten (etwa über eine Politisierung seiner Lage), das leistet die Erklärung seines Verhaltens gleichfalls nicht. Hier, angesichts dieser neuen strukturellen Schwäche des ersten Erklärungsversuchs, wäre an ein *Inhumanum* der Gesellschaft zu erinnern, das in den beschriebenen Aggressionszusammenhang eingehen mag. Vor vielem anderen ist in der bürgerlichen Gesellschaft *biologische* Unterlegenheit ein Stigma des Schlechten (Adorno). Kindermisshandler und -töter tragen innerhalb der *ersten Erklärung* Stigmen der biologischen Schwäche oder Entartung. Vielleicht wird es von daher verständlicher, dass immer, wenn Erwachsene ein *fremdes* Kind misshandeln und töten, der Ruf nach *law and order*, nach der Brachialgewalt der staatlichen Schergen laut wird. In seinen Einzelheiten ist dieser Ruf nach Sühne um nichts weniger barbarisch als die Tat, die ihn auslöste: Täter wie Rächer zeigen sich als unkontrollierte Brachialgewalt.[6]

---

[6] Der CSU-Landessprecher in Bonn, ein ehemaliger Bundesminister, forderte 1967 »allen Ernstes« die Prüfung, ob nicht für »Mord am Kinde« die Todesstrafe und »für Triebverbrecher sowohl die Sicherungsverwahrung ... als auch die Möglichkeit des medizinischen Eingriffs« eingeführt werden sollte (Münchner Abendzeitung vom 7.9.1967). Der Kinderschutzbund appellierte an alle Eltern, die Forderung zu unterstützen, eine Dauerisolierung rückfälliger Sittlichkeitsverbrecher zu verlangen, die nur aufzuheben sei, wenn sich der Verurteilte zur Kastration entschließe. Gefordert

Zwei Fragen drängen sich auf: Warum wird dieser Schrei nach *law and order* nicht auch dann hörbar, wenn das misshandelte und getötete Kind das *eigene* war? Mit Privateigentum darf man nach Willkür umgehen, das ist der Grund. Und welche Haltung bekunden Vertreter der *law-and-order-* Mehrheiten mit ihrer Abneigung gegen biologische Makel gegenüber Kindern, die ein Opfer biologischer Schäden sind? Vor kurzem wurde ein für solche Kinder bestimmtes Gebäude, die Aumühle, niedergebrannt, der Widerstand der Bevölkerung trieb die behinderten Kinder aus dem Dorf – unter tatkräftiger Mitwirkung des katholischen Dorfgeistlichen; wie ja überhaupt der kleinkarierte Konfessionalismus der endemische Herd für Inhumanität, Gewissenlosigkeit und Tücke immer gewesen ist. Der Anblick körperlich und seelisch behinderter Kinder hätte den Fremdenverkehr, als Einnahmequelle, beeinträchtigen können. In der Nähe von Fürth scheiterte der Versuch, ein Rehabilitationszentrum für Nichtsesshafte zu errichten, am Widerstand der Bevölkerung; in Fürstenfeldbruck der Plan, einen Jugendhof für schwererziehbare und geschädigte Kinder zu bauen. Ein Arzt in Dinkelsbühl musste seine Praxis aufgeben und wegziehen, als er sich zugunsten ähnlicher Pläne engagierte und für das Lebensrecht behinderter Kinder eintrat.[7]

Die Frage, ob bei so vielen Interdependenzen und Anspielungen zwischen der Erklärung einerseits und dem zu erklärenden Geschehen andererseits nicht die Erklärung und die betreffenden Erklärer möglicherweise selbst mit zu den entfernteren Bedingungen der Tat gehören, die es zu begreifen gälte, meldet sich erneut unüberhörbar. Dass der gesellschaftliche

---

wurde auch eine »automatische« Untersuchungshaft für »Kinderschänder«. Der Begriff *Kinderschänder* bleibt dabei, ebenso wie der Begriff *Triebverbrecher* bei dem CSU-Abgeordneten, völlig unklar; auf die Tatsache, dass es eine Dauerisolierung rückfälliger Verbrecher längst gibt, wurde nicht hingewiesen. Die Kampagne geht augenscheinlich auf einen verschwommen gehaltenen Artikel der Zeitschrift *praline* zurück, in dem ohne jedes Verständnis der Problematik zu einer Unterschriftensammlung mit dem Ziel aufgerufen wurde »Lebenslänglich für Kinderschänder«; ein Bundestagsabgeordneter beeilte sich, dieses Unternehmen begeistert zu begrüßen (»überaus erfreut«). In der Folgezeit wurden in Presseorganen unzählige Leserbriefe abgedruckt, die u.a. Todesstrafe für »Kinderschänder«, oft in grausamer Form, verlangen; auch der Bundesjustizminister berichtete am 13.11.1967 auf der Tagung der *Deutschen Gesellschaft für Sexualforschung*, dass das Ministerium mit entsprechenden Eingaben überschüttet werde. Z.B. wurde aufgefordert, die Täter in stillgelegte Zechen zu werfen oder in Käfige zu sperren und ihnen dort die Wahl zu lassen, oh sie Gift nehmen oder verhungern wollen. – Eine gute Betrachtung mit vielen Beispielen gibt Dörrlamm im Artikel »Kopf ab für die Bestien?« in *Christ und Welt* Nr. 47 vom 24.11.1967 (vgl. Hanack & Wahle 1969, S. 21).

[7] Vgl. etwa die Jahresübersicht, die die *Süddeutsche Zeitung* in ihrer Weihnachtsnummer (24.12.1970) von diesen und vergleichbaren Ereignissen gab.

Zusammenhalt ein Schuldzusammenhang sei, fände hierin seine bestürzende Bestätigung.

EINE KONVERGENZTHEORIE: ANLAGE UND MILIEU

Viele dieser Schwächen vermeidet ein *zweiter Erklärungsversuch*, der zwar die zur Rede stehende Tat – Tötung oder brutale Misshandlung des eigenen Kindes – auch auf individuelles Versagen, auf Insuffizienzen der Täter zurückführt, jedoch unter gleichzeitiger Berücksichtigung von Bedingungen der Tat, die vom Täter nicht zu verantworten sind. Ausgehend von den statistischen Daten, die ich weiter vorn schon skizzierte, wird hier das Beobachtete, materielles und edukatives Elend, auf das Milieu bezogen, in dem Täter und Opfer sich bewegen. Kinder, die – aufgrund sozialer Situationen, die sie vorfinden, nicht etwa aufgrund angeborener Lernschwäche – von den Bildungswegen der modernen Gesellschaft ausgeschlossen bleiben, werden sich, als Erwachsene, in den Elendsvierteln unserer Groß- und Kleinstädte sammeln und werden ihre eigenen Kinder unter unzumutbaren Wohnverhältnissen aufziehen müssen: Ohne Volksschulabschluss oder bei andren Lücken in der Grundbildung wird es ihnen verstärkt an Möglichkeiten fehlen, im Erwachsenenalter Spannungen, Belastungen und Konflikte sprachlich zu bewältigen. Sie können kaum anders, als in Situationen des Drucks auf motorische Aktionsmuster zurückgreifen. Dieser *zweite Erklärungsversuch*, der die Tat und den Täter mithin im Geflecht sozialer Umstände lokalisiert, die ihn zu dem machen, was er strafrechtlich geworden ist, bemerkt überdies, dass sozial bedingte Störungen im Eltern-Kind-Verhältnis noch aus ganz anderen Quellen fließen: nicht nur aus zu kleinen Wohnungen und materieller wie edukativer Armut, worauf noch einzugehen sein wird, sondern auch aus den oft ungünstigen Arbeitsverhältnissen, die Individuen aus nichtprivilegierten Schichten der Population als gegeben vorfinden. Wer sich etwa über die Lage junger, ungelernter Arbeiterinnen in deutschen Unternehmen informiert – Jaide, Wurzbacher und andere Autoren haben seit Jahren darüber veröffentlicht (vgl. Wurzbacher et al. 1960; Jaide 1969) – und zur Kenntnis nimmt, dass ihre Verhältnisse nach der Eheschließung, da die Arbeit noch mehrere Jahre lang beibehalten werden muss, sich höchstens verschlechtern, muss der *zweiten Erklärung* zustimmen und wird den Betroffenen sein Mitgefühl nicht versagen.

Auch steigt relativ die Quote der sogenannten Muss-Ehen in diesen Schichten an, was Aggressionsbereitschaften gegenüber den Kindern fördert. Die »Antibabypille« (man beachte den Namen des Medikaments) ist gerade in diesen Gruppen oder Schichten gering verbreitet, die ihrer besonders dringend bedürfen, weil Kinderreichtum die Wohnverhältnisse in dieser Gesellschaft unerträglich macht, die Betroffenen aus der »Welt der anständigen Leute« herausdrängt.[8] Freilich, für beides, für Kinderreichtum trotz Armut und für Statusverlust, hat die bürgerliche Gesellschaft eine Erklärung bereits gefunden: Schuld ist die »Triebhaftigkeit« der armen Leute.

Letzten Endes eignet sich die *zweite Erklärung* dazu, die Existenz von »Tätern«, also von Personen, die eigene Kinder töten und misshandeln, im Rahmen eines umfassenderen, geschichtlichen Zusammenhangs zu sehen. Wie eine Schere klaffen die Zuwachsraten des Wohlstandes in seinen beiden Erscheinungsformen auseinander: Wohlstand als gesellschaftlicher, fassbar an Einrichtungen des Gemeinwohls wie Krankenhäusern, Spielplätzen, Altersheimen, Bildungswesen, Wohnungs- und Städtebau sowie Wohlstand in seiner Erscheinungsweise als privates Eigentum. Arme, ja überhaupt Menschen, die von den Bildungseinrichtungen aufgrund ihrer sozialen Herkunft ausgeschlossen bleiben, finden dann Lebensbedingungen vor, in denen es nicht mehr menschlich mit ihnen zugeht. Im Milieu der Ausgeschlossenen werden jene Konfliktsituationen gebraut, die sich mörderisch gegen Schwächere entladen können. Dieses Zusammenhangs wegen gibt die *zweite Erklärung* den isolierten Tätern ein Stück »Resozialisierung« zumindest theoretisch zurück, man lokalisiert den Randständigen, Asozialen, Verwahrlosten, Armen und Unkontrolliert-Feindseligen in gesamtgesellschaftlich zu verantwortenden speziellen Bedingungen. Für die gibt es gleichwohl noch immer besondere Zuständigkeiten. Wer ist hier für das Elend, das Misshandlung des eigenen Kindes sowohl bedeutet als signalisiert, zu belangen? Die Sozialpolitik, die Bildungspolitik, Parteien, Kirchen und Regierungseinrichtungen. Zwar taucht die Ahnung eines umfassenderen Schuldzusammenhanges auf, der nicht nur die Täter und Opfer in ihrem Milieu umgreift, aber dennoch orientiert diese fortgeschrittene Erklärung sich noch immer am statistisch-demografischen Bild der aufgedeckten und strafrechtlich geahndeten Misshandlungen und Kindestötungen. Wie die Täter, tragen auch die erörterten übergreifenden Bedingungen noch den Charakter der Ausnahme, der je *schlechten* Bedingung. Das Besondere, die Tat, so scheint man zu denken, verweist auch auf Umstände, die *besondere* sind: beklagbar, anklagbar und durch Zuständige zu ändern, aber doch nicht das allgemeine, gesellschaftliche Wesen selbst.

Schließlich wird innerhalb dieser zweiten Erklärung zumindest daran gedacht, und sei es in der Form einer mitfühlenden Assoziation, dass gerade die *drop-outs* der Leistungsgesellschaft, die Randständigen, Verwahrlos-

---

[8] Noch in den ersten Jahrzehnten des 19. Jahrhunderts bedeutete »Wohlständigkeit« das, was wir heute Anstand nennen.

ten, Asozialen, Armen und Ungelernten und in weiten Bereichen einfachere Arbeiter und kleine Beamte selbst genügend Härte, Gewalt, Mangel an Einfühlung oder Duldsamkeit erfahren. *Armut* nimmt dort, wo sie nicht mehr physischen Hunger bedeutet, monströse, entwürdigende Züge an: Inmitten des Güterwohlstands schwindet die letzte Chance, sich mit dem schlechteren ökonomischen Schicksal abzufinden. War früher die Zugehörigkeit der Einzelnen zur besseren Gesellschaft eine Bedingung dafür, ob sie am Konsum teilnehmen konnten oder nicht, so entscheidet heute das Maß, in dem der Einzelne am Konsum teilnimmt, darüber, ob er zur Gesellschaft sich rechnen darf oder nicht. Materielle Armut bedeutet erzwungene Desintegration. Auch die Maschinerie der Verwaltungen: Krankenkasse, Meldeamt, Arbeitsamt usw. erfährt der »kleine Mann« als Gewalt. Beamte der Wohnungsämter, der Fürsorge, der Polizei und Angestellte der Krankenversicherung werden als »feindliche Objekte« erlebt und gefürchtet. Die *Schwäche* des *zweiten Erklärungsversuchs* zeigt sich darin, dass er, obwohl er sich mit den *drop outs* der Leistungsgesellschaft oder den »armen Schichten« befasst, das Ausmaß an Härte und Entwürdigung unterschätzt, das bereits mit der Normalität bürgerlichen Lebens in dieser Gesellschaft verbunden ist. Sogar die durchschnittlichen, üblichen Bedingungen, unter denen die überwiegende Mehrzahl der Berufstätigen dieses Landes arbeitet, bleiben trotz aller betriebsinternen Veränderungen und der Reduktion der täglichen Arbeitszeiten während der vergangenen Jahrzehnte im Kern inhuman; dass das so wenig bemerkt wird, oft nicht einmal von den Betroffenen selbst, gehört mit zu ihrem Unglück. Ähnliches wäre, mit dem Blick auf Kinder, über »normale« Wohnverhältnisse zu sagen. *Heinrich Böll* hat, mit gutem Grunde, wohnungssuchende Ehepaare mit Kindern zu den »Unterprivilegierten« gerechnet. 1965 lebten in der BRD rund 40 000 Familien mit vier und mehr Kindern in *ein bis zwei* Räumen (und fast 90 000 Familien mit gleicher Kinderzahl standen drei Räume zur Verfügung), doch übersieht er den Zusammenhang mit der ökonomischen »Unterprivilegiertheit« vieler Kinderreichen.

Nach einer Mitteilung von Renate Kingma (*Frankfurter Rundschau* 24.12.1970) gaben 98 000 von 110 000 Schulkindern in Frankfurt an, überhaupt keinen Spielplatz zu haben:

> »Während in der Schweiz sechs, in der Sowjetunion acht und in England gar zwanzig Quadratmeter Spielfläche pro Kopf der Bevölkerung vorgesehen sind, gelten in der Bundesrepublik 0,5 Quadratmeter als ›Richtwert‹. Richtwert aber heißt, dass man sich nicht danach richten muss«.

Hierin liegen Tragödien auch für die Eltern. Verbreitet sich erst einmal ein soziales Klima der Intoleranz, so wird im Medium von Gesellschaft, *Feindseligkeit und Härte*, auch agiert: In Bad Homburg erhielt ein Ehepaar anonyme Drohbriefe, weil es den Sohn in der Mittagszeit draußen spielen ließ, in Altencelle schoss der Rentner T. auf einen 12-jährigen Jungen, weil der vor dem Garten des Rentners auf einem Autowrack schaukelte; in Bayern verletzte ein Unteroffizier ein Kind schwer durch einen Steckschuss aus dem Kleinkalibergewehr – der Lärm der Spielenden war ihm unerträglich geworden (ebd.): Ein Kontinent verwildert.

Die zuständige Gesellschaft

Der dritte Versuch, das Unbegreifliche – Misshandlung des eigenen Kindes – dennoch begreiflich zu machen, wendet gegen die beiden erörterten Erklärungen ein, dass sie in unterschiedlichem Maße zu kurz greifen. Täter, Tat und Opfer werden aus dem gesellschaftlichen Zusammenhange, der sie und uns umgreift, isoliert, oder doch – *als* Isolierte, und in eigentlich kulturkritischer Absicht – einem auf Besserung ihrer Lebensverhältnisse gerichteten Wohlwollen überantwortet. Die *dritte Erklärung* möchte dagegen Täter, Opfer und Tat in all ihrer Absonderung konkret, d.h. in ihrem Verhältnis zum Allgemeinen verstehen, und hofft auf diese Weise theoretisch das zu tun, was den Betroffenen lebenspraktisch misslang (und die *zweite Erklärung* nicht ganz erreicht): Ihre Situation auf einen sie und uns umgreifenden Zusammenhang hin zu überschreiten. Zunächst in Form von Abstraktionen, indem wir nach *Bedingungen* fragen, die als »Bedingung der Möglichkeit von ...« anzusehen wären, dann aber – über die Frage nach den konkreten Vermittlungen – in Annäherung an die Komplexität tatspezifischer Situationen und ihrer Akteure.

Mord am eigenen Kind, brutale Misshandlung von Zwei- oder Dreijährigen finden vielfach als Ereignisse vom Typ der Rarität breite Öffentlichkeit, als seien es Handlungen, zu denen nur wenige in der Lage sind: »Ich könnte das nicht!«[9] Unter Vernachlässigung inhaltlicher Differenzen sollten wir nach anderen Ereignissen vom Typ des seltenen Ereignisses suchen: nach Tätigkeiten, Akten und Vollzügen, die weit außerhalb der Fähigkeiten und Fertigkeiten vieler bleiben. Sie könnten das nicht, wovon da als »Sensation« berichtet wird. Die Bundesrepublik befindet sich in Erwartung der Olympiade 1972, und so lesen wir häufiger als zu anderen Zeiten darüber, dass nur die Nationen mit Siegen im Weltmaßstab, mit den

---

[9] Ein »unschuldiger« Ausruf, den man im Gespräch mit Menschen im Zusammenhang von Mord usw. oft hört.

begehrten Medaillen rechnen können, die dem Sport im Volke eine breite Basis schaffen. Wo Leichtathletik oder Turnen selbstverständlicher Lehr- und Lernstoff in allen Volksschulen und Gymnasien sind, wo Regierung und Partei die körperliche Ertüchtigung ideologisch fordern und materiell umsichtig fördern, dort erst besteht eine gewisse Hoffnung darauf, aus der Vermassung von Leibesübungen auch jene seltenen Spitzentalente zu finden, die ihrer Nation Trophäen einbringen können. Alle müssen laufen, springen und turnen, es muss ein günstiges öffentliches Klima dafür herrschen, damit einige sich im Weltmaßstab qualifizieren (und in den Zeitungen und anderen Medien der Massenkommunikation als Ereignis vom Typ der Rarität zur Sensation werden können). Oder: Bekanntlich stellt die UdSSR seit langem die meisten Schachweltmeister. Jedermann weiß, dass Schach in Russland ungemein weit verbreitet, in die Lehrpläne von Schulen aufgenommen, in Jugendzirkeln und -heimen breit akzeptiert ist. Ähnlich die Verhältnisse auf dem Opernmarkt: Zumindest vor einigen Jahrzehnten noch wurden Tenöre und Soprane aus Italien importiert, einem Lande, in dem man noch vielerorts auf der Straße oder beim Arbeiten singt, in dem jedenfalls der zum Gesang neigende Typus von Musikalität »Volkscharakter« genannt werden darf. Wer jemals an stilleren Vormittagen durch Kleinstädte in Süditalien gegangen ist oder italienische Schüler- und Jugendgruppen auf ihren Ausflügen und in Freizeitregionen traf, weiß, was ich meine. Noch die Unternehmung *Jugend forscht* in der Bundesrepublik soll über den Wettbewerb begabter Jugendlicher Naturwissenschaft und Technik »vermassen« und den technologisch-scientivischen Abstand zu den USA auf diesem Wege verringern.[10]

Wenn der Mord am eigenen Kinde, die brutale Kindesmisshandlung nach diesen Mustern interpretiert wird, sehen wir in dem seltenen Ereignis – »*ich* könnte es nicht« – also Spitzenleistungen auf einem Gebiete, auf dem entsprechende, wenngleich bescheidenere und nicht sensationsreife Fähigkeiten, Fertigkeiten und Interessen »vermasst« sind; Spitzenleistungen, die ihre breite Basis im durchschnittlichen Leistungsniveau der Gesamtpopulation haben, der sich das Spitzenresultat auch mit verdankt. Es sollte ferner ein »günstiges öffentliches Klima« für diesen Tätigkeitsbereich, Kindesmisshandlung, bestehen, ideologische wie materielle Förderung sollte nachweisbar sein. So wenig allerdings der einzelne 100-m-Lauf unter zehn Sekunden unter Hinweis auf breiteste Sportförderung im Lande des Siegers erklärt werden kann, der Hinweis vielmehr, bescheidener, Bedingungen angibt, unter denen die Leistung individuell möglich wurde,

---

[10] Die Firmen, die *Jugend forscht* finanziell fördern, beanspruchen die Patentrechte und Nutzung aller verwertbaren Entdeckungen oder Erfindungen.

so wenig kann unter diesem Modell die einzelne Tat (Mord, Quälerei oder Misshandlung) kausal erklärt oder soziogenetisch verstanden werden, aber vielleicht das Geflecht der »Bedingungen«, ohne das sie nicht sein kann.

In der Tat fördert der Vergleich von Kindertötung und anderen Spitzenleistungen – als Frage betrachtet, die wir an den gesellschaftlichen Zusammenhang der Gegenwart stellen – wichtiges Material zutage. Können wir wirklich davon ausgehen, dass Mord und Grausamkeit physischer Misshandlung des eigenen Kindes seltene Ereignisse darstellen, deren Bedingung eine »Vermassung« der dafür nützlichen Fähigkeiten, Fertigkeiten, Handlungsbereitschaften ist? Nach empirischen Erhebungen gehören bei mehr als 5 % aller weiblichen Heranwachsenden *körperliche Züchtigung* zum Repertoire elterlicher Erziehungspraxis. Nach anderen Quellen, die Klaus Horn ausgewertet hat (1968), wird in etwa 85 % aller Familien der Bundesrepublik geschlagen. In der Spiegel-Enquete 1970 waren 75 % der Befragten einer repräsentativen Stichprobe davon mehr oder weniger überzeugt, dass Schläge einen Platz in der Erziehungspraxis haben. Es macht dabei, so der Spiegel, »fast keinen Unterschied, ob jemand *politische* Reformen eher bejaht oder verneint: die Prügelprozente sind etwa gleich« (vgl. *Der Spiegel* 47/1970, S. 103ff). Zwar glauben, nach der gleichen Quelle, von jenen Deutschen, die das Abitur erworben haben, schon 40 %, dass man Kinder auch ohne Prügel erziehen könne, nach den neuesten Angaben der Zeitschrift *Eltern* jedoch nur 16%. Noch andere Ereignisse in jüngster Zeit sprechen dafür, dass in einer zunehmenden Zahl von Familien der Mittelschichten der Stil des familiären Umgangs insofern sich erneut verhärtet, als Kinder nur mehr die Möglichkeit haben, sich den Regulationen der Eltern zu unterwerfen oder Schläge – neben anderen Formen von Restriktion – in Kauf zu nehmen. In den USA und in unserem Land kehrt die Gewaltförmigkeit autoritärer Erziehungsstile in die Familien des Mittelstands zurück.[11] Das ist nicht mehr die von Tradition, ökonomischem

---

[11] *Die Zeit* referierte am 25.12.1970 empirische Erhebungen in den USA: »(geprüft wurden die folgenden Urteile:):

- US-Bürger der Mittelschicht neigen eher als Angehörige der Arbeiterklasse dazu, ihrem Ärger auf symbolische und nicht-körperliche Weise Ausdruck zu verschaffen;
- der Gebrauch von Schusswaffen und Messern als Mittel der Auseinandersetzung beschränkt sich im wesentlichen auf die gewalttätigen Subkulturen der Slum- und Gettobewohner und der Südstaatler;
- vorwiegend Arme, Ungebildete und Schwarze pflegen ihre Ehefrauen zu schlagen;
- amerikanische Kinder werden immer großzügiger erzogen; Schläge beziehen sie weit seltener als früher.

Verhältnis und platter Üblichkeit legitimierte Gewalt des männlichen Alleinherrschers aus der Blütezeit der Bourgeoisie; es ist die destruktivere des gefallenen Herren. Man tut's wieder; viele tun es, und *doch* hat es nicht den substanziellen Konsens des Verbindlichen oder gar Richtigen.

In den *Schulen* ahnden die Lehrer den Austausch sexueller Berührungen unter Schülern (und Schülerinnen) härter als den Austausch von Prügel. Prügel schmerzen, und zwar am meisten den Schwächeren. Schläge können den, der physisch im Nachteil ist, erniedrigen; daher sind es in aller Regel die Stärkeren oder Ruchlosen, die von dem Spielraum profitieren, den die Schule der Aggressivität der Schüler lässt. Gegenüber der Feindseligkeit unter ihren Schülern zeigt die Schule also die absurde Großzügigkeit der Unterdrückung, die auf Kosten der Schwachen geht. Obgleich vermittelt, werden auch hier »Leistungen im Schlagen« eher angeregt, wenigstens weit weniger gebremst, als die »Leistung der Zärtlichkeit«. Die Starken werden zum Handlungsgehilfen einer Härte, die gegen Schwache sich richtet.[12]

Hier wäre früher entgegnet worden: Aber gehört nicht umgekehrt gerade ein Abbau von Gewaltförmigkeit edukativer und erzieherischer Regulation, gehören nicht *permissiveness,* Gewährung und Verständnis zu den Merkmalen moderner Familien, wenn wir sie mit den Familien um 1900 herum vergleichen? Ich habe auf diesen Einwand bereits eine Antwort gegeben (vgl. Brückner et al. 1969) und gebe zu bedenken, dass auch im welthistorischen Maßstab die bürgerliche Gesellschaft, als sie absolutistische Formen der Herrschaft zerstörte, gewaltlose Formen von Gewaltförmigkeit inaugurierte, dass aber gleichwohl in Phänomenen wie denen des Faschismus

---

Alle diese Urteile erwiesen sich als falsch. Wo die Flinte für Fremde bereitliegt, erkannten die Soziologen, da ist die Faust für Vertraute nicht fern. Nun leuchtet unmittelbar ein, dass Schusswaffen in den höheren Einkommensgruppen (und dadurch bei der weißen Bevölkerung) verbreiteter sind als unter den Armen (und Negern). Dass aber mit höherem Einkommen und höherer Schulbildung die Neigung zunimmt, den Ehepartner zu ohrfeigen, dies für angebracht zu halten und auch sonst nicht vor körperlicher Gewaltanwendung zurückzuschrecken, verblüfft. Die Polizeistatistiken verschleiern diesen Sachverhalt, da handgreifliche Auseinandersetzungen der unterprivilegierten Nachbarschaft und Polizei selten verborgen bleiben, der Lebensstil der gehobenen Mittelschicht dagegen durch Eigenheim, Rechtsanwalt und streitschlichtende, verschwiegene Freunde, die Privatsphäre wirksam vor behördlichen Eingriffen und Zugriffen bewahren kann. Offensichtlich wird auch in den entsprechend ›guten Kinderstuben‹ keineswegs weniger gezüchtigt als in schlechteren oder in Massenquartieren: Acht von zehn Männern und jeweils neun von zehn Frauen jeder Einkommensgruppe, Bildungsstufe, Altersgruppe und Rasse haben schon einmal ein Kind verhauen«.

[12] Sexualität übrigens wird umso härter geahndet, je intensiver, offener und liebevoller sie ist.

(Deutschland, Spanien, Portugal), bestimmter europäischer Polizeitruppen und der Folter brutale, nackte sowie rechtlich nicht mehr gebundene Gewalt in die Gesellschaft des organisierten Kapitalismus zurückgekehrt ist.

Die qualitative Differenz von Spitzenleistung und Populationspegel habe ich vernachlässigt; allein es gibt zumindest ein Phänomen, das die Annahme eines Kontinuums partiell ins Recht setzt: Vom Standpunkte des Opfers aus betrachtet erstreckt sich vom Schlag ins Gesicht und vom Stockhieb über die folterartigen Strafprozeduren bis hin zur Ermordung ein Kontinuum. In der Angst des Kindes würde unsere Annahme bestätigt, der Mord sei jenes »seltene Ereignis«, dessen Möglichkeit sich der massenhaften Verbreitung einschlägiger Fähigkeiten und Fertigkeiten verdankt. Unter dieser Hypothese wäre zu fragen, ob sich denn, falls ein Zusammenhang zwischen Mord und allgemeiner Leistungsbreite in Feindseligkeit besteht, nicht noch in anderen Lebensbereichen eine gleichsinnige Auswirkung auf das Schicksal unserer Kinder würde nachweisen lassen müssen. Die Richtung dieser Frage, ihr Sinn, lässt sich der Antwort so leicht entnehmen, dass wir diese anstelle einer Erklärung der Frage setzen können. In der Bundesrepublik sterben von 1000 lebend geborenen Kindern im ersten Lebensjahr, und zwar aus »normalen« Gründen (Krankheit usw., nicht Misshandlung) 23 – gegen 18 Kinder in Japan, 17 Kinder in Dänemark und nur 12 Kinder in Schweden. Die Bundesrepublik liegt hier mit an der Spitze der Kulturnationen. Als Ursache werden unzulängliche Fürsorge für Schwangere und ungenügende ärztlich-organisatorische Betreuung der Kleinstkinder genannt. Offensichtlich nehmen wir uns der Schwangeren und der jungen Mütter zu wenig an, es fehlen die sozialklimatischen Bedingungen, die eine Verteilung von Mitteln und Interesse in diese Richtung erleichtert. Dass ein Berliner Forscher in britischen Zeitungen inseriert, um eine Position zu finden, die ihm die Fortsetzung seiner perinatalen Forschung ermöglichen würde, ist ein anderer Beleg dafür. Ferner: Der relative Anteil, den Kinder an den Opfern von Verkehrsunfällen und an den Opfern von Unfällen im Haushalt stellen, wächst auffällig (und in einem für uns ungünstigen Sinne, verglichen mit Nachbarstaaten):

> »Eine Untersuchung der UNO aus dem Jahre 1967 hat das Verkehrsrisiko für Kinder aus sieben Staaten untersucht. Im Vergleich mit England, Italien, Frankreich, USA, Holland, Schweiz, Österreich und Belgien liegt die BRD ... absolut an der Spitze ... Der Anteil der Kinder an tödlichen Verkehrsunfällen in der BRD ist alarmierend« (Jeziorowski 1970, S. 393).

Schließlich wäre daran zu erinnern, welche Erfahrungen Eltern machen, die mit ihren Kindern Länder wie Holland oder Italien besuchen, nachdem sie einige Zeit ihren Familienurlaub in der Bundesrepublik verbrachten. Auch einzelne Reisende, die das Verhalten zu Kindern in großen Kaufhäusern und auf städtischen Grünanlagen beobachten und etwa Holland mit der Bundesrepublik vergleichen, könnten zu unserer Hypothese: massenhafte Verbreitung von Feindseligkeit gegen Kinder als Bedingung der Möglichkeit von hundertfachem Mord und tausendfacher schwerster physischer Grausamkeit an Kindern, Belege beisteuern. Eine Notiz aus der *Zeit* demonstriert, was in unserem Land möglich ist:

>»Ein etwa achtjähriger Junge rannte über die Großstadtstraße, in unmittelbarer Nähe der Ampel. Ein Autofahrer riss das Steuer herum, ließ die Pneus kreischen. Der Junge, mit knapper Not entkommen, wurde auf dem Bürgersteig von einer etwa vierzigjährigen Frau festgehalten. ›Dummer Bengel!‹ Klatsch, klatsch. Und noch ein paar Ohrfeigen. Der Junge weinte lauthals. ›Ist das Ihr Kind?‹ ›Nee‹, antwortete die Frau, ›aber er soll aufpassen, der Bengel. Soll lernen, wie man über die Straße geht.‹ ›Haben Sie denn nicht gesehen, dass der Automann bei Rot über die Kreuzung gesaust ist? Der Junge hat nix gemacht.‹ Die Frau stieß das Kind, das noch immer weinte, zornig in den Rücken und erklärte: ›Herrgott, hab ich mich erschreckt!‹ Müller-Marein: ›Aus dem Ausland heimgekehrt, fragte ich mich, ob diese Szene in dem Lande hätte passieren können, aus dem ich kam? In Frankreich also? Mit allergrößter Wahrscheinlichkeit: nein.‹« (*Zeit* 47/1970, S. 86).

Besteht in einem so wenig kinderfreundlichen sozialen Klima, möchte ich Müller-Marein ergänzen, wirklich die Chance, dass Kinder vor dem elterlichen Gewaltverhältnis geschützt werden, wo immer sie des Schutzes bedürfen? Dem Psychologen wird sich eine Ergänzungsfrage aufdrängen. Wir wissen, dass Feindseligkeit sich unter bestimmten psychischen und sozialen Bedingungen nicht gegen andere, etwa Kinder, entladen muss – sie kann auch die Person, in der Feindseligkeit sich entwickelt oder akkumuliert, zum vertauschten Objekt nehmen. Zwischen Mord und Selbstmord, zwischen Grausamkeit an Dritten und Selbstdestruktion bestehen Beziehungen. Die gegen die eigene Person sich wendende Destruktion kann sich in verschiedenen psychosomatischen Leidenszuständen und neurotischen Organstörungen ausdrücken.[13] Da ist es doch auffällig, dass sich – entgegen der Erwartungen des sozialen Vorurteils – derartige Erscheinungen bei verheirateten Frauen, bei Hausfrauen, statistisch ungleich stärker häufen als bei ledigen oder bei berufstätigen Frauen. In einer nicht abschätzbaren Zahl von Familien könnte mithin eine solche psychogene Erkrankung der Mutter das Negativ zur Kindesmisshandlung darstellen.

---

[13] Um es im Gleichnis verkürzt anzudeuten: Der Stein, auf einen prügelnden Polizisten geworfen; der Stein in der Faust, die auf das eigene Kind einschlägt; der Nierenstein könnten austauschbare, äquivalente »Schicksale« von Aggression sein.

Aber Kinderfeindlichkeit, wie sie vor Jahren Ulrike Marie Meinhof in einem Bericht über Hilfsschulkinder nachwies (Meinhof 1967), ist einerseits erst eine Bedingung der Möglichkeit von Kindermord und Misshandlung und darf andererseits nicht selbst wieder gegen das gesellschaftliche Verhältnis aller isoliert werden. Gewisse methodische Schwierigkeiten werden deutlich: Die erste Bedingung der Möglichkeit von ..., auf die wir stoßen, Kinderfeindlichkeit und Härte im Umgang mit ihnen, ist ihrerseits nur als eine *bedingte* denkbar. Nach der anderen Seite hin wird, mit der Zunahme solcher »bedingter Bedingungen« der Schritt zur Erklärung der Tat als des Vorgangs ihrer *Herstellung*, ihrer Produktion vielleicht nicht einfacher. Wo werden entsprechende Fertigkeiten eingeübt, wann werden sie abgerufen? Gibt es verbreitete erworbene Mechanismen der Aggressionsabfuhr, die zwischen »Bedingung« und »Opfer« vermitteln? Bedingungen produzieren noch nichts, sie machen nur möglich, legen etwas bestenfalls nahe.

Vielleicht sollten wir unter dem leitenden Gesichtspunkt, dass Kindertötung und -misshandlung Spitzenresultate verbreiteter Fähigkeiten sind, erneut einen Blick auf benachbarte Problemgelände werfen. Was uns an den »seltenen Ereignissen« bestürzt, ist ja unter anderem, dass die Gewalt des Täters hier einerseits zwischenmenschliche Beziehungen suspendiert, die wir für »natürlich« und deshalb auch keiner weiteren Erklärung bedürftig halten: Elternliebe, Zärtlichkeit, Schutz für das eigene Kind – ein Faktum, dass uns noch systematisch beschäftigen wird; das der Täter andererseits das Macht-Ohnmacht-Gefälle ausnützt, dass bereits physisch zwischen ihm und dem Opfer besteht. Wenn aber als erstes *easy-rider-Motiv* in der Bundesrepublik in Konstanz ein Erwachsener einen langhaarigen Lehrling umbringt, wenn in Berlin erwachsene Männer, von ihren Ehefrauen angefeuert, eine Studentin zusammenschlagen, nachdem sie der Kurzsichtigen ihre Brille entrissen haben, wenn in Köln ein Gaststättenbesucher unter wohlwollendem Blick der Gäste und des Personals einen schmächtigen Jugoslawen anschreit und den Betroffenen zum Verlassen der Gaststätte drängt, stoßen wir auf verwandte Tatbestände: Unter Ausnutzung eines bestehenden Macht-Ohnmacht-Gefälles, das nicht immer nur physisch begründet ist, wird Menschlichkeit in zwischenmenschlichen Beziehungen suspendiert.

Was haben diese Beispiele, unter dem Begriff »Minderheitenproblem« und »Suche nach einem Sündenbock« längst bekannt und genau analysiert, mit unserem Problem: Misshandlung der eigenen Kinder, ja Mord an ihnen, zu tun? Wir könnten das Verhalten von Bevölkerungsmehrheiten, von Stärkeren, von Leuten, die »in« sind in der majoristischen Gruppe, gegenüber minoren Langhaarigen, Studenten, Zigeunern, Juden, Kommunisten oder Gastarbeitern als erstes empirisches Indiz für unsere These werten, dass möglicherweise alle oder jedenfalls viele Typen zwischenmenschlicher Beziehung in der gegenwärtigen Gesellschaft durch die Bereitschaft zur Feindseligkeit charakterisiert sind, und hätten damit eine wichtige Bedingung für »Kinderfeindlichkeit« im Griff. Innerhalb der Mehrheiten, unter den Stärkeren, herrscht weder Solidarität noch Freundlichkeit, eher Konkurrenz und Misstrauen – anders wäre die »Sündenbock«-Suche nicht zu erklären, über die sich das Zusammengehörigkeitsgefühl der Mehrheiten und der Frieden zwischen ihnen ja immer erst wieder herstellt. Wo Hass in den zwischenmenschlichen Beziehungen institutionalisiert ist, wird zugleich eine Bedingung für Kinder- und auch Jugendfeindlichkeit gesetzt.

> Die 17-jährige Schülerin Gudrun M. ließ sich eine Glatze scheren und flanierte durch Paderborn, um die Reaktionen der Passanten zu studieren: »Aufgehängt gehört die«; »So eine habe ich auch im Puff gesehen« und – »Bei Adolf hat's das nicht gegeben«. Nach den Erfahrungen des Mädchens haben sich vor allem Personen über 30 aufgeregt (*Stern* 48/1970, S. 11).

Dieser zwischenmenschliche Hass, der, wo immer er sich gegenüber Minderheiten aktualisiert, aus der Latenz hervortritt, in der er *alle* zwischenmenschlichen Beziehungen entstellt, gerade auch die innerhalb der Bevölkerungsmehrheiten, wäre der Mutterboden für die Kultivierung von Aggression gegenüber Kindern. Hier nun wäre jene von uns gesuchte Vermassung der für die Spitzenleistung: Mord und Folter am eigenen Kind, nötigen Fähigkeiten und Fertigkeiten zu finden. Ich weiß, dass die Differenz zwischen der Aggression gegen das eigene Kind und der gegen *fremde* Kinder in diesem Erklärungsansatz untergeht. Bietet das Possessivverhältnis, das wir mit den Bezeichnungen »mein« Kind, »eigenes« Kind ausdrücken, nach allgemeinen Erfahrungen über Eigentumsverhältnisse wirklich Grund zur Annahme, es könne ein Kind schützen?

Der Täter, der sich mit der unmenschlichen Handlung am eigenen Kind von der Gesellschaft isoliert (und, in der Folge, auch forensisch isoliert, zu Gefängnis verurteilt wird), drückt in seiner Tat in roher Gewaltförmigkeit aus, was als ein Merkmal aller zwischenmenschlichen Beziehungen in seiner Gesellschaft gelten kann: die Bereitschaft zur Destruktion oder doch Aggression unter den gegeneinander isolierten Konkurrenten, den Betrogenen. Für die These: institutionalisierter Hass in den zwischenmenschlichen Beziehungen als gesellschaftliche Regel, wären leicht noch viele Belege zu erbringen, sie ist nur eine speziellere Fassung jener allgemeineren von der »Verwilderung des Kontinents«, der Selbstzerstörung einer Zivilisation von Kolonisatoren und Ausbeutern.

Wir sind auf eine sehr tatnahe Bedingung von Inhumanität gestoßen, auf eine Art von Produktionsregel für den Mord am Schwächeren. Unter welchen tatnahen Bedingungen wird es erleichtert, eine vorerst latente, als bloße Stimmung gegebene oder in ihrer Äußerung gebrochene Feindseligkeit brutal in die Zerstörung eines Opfers zu kehren? Wenn wir auf Opfer stoßen, die als Repräsentanten einer Minderheit angesehen werden müssen, gegen die sich die majoristische Gruppe, die Mehrheit, die *in-group*, rivalisierend abgrenzt, und der sie die Schuld am eigenen unglücklichen Bewusstsein oder an der eigenen enttäuschungsreichen Lage zuschieben wird. Eben diese Funktion haben Juden, Kommunisten, Langhaarige und Gastarbeiter. Was haben Kinder mit jenen gemeinsam? Wir müssen nur ein kleines Stück von den gerade genannten Minoritäten und »Sündenböcken« zurücktreten, um eines deutlich zu erkennen: Dadurch, dass ein Kind von einer Mutter mit allen biologischen Merkmalen der Gattung *homo sapiens* geboren wurde, ist er noch kein wirklich vollständiger Mensch, er muss es erst werden. Zu seinen natürlichen Merkmalen müssen kulturell definierte hinzutreten, die der Geborene innerhalb der sozialen Mitwelt sich erwirbt: Sprache, Gewohnheiten, Haltungen, Stile und Fertigkeiten. Einzelne und Gruppen können aus jenem sozialen Zusammenhang ausgeschlossen werden, welcher die Voraussetzung für die Aktivierung von Mitgefühl und für den Verzicht auf nackte Feindseligkeit ist, wenn sie bestimmte soziale Merkmale nicht tragen, nicht sichtlich »Unsereiner« sind. Hier werden, mitten in einer als *rational* sich verstehenden Kultur, erneut Rekonstruktionen primitivster Lebensformen sichtbar. Stammesnamen wie: Zulu, Eskimo und andere bedeuteten ja, übersetzt, schlicht »Mensch«. »Menschen« gegenüber wurde eine Tötungshemmung erlernt, Töten war nur dort gestattet, wo es durch bestimmte Ordnungen legalisiert worden war. Dagegen konnte das Tier keinen Anspruch auf Tötungshemmungen erheben. Für viele sind nur Mitglieder des eigenen Stammes wirklich »Menschen« und dadurch vor Tötung einigermaßen geschützt; Fremdstämmige nähern sich dem Tierstatus. Nicht-Zulu ist der »Nicht-Mensch«.

Kinder haben zweifellos noch nicht alle Merkmale von »Unsereinem«; sie sind nicht einmal vollwertige Rechtssubjekte; und wo immer eine Bereitschaft dazu bestünde, Aggressionen, dieses Resultat lebensgeschichtlicher Enttäuschungen, Frustrationen und resignativ hinzunehmenden Drucks, gegen Minderheiten destruktiv zu wenden, dort bieten auch sie sich als mögliche Opfer an. Die Rebarbarisierung der weißen Kultur, die Verwilderung des Kontinents konkretisiert sich, was Minderheitenprobleme angeht, an einer gesteigerten Empfindlichkeit gegen Abweichungen von der eigenen kulturellen Norm. Das ist kein Überrest, kein archaisches Erbe, sondern Neuauflage, ist Rekonstruktion. Der Code für

»meinesgleichen« ist enger und rigider geworden; er ist statifizierend. Ein Kind wird nicht mehr als sich entwickelndes Subjekt gesehen, sondern als unvollständiges – damit schon als Objekt. Die emphatische Separierung der Kinder (und zum Teil der Jugendlichen) aus der sozialen Welt der Erwachsenen (vgl. Kapitel 1) gab ihnen zwar eine originäre, nicht unter dem *modus deficiens* zu begreifende Subjektivität, aber zugleich wuchs die soziale Distanz zwischen Kindern und Erwachsenen. Sie hat vielen Heranwachsenden Jahre des Spiels, der relativen Geborgenheit, der Bildung eröffnet, die in dieser Breite geschichtlich neu sein mögen, aber: Der objektive, ökonomische Begründungszusammenhang ihrer Freisetzung, die Tatsache, dass letztlich der Rhythmus der Produktion und ihre Forderungen den Rhythmus der Sozialisation und ihrer Ziele festsetzt; die Hypostasierung eines durch Repression, Entfremdung und Lebenserfahrung markierten Zustands als »Reife« des Erwachsenen, auf den hin Kindheit und Jugend immer schon bezogen sind – dies sind objektive Momente an der gesellschaftlichen Konstruktion von Kindheit und Jugend, die deren Subjektcharakter *ab ovo* aushöhlen. Kinder sind für die Bedingungen der Warenproduktion vorerst nur *ein* Faktor unter anderen, die zur Lohnarbeit zwingen – was hätten sie denn auch zu tauschen? Sobald sich die Normenrigidität der Erwachsenen erhöht, sei es unter dem Prinzip der Abweisung objektiv proletarisierender Entwicklung in der Mittelschicht, sei es unter dem eher »proletarischen« der Abgrenzung gegen Randgruppen und Lumpenproletariat, und dies bei fortschreitender tendenzieller Anomie dieser Normen und Werte selbst, sei es umfassender als Abweisung der Arbeiteremanzipation, steigt auch die Gefahr, dass – angesichts der verfestigten Distanz zum Kind – der Reflex die Reflexion, die »Spontaneität« Sicherungen des Mitgefühls überwinden und das Kind den skizzierten Mechanismen der Kanalisierung von Aggression unterworfen wird. Kinder sind schließlich machtlos. In aller Regel können sie nicht zurückschlagen oder gar den angreifenden Erwachsenen aus ihrem Territorium verdrängen – auch ein eigenes Territorium haben sie in den Familien nicht.

Wo zwischenmenschliche Feindseligkeit zu den Stilmerkmalen einer Kultur gehört, die sich über Separierung, Partikularisierung und allseitige Abhängigkeit konstituiert, kann sich Kinderfeindlichkeit zerstörerisch ausbilden. Wo Individuen dieser Kultur gelernt haben, lebensgeschichtlich akkumulierte Aggression gegen Sündenböcke zu wenden, wo also Frustration und hilflose Abhängigkeit und die Kanalisierung entsprechender Feindseligkeit gegen Schwächere zur regelhaften Erfahrung der Individuen gehören, kann dieser Mechanismus unter den Bedingungen genereller Kinderfeindlichkeit auch gegenüber dem Kind zerstörerisch wirksam werden, da auch dieses nicht alle Merkmale trägt, die jemand erworben haben muss,

um wirklich »Unsereiner« zu sein. Es ist letztlich die Gleichheit der
Warenbesitzer, die zur Quelle barbarischer Ungleichheit werden muss. Wir
haben zusätzlich die Vermutung, dass in anderen Fällen Aggression sich
nur deshalb nicht gegen die eigenen Kinder kehrt, weil Mütter und Väter
Feindseligkeit gegen sich selbst wenden, ihren Körper, nicht den des Kindes, misshandeln, und haben als *einen* Beleg dafür die Häufigkeit neurotisch bedingter Organstörungen u.ä. bei Hausfrauen und Müttern angesehen. Mord und Misshandlung der eigenen Kinder bringen in zugespitzter
Form vor unser Bewusstsein, was als Fähigkeit und Fertigkeit längst vermasst ist, in der Population seine breiteste Basis hat, nämlich Feindseligkeit
in den zwischenmenschlichen Beziehungen, die sich dem Kinde gegenüber
freilich vielfach abstuft. Über den Mechanismus der Aggression gegen
Minderheiten vermittelt, lernten wir also nicht nur etwas über tatnahe Pro-
duktionsbedingungen des Mords: Das Kind ist, sozial betrachtet, noch nicht
wirklich »Unsereiner«, erst ein halber Zulu, produziert auch noch nichts
und ist daher unnütz, sein Reservat nimmt leicht Züge des Ghettos an. Wir
lernen außerdem etwas über mögliche »Bedingungen der Bedingung«:
So breit die Basis des Tuns ist, also die Fertigkeit, andere leiden zu lassen,
so breit ist auch die Basis des Leidens selbst. Täter und Opfer sind nicht
schlicht zwei Personen, sondern eine von ihnen, der Täter, ist zugleich
Täter und Opfer.

Nun werden wir Sorge haben, dass uns die spezifische Differenz zwischen den verschiedenen Formen oder Typen von Feindseligkeit entrinnt,
wenn zum Prinzip der Erklärung z.T. Stimmungslagen und Mechanismen
gemacht werden, die in ihrer (bedingten) Allgemeinheit *kein* Besonderes
mehr erklären. Wie denken wir uns etwa die Vermittlung von institutionali-
siertem Hass in allen zwischenmenschlichen Beziehungen und der speziellen »Kinderfeindlichkeit«? Gibt es, wie bei der Vorbereitung von Olympi-
aden und beim Schachwettbewerb, »öffentliche Maßnahmen«, welche die
uns beschäftigenden »seltenen Ereignisse« ermöglichen – etwa indem sie
Kinder, auch die eigenen, mit in den Geltungsbereich von Feindseligkeit
einholt? Solche »öffentliche Maßnahmen« gibt es durchaus: speziellere und
allgemeinere; freilich in der Form von *Unterlassungen.* So wissen wir
längst, dass unsere Städtekultur dazu neigt, Kindern jene Entwicklungsbedingungen vorzuenthalten, die sie dringend benötigen. Bei den gegebenen Lebensbedingungen kann ihre noch ungekonnte Aktivität nur ein Stein
des Anstoßes für Erwachsene sein (vgl. Mitscherlich 1965). Raum für kindliches Spiel fehlt nicht nur in der drangvollen Enge städtischer Wohnareale,
sondern auch in der Enge und im Schnitt viel zu vieler Wohnungen.

Wer sich, wie Alexander Mitscherlich, zum Anwalt der Kinder macht, wer darauf hinweist, dass es lukrativer bleibt, ein Rasenstück an eine Versicherungsgesellschaft zu verkaufen, als einen Spielplatz daraus zu machen, und gegenüber der Orientierung des Städte- und Wohnbaus an Profitinteressen die Aufhebung des Privateigentums an Grund und Boden fordert, alarmiert den Antikommunismus vieler, die Privateigentum als den großen Fetisch betrachten.

Andererseits finden auch die meisten Erwachsenen nicht den Raum, den sie benötigen; was sie gegenüber den »raumgreifenden« Kindern umso aggressiver macht. Wird so das unter perversen Bedingungen heranwachsende Kind zum *Täter*, zum Störer, wie neuerlich Berichte aus dem Märkischen Viertel in Westberlin demonstrieren, eben »Stein des Anstoßes in seiner nicht gekonnten Aktivität«, so ist der Erwachsene, namentlich in der ärmeren Bevölkerung, von den Wohnverhältnissen gleichfalls hart getroffen: Er wird zum *Opfer* einer Situation, die zu verändern ihm längst nicht mehr in seiner Kraft zu liegen scheint. Die Wohn- und urbanen Lebensverhältnisse für Erwachsene wie für Kinder und die aus ihnen resultierenden Konfliktspannungen vermitteln jene, die Kinder, also sehr speziell mit der allgemeinen Feindseligkeit in den zwischenmenschlichen Beziehungen.

Reicht dieser Bezug, unglückliche städtische und Wohnverhältnisse, denn nicht überhaupt aus, um Kindesmisshandlungen ein Stück begreifbarer zu machen? Ich meine nicht. Wäre nicht als Bedingung jene Bereitschaft zur Kinderfeindlichkeit gegeben, für die wir mehrere Symptome nannten, so würde der Umstand, dass ein Kind noch nicht ganz »wie Unsereiner« ist und zwischen ihm und uns ein Macht-Ohnmacht-Gefälle besteht, verbreitet eher Haltungen des Schutzes, der freundlichen Hege auslösen können, die es vor Gewalt in sozialen Konflikten schützen. Gewiss sind Wohn- und urbane Lebensverhältnisse für viele Menschen, gerade aus einkommensschwächeren Bevölkerungsgruppen, eine der Quellen für jene Enttäuschung und Last, aus der Aggression sich entwickelt und akkumuliert, aber erst unter zwei Zusätzen wird diese destruktiv: Dass nämlich den Betroffenen der gesellschaftliche Zustand, unter dem sie leiden, als *nicht änderbar* erscheint, als steinern und undurchdringlich, und dass sie zweitens zugleich Kanalisierungen für ihre Aggression vom Typus der Sündenbocksuche erlernen. Ich kann an dieser Stelle ergänzen, dass es noch andere Kanalisierungen für akkumulierte Aggression gibt, die zu erinnern wären, wenn wir die Bedingungen der Möglichkeit von Kindestötung und Misshandlung begreifen wollen: »extrapunitives« Verhalten. Ich bestrafe an einem anderen das, was ich selbst nur zu gern tun möchte, aber aus Gründen von Reputation, Selbstachtung und Moral nicht tun darf; und die so genannte *Radfahrer-Reaktion*: Wer über sich Herren hat, die ihn treten, ohne dass er sich gegen sie zur Wehr zu setzen dass er sich gegen sie zur Wehr zu setzen wüsste, kommt in die Gefahr, seinerseits sich zum Herren über Schwächere zu setzen und an ihnen abzureagieren, was ihm anderswo geschah.

Zum »extrapunitiven Verhalten« bedarf es noch eines erläuternden Zusatzes: Wie, auf welche Weise vermittelt es die Beziehungen der Eltern zum Kind der latenten und allgemeinen Feindseligkeit in den Konkurrenzbeziehungen der Individuen? Indem Eltern in der Aufzucht des Neugeborenen seine noch unkontrollierten Bedürfnisse und Reaktionsbereitschaften *sozialisieren*, müssen sie in sich selbst gewisse Verdrängungsleistungen und Verleugnungen reproduzieren. Das Glück, das kleine Kinder in guten Augenblicken umgibt, erinnert die Erwachsenen daran, dass Kultur und damit ihre Existenz auf *Verzichten* aufbaut. Kinder werden zum externen Handlungsgehilfen jener Bedürfnisse und Erwartungen, die sich Eltern längst verboten haben. Jedes Neugeborene konstelliert eine Situation, in der sich mit dem Ritual seiner Sozialisation bestimmte seelische Deformationen der Eltern, in denen sich ihr »falsches Bewusstsein« verfestigt, verbinden. Es teilt – auf rohe oder sublime Weise – das Schicksal der Glückserwartungen seiner Eltern: von ihnen gestraft, unterdrückt, abgewiesen zu werden. Indem sie es ermahnen, tadeln, strafen oder ablenken, zerstören sie in sich selbst erneut die Erinnerung an ein Glück, das doch auch ihnen einst versprochen war.

Nicht zuletzt müssen Eltern sexuelle Verdrängungen verfestigen, weil das Inzesttabu es von ihnen verlangt: Sie können es nicht zur Selbstwahrnehmung zulassen, wenn der zärtliche Umgang mit dem eigenen Kind beginnt, sie sexuell zu erregen. Eltern sind, während sie solche sexuellen Impulse »nach-verdrängen«, dazu gezwungen, zum Kinde hin *Distanz* zu halten oder zu schaffen. Die gesellschaftliche Distanz wird verstärkt und eben diese Distanz verringert ihre Möglichkeit, sich in das Kind einzufühlen. Aber zugleich macht die repressive Entsublimierung der Sexualität Erwachsene verstärkt verführbar.

Hier wäre kurz daran zu erinnern, dass sich deutsche Eltern von den Eltern anderer Industrienationen weniger in der Frage der *Härte* und *Strenge* im Erziehungsstil unterscheiden, als vielmehr darin, »dass dieses Erziehungsverhalten relativ totalitär ist, d.h. zu viele kindliche Bereiche in einem absoluten Ausmaß erfassen, in zu vieler Hinsicht kontrollieren und zu wenig dem Kind selbst überlassen will« (Neidhardt 1970). Gewiss hat dieser empirisch mehrfach bestätigte Tatbestand mehr als nur eine Wurzel, ist er nicht nur die Außenseite eines Kontrollzwangs, der auch die eigene beschädigte Triebstruktur fürchtet. Wenn wir bedenken, was solch ein System umgreifender Kontrolle aber – unabhängig vom eigenen Bedingungszusammenhang – intendiert: die totale Beherrschung »fremden« seelischen und sozialen Materials, so haben wir den Totschlag darin *in nuce*.

Dem inkriminierten Tatbestand, Tendenz zur totalitären Kontrolle aller Lebensäußerungen, widerspricht freilich ein gegenläufiger: Kinder vorzeitig selbstständig haben zu wollen, ihnen *zu viel* selbst zu überlassen, vorzüglich sich selbst. Dort, wo dieser Trend vorherrscht – unter Umständen im Wechsel mit dem Kontrolltrend oder ihn ablösend –, können Eltern Aggressionen dann akkumulieren, wenn das Pflänzchen so rasch nicht wächst wie sie es intendieren, seine ihm zugeschobene Autonomie nicht nutzt. Eine Neigung schon zur Acceleration der Neugeborenen ist sogar nachweisbar; zumindest scheint manchmal hinter den Fütterungsgewohnheiten der Mütter das Leitbild eines Babys zu stehen, das möglichst bald am Tische der Eltern soll sitzen können. Die psychosoziale Genese dieser divergierenden Trends braucht uns hier nicht zu beschäftigen, sehr dagegen ihre *Divergenz*.

Wir nähern uns erneut der Affirmation an die tendenzielle Anomie dieser Gesellschaft. Wir waren bisher von bestimmten Analogien ausgegangen und gelangten auf diesem Wege zu Einblicken in problemrelevante Bedingungen (und Mechanismen) feindseligen Verhaltens. Eine wesentliche Ursache der beklagenswürdigen Lebenssituation vieler Kinder würden wir so nur schwer auffinden können; sie wäre nicht mehr im Vergleich der verschiedenen »Spitzenleistungen« auszumachen, sondern nur im Verhältnis, das *Orientierung und Handeln* im zwischenmenschlichen Verhalten einnehmen. Eltern müssen Kindern aufziehen und bilden, *aber nach welchen Maßstäben*? Wie in allen Interaktionsfeldern verweist auch im Bereich des familiären Lebens und seiner Gestaltung Aggressivität auf eine Zerstörung sinnvollen Handelns hin: Aggression wird dort antreffbar, wo ein einstmals orientiertes, verbindliches, auf konsistente normative Orientierungen bezogenes Handlungsmuster sich zersetzt.[14] Kann man im Blick auf Eltern-Kind-Beziehungen vom Verlust verbindlicher Orientierungen, vom Schwund übergreifender Anweisungsstrukturen für sinnvolles Handeln sprechen? Auf eine auffällige (Einzel-) Divergenz sind wir gerade gestoßen: Kontrollzwang versus verfrühte Selbstständigkeitserziehung. Andere werden uns noch begegnen. An dieser Stelle sei daran erinnert, dass sich normative Orientierungen, Handlungsmuster und Ziele nicht schlechthin tradieren oder wie von allein herstellen, sondern auf *Informationen* beruhen, die im sozialen Feld umlaufen. Es wäre daher zu fragen, ob Eltern

---

[14] Das wäre gewiss auch an Sündenbockreaktionen, an extrapunitivem Verhalten nachzuweisen.

nicht unter dem Einfluss unvereinbarer, *widersprüchlicher Informationen* (*sozialer Imperative, umlaufender Meinungen* usw.) stehen? Durchaus.

Sowohl in den Medien der Massenkommunikation als auch im *small talk* informeller Gruppen lassen sich relevante Widersprüche und desorientierende Divergenzen jederzeit nachweisen, noch einmal im Vergleich dieser Informationsquellen mit den Traditionen vieler Eltern und der einschlägigen populären (und Fach-) Literatur. Es sind ja strukturelle Antagonismen der Gesellschaft des organisierten Kapitalismus, die solche Divergenzen erzwingen. Einerseits soll ein Kind Produktionsmoral erwerben: jene Fähigkeiten, Fertigkeiten und Haltungen also, die es für berufliche Leistung in der Industriegesellschaft benötigen wird. Andererseits muss es zugleich Konsumtionsmoral entwickeln, d.h. das Ensemble jener Bereitschaften, die es später kaufbereit und konsumstabil machen. Es soll lernen, dass sein Verhalten später durch käufliche Lustprämien, eben über die Konsumfunktionen, gesteuert werden wird. Klassische bürgerliche Tugenden wie die der Treue zum erworbenen Besitz, Haltungen der Schonung und Pflege und der Sparsamkeit sind obsolet geworden, müssen sich zersetzen. Andere wie Fleiß, Pünktlichkeit, Arbeitsmoral oder Einordnungsbereitschaft sollen entwickelt werden, obwohl doch die Warengesellschaft ökonomisch wie politisch davon lebt, den Individuen ein Dasein ohne Mühe, ohne Schweiß und ohne Anstrengungen zu suggerieren. Das Leitbild des Lohnabhängigen im 20. Jahrhundert musste auf die Untertanengesinnung des 19. Jahrhunderts aus Gründen der industriellen Entwicklung verzichten und stattdessen Leistungsbereitschaften züchten. Autorität war daher abzubauen, Leistungsmotivation zu fördern. Herrschaft aber und Abhängigkeit bleiben. Diese neuen gesellschaftlichen Imperative sind zum Teil in sich widersprüchlich, zum Teil widersprechen sie erworbenen Bildungstraditionen der Eltern. Wie schließlich sollen Eltern das Problem der Sexualerziehung, des Umgangs mit der Sexualität bewältigen, in einer Gesellschaft, die sich einerseits sexualisiert, andererseits aber eine menschenfreundliche Sexualmoral nicht entwickeln kann? Die in ihrer Toleranz unglaubhaft, in den Resten rigider Moral lächerlich wird? Wer hilft den in ihrer eigenen sexuellen Konstitution lebensgeschichtlich geschädigten Eltern, mit jenen Problemen fertig zu werden, die sich aus der öffentlichen kommerziellen Anregung der Kinder zur Sexualität ergeben?

Es sind diese Widersprüche und divergierenden Informationen, die verbindliche Orientierungen kaum mehr zulassen, die Eltern verunsichern und ihr Handeln (und Unterlassen) korrumpieren. Niemand weiß mehr so recht, was richtig ist, und so kann man einander auch nur noch unvollkommen bestätigen. Das Ausbleiben bindender Bestätigung im zwischenmenschlichen Verkehr macht innerlich instabil. Selbst dort, wo der Umgang mit

Kindern noch mehrheitlich den Weg des Gewährens, des *antiautoritären* Verhaltens einschlägt, handelt es sich *auch* um eine Konsequenz der Zersetzung von Maßstäben, nicht nur ein Produkt von Güte; und es liegt die Regression zwischenmenschlicher Aktivität auf unkontrollierte Aggressivität nicht mehr so ferne, wie wir vor wenigen Jahren noch hofften.

Auf dem Hintergrunde unserer Erörterungen über verbreitete Kinderfeindlichkeit, über Kanalisierung von Aggression gegen Personen, die entweder nicht wie Unsereiner oder doch schwächer und wehrlos sind, kann es jedenfalls nicht mehr so unbegreiflich sein, dass Aggression sich gewalttätig gegen das eigene Kind entladen kann.

Wir haben noch zwei weitere Bedingungen der Möglichkeit zu solcher Entladung zu untersuchen: Noch blieb ja unverstanden, warum eigentlich die *Dunkelziffer* bei Vergehen gegen das Kind so hoch ist. Auch sind gewisse strukturelle Bedingungen der Feindseligkeit gegen Kinder noch unerwähnt geblieben, die sich zwanglos aus dem »Dunkelziffer«-Problem herleiten oder sich nur in Beziehung zu ihm diskutieren lassen.

Die erste dieser beiden Bedingungen führt uns wieder in Distanz zur konkreten Situation des gequälten und barbarisch getöteten Kindes. Sowohl speziell wie auch allgemein trägt in bemerkenswerter Weise unsere *Rechtsordnung* zu dem bei, was uns beschäftigt. Bei der speziellen Bedingung denke ich an das Elternrecht – eine unserer »heiligen Kühe« –, das es beispielsweise Fürsorgerinnen und Jugendpflegern manchmal sehr schwer machen kann, in Familien als Kontrollinstanz wirksam zu werden, jedenfalls soweit es um die interne Behandlung der Kinder geht.[15] Das Elternrecht erweist sich in mancher Hinsicht praktisch als ein Derivat bourgeoiser Eigentumsverhältnisse: Es ist Recht des Privateigentums, angewendet auf das eigene Kind. Dass man mit seinem privaten Besitz machen kann, was man gerade will, hat sich gewohnheitsmäßig verfestigt; dass man auch darin übergeordneten sozialen Interessen Rechnung tragen sollte, blieb eine fast nirgendwo zur Wirklichkeit gewordene ideologische Floskel. Wie sollte man – jedenfalls in Situationen des Konflikts oder der Unruhe – nicht auch mit dem eigenen Kind machen, was man will? Wem ist man Rechenschaft schuldig? Eine Mutter, von der Ronald D. Laing berichtet, die ihr kleines Kind am Genick aus dem Fenster im vierten Stock hielt, mit der Bemerkung: »Wenn ich dich nicht so liebte, würde ich dich jetzt fallen lassen«, illustriert diesen Verfügungs- und Gewaltaspekt sehr deutlich, der in allen Eigentumsverhältnissen heute latent anwesend ist.

---

[15] Bekanntlich nicht, wenn es sich um das öffentliche Verhalten der Kinder namentlich bei ärmeren Familien dreht.

Mehr eine Randbedingung, dennoch nicht ohne Einfluss auf unser Problem, kann ein anderes Rechtsgut sein: die ärztliche Schweigepflicht. Eine Mutter bringt binnen sechs Monaten den fünfjährigen Sohn zum zweiten Mal mit gebrochenem rechten Arm zum Arzt – ein Treppensturz, so wird behauptet. Der Arzt wird misstrauisch, erreicht eine Überprüfung. Es stellt sich heraus, dass der Vater dem Jungen zweimal den Arm absichtlich über der Tischkante gebrochen hat. Der Vater wird bestraft, der Arzt erhält von seiner Standesorganisation eine Verwarnung wegen Verstoßes gegen die ärztliche Schweigepflicht. Kurz: Unsere Rechtsverhältnisse belassen die Familie als einen durch Elternabsolutismus charakterisierten Raum, in dem Kontrollen über das Schicksal der Kinder äußerst erschwert sind. Aber auch ein mehr allgemeiner Gesichtspunkt ist hier anzufügen. Ein Mann schlägt ohne Grund den Hilfsarbeiter B. M. brutal nieder und tritt ihn. Das Opfer bedarf eines zweimonatigen Aufenthalts im Krankenhaus. Der Täter wird gemäß §§ 223, 232, 61 des StGB zu einer Geldstrafe von DM 210.- verurteilt. Nach einer Zechprellerei im Rückfall hätte er eine längere Gefängnisstrafe absitzen müssen. Es macht einen großen Unterschied, ob wir jemanden quälen und roh misshandeln oder ob wir gegen die herrschende Eigentumsordnung verstoßen. Recht und Gesetz teilen die Toleranz der bürgerlichen Gesellschaft gegen Misshandlung und Grausamkeit und zementieren ihr Verfügungsrecht über privates Eigentum. Diese negative Sanktion aller Eingriffe in Verhältnisse des Privateigentums einerseits, die relative Duldung von physischer Brutalität andererseits erschwert es, Kinder vor ihren Eltern zu schützen, und erleichtert es, der eigenen Feindseligkeit nachzugeben. Jedenfalls baut das Recht hier kaum zusätzliche Barrieren auf.

Auch Sexualität wird oft stärker geahndet als Grausamkeit. Für wiederholte beischlafähnliche Handlungen mit Minderjährigen kann die Strafe härter ausfallen als für den Totschlag des eigenen Kindes – und dies, obwohl selbst Strafrechtler von Fällen zu berichten wissen, in denen die sexuelle Beziehung zwischen Erwachsenem und Kind durchaus den Charakter einer (frühzeitigen) Liebesbindung mit all ihren menschlichen Werten hatte. Ins Zuchthaus muss der Erwachsene doch. Hierin spiegelt sich die Verklärung des noch nicht voll sozial Integrierten (aber eben Integrierbaren), des Anfangs, des »noch Unfertigen« als Reinheit sowie als Wert – die Kehrseite der Gewaltproblematik. Ähnlich wurde das *unberührte Leben* der Eingeborenen idyllisch verklärt, als der Imperialismus der Kolonialmächte nach ihnen zu greifen begann und sie mit unerhörter Rohheit sich unterwarf. Auch an den bürgerlichen Mythos vom guten Armen und dem bösen Reichen, der Einfachheit und Würde des Arbeiterlebens oder von der Lasterhaftigkeit der Bankiers wäre hier zu erinnern. In der strategischen

Funktion dieser Verklärungen gibt es Differenzen. Unterschiede bedingt ferner die geschichtliche Situation, in der sie formuliert werden. Die postulierte »Reinheit« des Kindes konnte im 18. oder 19. Jahrhundert Moment antikapitalistischer Kritik, d.h. romantischer, niemals geschichtsadäquater Abwendung von der Verstädterung sein, aber im 19. und 20. Jahrhundert den Triebverzicht verschleiern, der den Kindern abgezwungen wurde. Das Kind hatte »rein« zu sein; unerbittlich würde sonst der Erwachsene diese lebendige Erinnerung an seine eigene Triebdeformation unterdrücken.

Mit der zweiten Bedingung, die zu ergänzen war, nähern wir uns wieder dem unmittelbaren Schauplatz des Elends zu vieler Kinder. Wir können durchaus noch einen Weg angeben, auf dem jene zwischenmenschliche Feindseligkeit, von der schon öfters die Rede war, in das Verhältnis zwischen Eltern und Kindern konkret einschlägt: Ich meine mit dieser »zweiten Bedingung« das Verhalten der *Nachbarn*. Dieses hat zwei Aspekte. Den ersten artikulierte die *Deutsche Gesellschaft für Kinderheilkunde*, als sie vor einigen Jahren auf ihrem Kongress fragte, warum wohl Nachbarn so selten dafür sorgen, Kinder vor Grausamkeit in der Familie zu schützen – denn, so Kongressteilnehmer, *bemerken* müssen sie sie. Schließlich schreien und weinen gequälte Kinder, sie laufen blutig oder mit blauen Flecken ängstlich auf den Treppen, sie sind verstört, stumm, zänkisch und ängstlich, und das sieht man ihnen doch an. Ich weiß einige der Gründe für das Schweigen der Nachbarn zu benennen: Wahrscheinlich ist ihre soziale Wahrnehmung nicht differenziert genug, um den verzweifelten Schrei des fast zu Tode gequälten Kindes vom ungezogenen Brüllen des Knaben zu unterscheiden, dem jemand den Bonbon wegnahm. Und alles, was gequälte Kinder an Spuren der Barbarei zeigen, erfassen sie nicht als Symptom des Verbrechens. Ihre soziale Wahrnehmung ist durch eine Reihe von Normen, *standards* und Vorurteilen blockiert, die parteiisch für die Eltern ist: dass Kinder eben Schläge brauchen; dass man streng sein muss – im Interesse der Kinder; dass Kinder überhaupt noch keine Sorgen haben, denen man sich ernsthaft zuwenden müsste, und dass schließlich Erwachsene, gar die Eltern, schon wissen werden, was für ihr Kind gut ist. Es ist leicht zu sehen, dass es sich hier um die andere Seite der Herauslösung der Kinder aus der Welt der Erwachsenen handelt, die im ersten Kapitel erörtert worden ist. Auch: Strafe muss sein; schlimm ist nur Inkonsequenz; Prügel haben noch keinem geschadet, und was an dergleichen Thesen sich noch immer im Sprachschatz unseres Volkes findet, dessen Avantgarde schließlich Europa in ein KZ verwandeln und den Mord an Minoritäten zum sozialen Wohlverhalten erklären wollte. Dahinter steht die so genannte Unantastbarkeit der Privatsphäre, zudem schlicht Gleichgültigkeit. Menschen haben in der Trennung von anderen Menschen ihr wahres Dasein, es ist ihre wechselseitige Indifferenz, die sie als »Freizeit«, »Freiheit« oder »privates Leben« ausgeben.

Eben diese Nachbarn jedoch, die sich der Interessen des gequälten Kindes zu selten annehmen, vielleicht ab und an ganz gern selbst ein Kind schlagen möchten, benützen zugleich fremde Kinder als Instrument sozialer Kontrolle über deren Eltern. Sobald Kinder in Verhalten oder äußerer Erscheinung jenen *standards* bürgerlicher Reputation abweichen, die außerhalb der Mittelklasse durchaus noch gelten, oder abweichen von den Rollenerwartungen der Mittelschicht selbst, wenden sie ihre Kritik gegen die Eltern, namentlich gegen die Mutter. Die Frage, wie viel oder wie wenig Abwendung, Tadel, Schmähung und Klatsch Familien sich einhandeln, ist mit davon abhängig, wie viel Abweichung von schichtspezifischen Normen sie ihren Kindern einräumen. Mütter, die abends ihre Wohnung verlassen, wissen, was die Nachbarn sagen, wenn das sich selbst überlassene Kind lärmt, schreit oder gar das Haus verlässt: Wer geheiratet, wer Kinder in die Welt gesetzt hat, soll von da an für viele Formen von Lust, Freizeitkonsum und Geselligkeit verloren sein. Auch insofern verfestigt die Interaktion von Kindern und Eltern die normativen Regulationen des gesellschaftlichen Zusammenhalts, wird »bürgerliche Reputation« herrschaftskonform verstärkt.

Bei sehr fortgeschrittener Verstädterung, die kaum noch Subsysteme in der Art von »Quartiers« zulässt und in den Mietshäusern – zumindest der breiten Mittelschichten – Nachbarschaft anonymisiert, lässt soziale Kontrolle wieder nach (bzw. wird durch Kontrolle am Arbeitsplatz ersetzt). Doch soll man sich auch über die Lage in der zweiten Hälfte unseres Jahrhunderts nicht täuschen – ein kleines Indiz dafür, wie wenig »pluralistisch« es in den Mietshäusern zugeht: Auch dort, wo kein Einblick in intimere Räume zu befürchten ist, drängen Hauswirt und Nachbarschaft auf das Anbringen von Gardinen am Fenster. Nach wie vor blüht auch der Klatsch, eine Kommunikationsform, die zur sozialen Kontrolle rechnet.[16]

Versuchen wir, einen Überblick zu gewinnen: Eltern und Kinder leben in einem sozialen Milieu, das ihre Beziehungen belastet (soziale Kontrolle der Nachbarn; ungünstige Lebensbedingungen für die »ungekonnte Aktivität der Kinder«). In der Erziehung und Aufzucht des Neugeborenen entstehen fortlaufend Verzahnungsmängel zwischen kindlicher Spontaneität und dem

---

[16] Stadt und Land unterscheiden sich im Ausmaß sozialer Kontrolle noch heute. War sie nicht überhaupt in früheren Jahrhunderten viel stärker als in den kapitalistischen Gesellschaften? Sie war, in ihrem historischen Kontext, jedenfalls so sehr *anders* (in der Verankerung im einzelnen bzw. den Großfamilien, in Grad und Art des Konsens oder Dissens, in ihren Sanktionen und Gratifikationen, in ihren ideologischen Begründungen usw.), dass ein direkter Vergleich mit den Verhältnissen der kapitalistischen Gesellschaft schlicht unzulässig ist.

falschen Bewusstsein der Eltern, aber diese beantworten solche Signale zu oft als Signal für verstärkte Anpassung und Kontrolle. Sie befinden sich im Schatten einer *generellen* Bereitschaft zu feindseligem Verhalten in den zwischenmenschlichen Beziehungen. Die wenig kinderfreundliche Haltung in der Bundesrepublik – ich erinnere an die hohe Rate von so genannten normalen Todesfällen unter Kleinstkindern des ersten Lebensjahrs, an die steigende Beteiligung von Kindern an den Opfern von Verkehrs- und Haushaltsunfällen – verschlechtert die Situation zusätzlich. Erworbene Mechanismen der Aggressionsabfuhr: »Radfahrer«-Reaktion, Sündenbocksuche und extrapunitives Verhalten können dazu beitragen, dass die in Trieb-Regulations-Spannungen der Eltern involvierten Kinder zum »Opfer der Verhältnisse« werden. Es liegt letztlich an der *Parzellierung* der Menschen in unserer auf Privateigentum fundierten Gesellschaft, dass sich der Druck auf Eltern einerseits verschärfen, andererseits ihre Haltung zum Kind sich der öffentlichen Kontrolle entziehen kann. Unter den aktenkundig gewordenen Tätern überwiegen zwar Menschen, deren Lebensverhältnisse selbst oft viele Merkmale des Inhumanen haben, mit geringerer Fähigkeit, Spannungen sprachlich zu bewältigen und rasch abnehmender Frustrationstoleranz, aber die hohe Dunkelziffer bei Kindesmisshandlungen warnt hier vor Verallgemeinerungen.

Auch wer diesem Lagebericht zustimmen wird, könnte daran erinnern, dass aber dennoch Misshandlung oder gar Tötung des eigenen Kindes, statistisch betrachtet, seltene Erlebnisse bleiben. Ich will auf diesen Einwand nun nicht mit dem Hinweis darauf antworten, dass es feinere und gewaltlose, dennoch quälende Formen des Umgangs mit den eigenen Kindern gibt, die sich jeder statistischen Erfassung entziehen. Auch ein auf den ersten Blick »sanfter« Druck, hinter dem die unerbittliche Drohung des Liebesentzugs steht, kann unter bestimmten Bedingungen die gleiche Einschüchterung bewirken und Verelendung einleiten wie Prügelpädagogik. In der Tat ist unverhüllte Gewaltförmigkeit in der Beziehung zum eigenen Kind eher selten – wenngleich noch immer viel zu häufig. Es läge nahe, in diesem Zusammenhang auf die *Liebe* der Eltern zum Kind zu verweisen, auf Haltungen der Zärtlichkeit, der freundlichen Anleitung, des Schutzes, der Anteilnahme. Angesichts der weit verbreiteten Ambivalenz in solchen positiven zwischenmenschlichen Haltungen und angesichts des Umstands, dass ihr Leben so vielen Erwachsenen keine ausreichende innere Erfüllung bringt, Glück zu oft ausbleibt oder die Form des den Surrogats annimmt, bringt dieser scheinbar so berechtigte Hinweis auf Liebe und Zärtlichkeit jedoch in Bedrängnis. Wir werden auf jeden Fall zumindest Zusatzhypothesen benötigen, um zu verstehen, warum brachiale Gewalt gegen das eigene Kind relativ selten bleibt. Etwa die Idiosynkrasie gerade der Mittelschichten gegen körperliche Gewalt, die bestenfalls in eine auch rational begründete Gesinnung von Gewaltverzicht, als praktizierte Humanität oder Friedlichkeit anteilmäßig eingeht, die aber in aller Regel die Unfähigkeit ausdrückt, mit den eigenen Aggressionen – ja vielleicht mit der eigenen Körperlichkeit zu Rande zu kommen. Zudem bleiben die Positionen des geistigen Arbeiters wie die des *clerks* prekär. In einer Welt der Schwerathleten, Champions und brutalen Auseinandersetzungen muss man sich von motorischen Aktionsmustern immer wieder einmal beängstigt abgrenzen. Körperliche Gewalt wird als Klassenmerkmal erlebt, als Bestandteil eines dem eigenen Bewusstsein gegenüber randständigen, doch wirksamen Feindbildes, des »Proleten«. Noch die Chance, feindselige Impulse zu realisieren anstatt sie zu sublimieren oder mitsamt infantilen Allmachtsphantasien zu verdrängen, gerät in den wachsenden Einfluss von psychisch und kulturell definierten Disparitäten, in denen Schichten der Bevölkerung der Einsicht in die objektive Proletarisierung des Bürgers und Kleinbürgers zugunsten von ideologischen, gleichwohl kompakten, sozial wirksamen Kastenordnungen entgehen.

Gerade in den »permissiven« Familien der Mittel- und Oberschicht mit ihrer normativen Labilisierung und der problematischen Beziehung zur Aggressivität wird außerdem schon seit längerer Zeit versucht, Strafe, die man selbst nicht vollzieht, an andere Instanzen abzuschieben. Der Ruf nach größerer Strenge in den Schulen – in zu vielen Elternversammlungen immer wieder formuliert –, die Forderung, die Polizei solle gefälligst härter vorgehen usw. belegen eine Verhaltenstendenz, die am Bestehenbleiben sozialen Drucks durchaus interessiert ist und zu ihm beiträgt, sich selbst aber die Hände nicht mehr schmutzig macht.

Es ist doch bemerkenswert, dass die permissive, gewährende Einstellung zum Kind, ein sozialer Imperativ im *Jahrhundert des Kindes*, dass die Sorge, ihm Frustrationen zu ersparen und seine Forderungen nach Möglichkeit neutral, ja wohlwollend anzuhören und zu befriedigen oder Frustration durch Surrogate zu mindern, dass diese modernen Haltungen in ihren Konsequenzen insgesamt wenig ermutigen. Zwar ist das Kind vor der Gewalt, die aus dem Macht-Ohnmacht-Verhältnis zwischen Kind und Eltern fließen könnte, bei Autoritätsverzicht geschützt, aber zugleich gerät es zeitig unter unmittelbare Einflüsse der Konsumgesellschaft und erwirbt sich dadurch jene Bereitschaften, die der anpassungsbereite, über Konsumprämien manipulierbare und außengesteuerte Bürger moderner Gesellschaften benötigt. Das, was in der Psychoanalyse als *Ich-Stärke* bezeichnet wurde und beispielsweise die Fähigkeit verleiht, sich einem Konformitätsdruck nicht zu unterwerfen, und, als höchste Kontrollleistung, noch die Bewältigung von sozialer Angst ermöglicht, wird immer seltener erworben. Gerade weil der

Gewaltverzicht zu vieler Eltern auf unbewussten Ängsten und neurotischen Idiosynkrasien beruht und nicht auf Menschlichkeit, beruhigt es wenig zu hören, dass in den Familien der Bundesrepublik immerhin umso weniger geschlagen wird, je besser die Schulbildung der Eltern ist. Ihr gewährendes Verhalten hängt nach meiner Ansicht und Erfahrung mit ihrer Unsicherheit in Fragen der Lebensführung und Erziehung zusammen. Die Enthaltung von offener Gewalt dient, wie bemerkt, der Statusabgrenzung gegenüber der sozialen Unterschicht, nicht anders wie korrekte Rechtschreibung. Der neue Erziehungsstil bewahrt die Kinder zwar vor physischer Grausamkeit, humanisiert ihre Affektivität aber wenig, erleichtert allerdings ihre statuskonforme Vergesellschaftung: Sie entwickeln mehrheitlich flache Anpassungsmuster und kommen selten auf die Idee, dem Reizangebot der Warengesellschaft und den Signalen für Konformität Widerstand zu leisten. Ich will hinzufügen, dass in privilegierten Gruppen der Gesellschaft Kinder dennoch, dank ihrer verlängerten Entwicklungs- und Bildungszeit, ab und an die Chance haben, Protest und Widerstand zu entwickeln. Menschen mit »verlängerter« oder »verzögerter Pubertät« *müssen* nicht das Ensemble ihrer gesellschaftlichen Verhältnisse bleiben. Der Widerstand entzündet sich dann an der Erfahrung, dass trotz gewährender Erziehung von ihnen in der Mitwelt Verzichte gefordert werde, für die eine rationale Begründung, auch ein sinnvoll zu *fühlender* Gehalt, fehlt.

Dass neuerdings wieder Angst als der beste Koch gilt – »man schlägt wieder« –, ist natürlich kein Trost. Ich könnte schließlich ergänzen: Dort, wo umgekehrt der Zusammenhang der Familien mit der leistungsmotivierten Konsumgesellschaft zerreißt, in den Slums, Asylen und Armutsgebieten der Großstädte und in den ruralen Regionen, wo zugleich das gewährend-nachgiebige Verhalten als ein Merkmal der besitzenden Klassen, als fremd, ja feindselig betrachtet wird, bilden die Familien gegenüber der Gesellschaft ein wandfestes und undurchlässiges Gebilde. Es wird *nicht* in Richtung auf Anpassung und Leistung sozialisiert, nur entbehren dann dort die Kinder eher des Schutzes vor dem Gewaltverhältnis der Eltern.

Übrigens könnte die größere Neigung des Arbeiters zur Prügelstrafe damit zusammenhängen, dass Gewähren und Strafverzicht für ihn Symbole des Besitzbürgers, Merkmale der *Herren* sind. Auch diese Neigung erwiese sich dann als Element eines nicht ausgetragenen Klassenkampfes. Seine eigene Lebenserfahrung lehrt den Arbeiter, wie *gewaltlos* er abhängig gemacht und gehalten wird; Stile gewährenden Verhaltens, wo sie von Autoritäten ausgehen, sind ihm damit primär als Symbole seiner Unterwerfung zugänglich. Zugleich kann er sich den Luxus kaum leisten, Kindheit als ein Reich eigener Subjektivität anzuerkennen; ist ihm doch sein eigener Rechtsanspruch auf Subjektivität beschnitten.

EINE KONDITIONALGENETISCHE ANALYSE

Wenn man, aus begründetem Unbehagen an kulturkritisch-wohlmeinenden oder *law-and-order*-Erklärungen für Kindesmisshandlung und Kindestötung, eine Analyse des Bedingungsgefüges der Tat, der »Bedingungen der Möglichkeit von ...« versucht, so findet man – wie sich gezeigt hat – durchaus einen konditionalen Zusammenhang. Er ist dicht genug, um den Täter als das Ensemble seiner und unserer gesellschaftlichen Verhältnisse zu begreifen. Die Bedingungen tun nichts, aber die Tat wäre ohne sie nicht möglich. Haben wir etwa an die Stelle der Isolierung des Täters vom gesellschaftlichen Zusammenhang (*erste Erklärung*) nun eine Isolierung des Täters von seiner *Tat* eingeführt, und damit den Täter nur erneut vereinzelt und abgetrennt? Dieser Einwand gälte nur oder erst dann, wenn das handelnde Individuum *mehr* wäre das Ensemble gesellschaftlicher Verhältnisse, die sich den Einzelnen subsummieren, und wenn bei der Analyse der Tathandlung und der jeweiligen Situation die Frage nach gesellschaftlichen Determinationen auf einen stärkeren *situationsspezifischen* Rest führen würde, der sich solcher Interpretation entzieht. Beides muss aber erst einmal geprüft werden.

Eine Bedingung der Tat wäre die Distanzierung der Subkultur *Kindheit* von der Welt der Erwachsenen (Kapitel 1), deren ambivalenten Charakter wir beschrieben haben. Wir fanden andere Bedingungen sehr allgemeiner Art, die als Stimmungslagen bzw. *Großwetterlagen* in den Populationen wirksam werden. Seitdem »technische« Ordnung, Regelung in den Verkehrsformen der bürgerlichen Gesellschaft vom Bewusstsein der Einzelnen weitgehend unabhängig wurde, begünstigen solche Stimmungslagen die Verwirklichung bestimmter Verhaltensweisen und die Häufung kongruenter Reaktionen ebenso deutlich wie sie andere an der Realisierung und Verfestigung hindern. Ich erinnere an die Rigidität von Gruppenstereotypen. Eine übergeordnete Bedingung noch für den Mord am eigenen Kind (und für einige Aspekte der *Theorien*, mit denen man ihn erklärt) scheint uns jene Rückkehr roher Gewaltförmigkeit in den gesellschaftlichen Prozess zu sein, die wir später anhand der Césaire'schen These von der »Verwilderung des Kontinents« näher beschreiben werden und deren allgemeinste Bedingung das Fortbestehen von Ausbeutung, d.h. die institutionalisierte Abweisung der Emanzipation der Arbeiterklasse ist.

Zum Teil resultiert die Bereitschaft, Kinder zu misshandeln, aus Traditionen einer Landschaft und einer Nation; wie etwa die totalitären Aspekte der Erziehung und Aufzucht von Kindern in Deutschland, obwohl auch ein bestimmter Typus autoritären Verhaltens, als Innenseite der Neigung zu körperlichen Strafen, in Deutschland seine Tradition haben mag. Völker können unter Bedingungen des organisierten Kapitalismus sehr wohl kinderfreundlicher sein als die Bundesrepublik Deutschland (oder das neue Amerika), was mit solchen traditionalen Differenzierungen zusammenhängt. – Zum Teil bilden sich Stimmungslagen, die Gewalt gegenüber Kindern begünstigen, über kollektiv weit verbreiteten, individuellen Unsicherheiten aus, die letztlich durch divergierende Informationen und das Ausbleiben eines substanziellen Konsens zustande kommen. Ich erinnere an die Bedeutung der verbreiteten Normen-Unruhe für das Problem, an die tendenzielle Anomie bei der Kindererziehung, die nur ein Aspekt der allgemeinen tendenziellen Anomie der Gesellschaft und der partiellen Assimilation der Einzelnen an sie ist. Während nun gesamtgesellschaftliche Großwetterlagen und Stimmungen lediglich bestimmte Handlungen fördern und andere erschweren, führt uns die Desorientierung ganzer Populationen – der Verlust verbindlicher Regelsysteme und die *widersprüchliche* Information, die ihnen im sozialen Feld zugänglich wird – wesentlich näher an das Phänomen, das untersucht werden soll. Hier handelt es sich um Bedingungen, unter denen sinnvolles Handeln dazu tendiert, auf ein niedrigeres Niveau zu regredieren, es zersetzt sich in *Aggressivität*, soweit die Population nicht einfach passiviert wird und ihre Aktivität, bis auf wenige oberflächliche Interaktionen, einstellt; ein Ausweg aus der familialen Zwangslage.

Dass die Zeit, die Eltern mit ihren Kindern verbringen, namentlich in der Mittelklasse allem Anschein nach stark zurückgeht – positiv formuliert: dass Eltern wie Kinder Zeit und Raum erhalten, für sich selbst zu sein, Heranwachsende den Urlaub der Eltern nicht mehr teilen müssen, dass in den oberen Schichten des Mittelstandes berufliche Arbeit sich immer stärker in die Privatsphäre ausdehnt – wollen wir als *Vermeidung* von Situationen interpretieren, für deren soziale Regulation verbindliche Maßstäbe fehlen und in denen divergente Informationssysteme sich aufdrängen. Auch hier verliert, infolge dieser (Kontakt-) Vermeidung, die Familie den Charakter der – relativ autonomen – Agentur der Gesellschaft, diese sozialisiert die Heranwachsenden wesentlich direkter. Die Schutzfunktion der Familie schrumpft. Vermeidung wäre dann eine andere Form der Aggression gegen das Kind.

Ein Blick auf die Konsequenzen ist nützlich. Die Strategie der Vermeidung hat vielfach und vor allem bei den Vätern *den* Effekt, dass sie ihrer Arbeitszeit, dem Beruf und damit dem Verwertungsinteresse des Kapitals positiv zu Buch schlägt; wie sie andererseits – bei Müttern wie älteren Kindern – auch als Multiplikator für Situationen (*out-door-activities*, Kauf als Ersatzbefriedigung, Stadtbummel, Besuch von Cafes usw.) wirkt, in denen konsumiert wird. Noch der getrennte Familienurlaub tendiert letzten Endes zur Steigerung von Konsumraten. Insofern dienen Vermeidungsstrategien in den Familien dem Profitinteresse. Da aber die Verteilung des wachsenden gesellschaftlichen Produkts aus systembedingten Gründen der Regel des »Wer hat, dem wird gegeben« folgen *muss*, ersteres also die soziale Situation derer verschärft, die aufgrund ihrer Depravation nicht einmal mehr als industrielle Reservearmee funktionieren, sondern schlicht *out* sind, webt auch die »Vermeidungsstrategie« vermittelt an der Perpetuierung der skizzierten Lage mit.

Vielleicht reicht die Strategie der Vermeidung weiter. Bekanntlich zeigt sich in vielen (Mittel- und Oberschicht-) Familien eine bemerkenswerte »positive« Schrei-Intoleranz, die auf dem Niveau bewusster Artikulation nur in Derivaten begegnet: etwa als der Vorsatz, dem Kleinkind repressive Situationen zu ersparen und das Pflegeverhalten an *seinen* Bedürfnissen, nicht an irgendwelchen tradierten Pflegeregeln zu orientieren. Der Säugling wird genährt, wenn er schreit (nicht fünfmal am Tag zu gesetzten Zeiten), das Schreien des Kleinkindes wird sehr rasch mit Zuwendungen und Zärtlichkeit beantwortet. In anderen Familien wird dagegen sehr rasch zugeschlagen – unter Umständen brutal bis zum Totschlag.[17] Beiden so ungemein gegensätzlich imponierenden Verhaltensweisen könnte die Unfähigkeit gemeinsam sein, Schreien zu ertragen, soweit es sich um die eigenen Kinder handelt. Es ist der Güte nicht immer anzusehen, inwieweit sie eine Reaktionsbildung auf tief verborgene Aggressionen darstellt, inwieweit einspringende Fürsorge feindselige Impulse in ihr Gegenteil verkehrt und inwieweit sie eigene Schuldgefühle und Strafängste eliminieren soll. Schrei-Intoleranz, die übrigens nicht ganz selten zur Überfütterung von Kleinstkindern beiträgt und dem noch unentwickelten Organismus das Erlernen von Rhythmus und Regel erschwert, *könnte* dort, wo sie zu gesteigerter Zuwendung und Anteilnahme führt, Teil einer Strategie sein, die alles vermeiden möchte, was – auf je verschiedenen Ebenen – an den Lastcharakter des Daseins und das verborgene Konfliktpotenzial der Familien und der Mütter erinnert.

Wir können den bis hierher skizzierten Tatbestand auch so ausdrücken: Solange es am Arbeitsplatz – in der Erwerbssphäre – noch rigide, hart, unterdrückend, jedenfalls überreglementiert zugeht, solange verfestigt sich auch das Bedürfnis der parzellierten, längst isolierten und zugleich abhängigen Individuen, sehr enge, ausschließende, hoch emotionalisierte duale Bindungen einzugehen. Aber mit der Verfestigung dieser Partnerbeziehungen wächst zugleich die Unsicherheit der normativen Orientierungen und damit die Aggressivität. Von der Effizienz ihrer »Industrialisierung« leitet

---

[17] Wenn das Schreien des Kindes beim Schlafen oder beim Fernsehen stört.

sich auch die wachsende Bedeutung der Massenkommunikation her, in der divergierende Informationen verschiedenen Typus' zirkulieren. Die Entwicklung der warenproduzierenden Gesellschaft setzt mit dem Bedürfnis (nach dem *Nest*) zugleich die Bedingungen dafür, dass es nicht wirklich befriedigt, aber dem Interesse der Kapitalverwertung subsummiert werden kann.

Die so genannte Selbstinformation einer Gesellschaft über sich – in der Regel dem Umstand zugeschrieben, dass immer mehr Resultate der empirischen Sozial- und Meinungsforschung veröffentlicht, multipliziert und vielen zugänglich werden – verliert in diesem Kontext ihre primäre informierende Qualität. Sie bricht sich gleichsam im Medium der Suche nach neuen Identitäten einerseits und dem Bedürfnis, möglichst ohne Herausforderung der sozialen Kontrolle sich aneinander anzupassen, andererseits. Bisweilen mag gerade in der Selbstinformation über Sexualität das als Faktum Dargebotene vorübergehend Funktionen einer beide Partner verpflichtenden sozialen Norm annehmen, der sie jedoch nur um den Preis des Bruches mit Gewohnheiten und anderen Resultaten unthematischer Lernprozesse folgen können. Hier bricht sich dann die Suche nach neuer Identität im Medium der normativen Kraft der Nachricht. Das so genannte pluralistische Modell der Sozietät wird in breiten Bevölkerungsschichten nicht als *Toleranz* wirklich, sondern als *Verunsicherung*, die – nebst groben Bereichsbildungen des »Zugelassenen« ohne Bildungswert – zur Feindseligkeit untereinander beiträgt.

Bedingungen wie Parzellierung, Abhängigkeit, Angst, Entfremdung der Arbeit und Emotionalisierung der als Intimsphäre abgetrennten Familie machen letztlich die Basis dieses gesellschaftlichen Zustands aus; allerdings auch die Sozialtechnik der Vergesellschaftung, die es erreicht, den Individuen ein Bewusstsein ihrer wirklichen Lage zum fast Unzugänglichen zu machen. (Eine autoritäre oder klerikale Diktatur, die lediglich die Pluralität und Divergenz umlaufender Informationen und Normen verböte, sonst aber alles beim Alten lässt, wäre nicht weniger auf Feindseligkeit und Fügsamkeit gegründet). Die »Vermeidungsstrategien« haben hier ihren systematischen Ort: Sicherung der Verschleierung in der Intimsphäre vor konflikthaltigen Situationen, in denen den Individuen ihre wahre Lage bewusst oder an denen die mutuelle Täuschung scheitern könnte.

Wir finden weiter gleichfalls noch Bedingungen allgemeiner Art, die ebenfalls als soziale und seelische Folgen struktureller, institutioneller Ordnung der gegenwärtigen Gesellschaft aufzufassen sind: Ich nenne die Bereitschaft zur Feindseligkeit in zwischenmenschlichen Beziehungen (etwa vom Typ des »Egoismus«, der Konkurrenz), ferner das Sich-Festklammern am privaten Klein-Eigentum mit der Konsequenz der

Parzellierung des Gemeinwesens in gegeneinander wenigstens indifferente Grüppchen und Individuen. Diese Bedingungen sind genetisch vom gesellschaftlichen Verhältnis des organisierten Kapitalismus abhängig und werden zum Teil von *Filiaturen* mit relativer Autonomie, wie der Rechtssphäre, stabilisiert.

Davon ableitbare Bedingungen schon speziellerer Beschaffenheit bringen Eltern in die Position des potentiellen Täters, Kinder in die Position des potenziellen Opfers. Aus der *Sphäre des Rechts* wäre hier das Elternrecht und seine Handhabung zu nennen, was Kontrollen durch öffentliche Einrichtungen erschwert; aus der *Sphäre der Interaktionen* die Tendenz der Nachbarn, fremde Kinder zum Instrument sozialer Kontrolle über die Eltern zu machen, im Verein mit der gewohnheitsmäßigen Auffassung fremder Wohnungen und Familien als undurchlässiger Parzelle, und aus der *Sphäre der Produktion* jene Spannungen und Belastungen, die – in freilich klassenmäßiger Verteilung – aus der allgemeinen, üblichen, durchschnittlichen Beschaffenheit des Berufs resultieren, noch nicht aus besonders *ungünstigen* Umständen; Spannungen, deren Abfuhr individuell kontrolliert werden muss. Hier soll dann der Einzelne das bewältigen, was das Ganze ihm antut; Affektkontrolle der Individuen erscheint in diesem Zusammenhang als Einrichtung, die allgemeine Unvernunft gesellschaftlich ermöglicht. Wo das Kind zum Instrument sozialer Kontrolle über die Eltern wird, kann dann der ohnmächtige Hass gegen diesen Zusammenhang von moralischer Forderung dort, irrationalem Verhältnis hier gegen das Kind sich wenden. Also wären insbesondere Kinder bedroht, für deren Eltern vom Fetisch bürgerlicher Reputation alles abhängt, die deshalb gesteigert kontrollpflichtig sind, und die doch zugleich innerhalb des Kälteschattens von Konkurrenzsituationen, als Lohnabhängige, leben. Grausamkeit gegen Kinder erhielte hier den Charakter perverser Anpassung: »Quasi mimetisch wird reagiert im Modus des Stimulus«.

Gleichfalls spezielle, ökologische Bedingungen bilden die urbanen Lebens- und Wohnverhältnisse, wie häufig in Abhängigkeit von der sozioökonomischen Position der Familie: Kinder finden ungünstige Entwicklungsbedingungen vor und werden in die Position des »Täters« gerückt, da ihre Aktivität zum Stein des Anstoßes werden muss. Ohnmächtige, schwache Täter werden das Opfer des ohnmächtigen Stärkeren.

Eine weitere, gleichfalls sehr spezielle Bedingung der Möglichkeit von Kindesmisshandlung erinnert eher an kulturell Definiertes, an eine freilich vom Bewusstsein abgelöste, automatisierte psychische Regulation. Ich meine die spannungsreiche Beziehung zwischen Eltern und Kindern, die sich aus der Distanzierung infolge residualer Sexualverdrängung, aus der durch verinnerlichte Kontrollzwänge bewirkten Fixierung an das Kind und der gleichwohl mehr oder weniger lebhaften und konstanten Zuneigung der Eltern ergibt. Das Kind, das geliebt wird, ist zudem in der Art von internalisierten Normen im psychischen System der Mutter repräsentiert: seine Existenz präokkupiert sie, fordert ständige innere Zuwendung auch bei räumlicher Distanz (»Was macht das Kind bloß jetzt?«)[18]; eine ständige innere Präsenz mit allen Merkmalen der Kontrolle, damit Quelle (wie Ausdruck) von Schuldgefühlen, welche die Mutter in ihrer Lebensführung und sozialen Entwicklung oft einschneidend behindern. Als Quelle von Schuldgefühl, als Präsentes im Range einer normativen Instanz wirkt das Kind in der Innerlichkeit der Mutter mit Anteilen des Über-Ichs (und mit äußeren Lebensbedingungen) zusammen, um sie *im Zaum zu halten*. Dass ihr das Kind emotional sehr nahe steht, sie jedoch auf unbewusster Distanz – mit dem Folgen verringerter Einfühlung – bestehen muss, kompliziert die durch übergeordnete Instanzen strukturierte Situation und macht sie schwer tragbar. Häufig freilich ist die Mutter selbst das Opfer, gelegentlich der Vater; häufig auch das Kind. Wieder wäre daran zu erinnern, dass in den Medien der Massenkommunikation den einzelnen ein leidfreies Leben in Überfluss suggeriert wird; dass von *sinnvollem Verzicht* kaum noch gesprochen werden darf (es sei denn in rückständiger Absicht von Ewig-Gestrigen), obwohl ja Verzichte jederzeit geleistet werden müssen. Jedes Kind fordert sie von der Mutter. Die Haltung vieler Eltern, die ihre Zuneigung an Kinder als Belohnung für Lustverzichte geben, ein Stück Tauschverkehr, ohne doch Verzicht selbst noch vom Kinde zu fordern, gerät auf diesem Hintergrund in tiefe Zweideutigkeit.

Es ist in diesem Zusammenhange sehr bemerkenswert, dass unter den Bedingungen, die sexuelle Vergehen an Kindern zu wirklichen Schädigungen der Kinder machen, das Verhalten der Richter, der Vernehmungsbeamten – und der *Eltern* eine bedeutende Rolle spielt. Das Kind muss gleichsam Folgeschäden entwickeln, damit es die Entrüstung der Eltern über das Vergehen und ihre These von dessen Gefahr verifiziert. Dahinter mag stehen – auch hinter der rüden Befragungstechnik mancher Richter, dass das sexuell aggreddierte Kind insgeheim doch als ein Mitschuldiger betrachtet wird. War es nicht ein *cooperative victim*? Wir kennen aus der Vorurteilsforschung eine archaische Berührungshypothese: Wer in Kontakt mit dem Bösen einmal geraten war, ist selbst böse geworden, hat etwas vom »Schmutz« an sich und in sich behalten. Im Gestrüpp von Vorurteilen, von verborgenen, wahnhaften Einstellungsbereitschaften und verinnerlich-

---

[18] Auch in der Form von Kontrollzwängen: »Sieh nach, was dein kleiner Bruder macht, und sag' ihm, er darf's nicht!«

ter sozialer Kontrolle wird auch hier ein Stück Feindseligkeit konformistisch und konformierend wirksam.

Auf einer ganz anderen Ebene der Analyse – der Frage nach erworbenen Mustern aggressiver Vollzüge – stießen wir auf kulturspezifische Mechanismen, welche die Abfuhr akkumulierter Feindseligkeit regeln; ich erinnere an »Sündenbock«-Suche, an extrapunitives Verhalten und an die so genannte Radfahrerreaktion; ferner an die Tatsache, dass in der Situation vieler Kinder jeweils Momente erkennbar wurden, die sie in den Bereich der spezifischen Auslöser für erworbene Abfuhrmechanismen bringen: Sie sind noch nicht »wie Unsereiner«; sind eine eigene Subkultur (Kapitel 1), sie äußern oder fordern, ja tun, was die Eltern selbst sich lange schon verbieten; sie sind Störobjekte für den, der selbst unter nicht abzuwehrendem Situationsdruck außer Haus steht.

Das Possessiv-Verhältnis, »mein« und »eigen«, scheint die Situation der Kinder eher zu verschlechtern. Das *fremde* Kind, als ein Stück Besitz, das eben nicht mir gehört, ist durch die eherne Grenze des Privateigentums und der tabu-artig respektierten Grenze der Familien-Parzelle meinem Zugriff entrückt, das »eigene« ist als Privateigentum dem Eigentümer gerade ausgeliefert. In der Tat ist die Zahl der Kinder, die fremden Tätern zum Opfer fallen, viel geringer als die Zahl derjenigen, die unter der Gewalt ihrer Väter und Mütter starben: Den 90 »eigenen« Kindern des einzigen Jahres 1965 standen 71 von Fremden getötete Kinder in den fünf Jahren 1961 bis 1965 gegenüber; eine Ziffer, die heute wohl gesunken ist, während die Anzahl der von den Eltern getöteten Kinder anstieg.

Obwohl so viele Bedingungen der Möglichkeit für die Tötung des eigenen Kindes und für Kindesmisshandlung nachweisbar sind, soll die Frage nach den je konkreten Umständen der Tat und nach den Merkmalen oder Motiven der Täter dennoch gestellt werden. Nach den empirischen Daten, die ich im Zusammenhang mit der *ersten Erklärung* nannte: Asoziale, Debile, Randständige als Täter, liegt es der Sozialforschung nahe, eine individuelle Bedingung in der Unfähigkeit zu suchen, Frustration, Mangel und Erregung sprachlich, symbolisch zu bewältigen. Der Rückgriff auf motorische Aktionsmuster, die ungesteuerte Entladung verweist ferner auf ein ungünstiges Verhältnis von verinnerlichter Moral einerseits, äußerer negativer Sanktion in der Steuerung des individuellen Verhaltens andererseits. Wo letztere nicht mehr wirksam wird: etwa in der kontrollarmen, familiären Parzelle, zeigt sich die Schwäche der Internalisierung. Gerade *diese* Merkmale, die für viele der entdeckten und bestraften Täter ja wirklich zutreffen, sind – wie situative Bedingungen: Enge der Wohnung, Isolierung, psychophysische Abnutzung und irreguläres Verhalten der

Kinder – eindeutig *klassenspezifisch* verteilt und können daher nicht zu »individuellen« Merkmalen gemacht werden.

Wo Kinder den *standards* unserer Gesellschaft gar nicht mehr unterworfen werden, die Konsumgesellschaft sie sich nicht unvermittelt subsumieren kann, weil die Kinder mit ihren Familien ghettoartig isoliert sind, dort mangelt es ihnen an zureichendem Schutz vor dem Gewaltverhältnis, das aus der physischen Distanz zwischen Macht und Ohnmacht fließt. dagegen ihr Schutz vor dem Gewaltverhältnis optimiert wird, in der »permissiven«, gewährenden Erziehung, werden die der direkt und umfassend vergesellschaftet. Im Bereich der permissiven, gewährenden, ja selbst mancher »antiautoritären« Umgangsstile fehlt dem Heranwachsenden jede Immunisierung gegen gesellschaftliche Imperative, weil es an den eigenen Eltern Widerstand nicht erlernen, nicht einüben konnte; im anderen Falle: ghettoartige Isolierung der Familie aus der so genannten Überflussgesellschaft, fällt die Verfestigung des »psychisch und kulturell Definierten« bei Gefahr aggressiver Entladungen begünstigt. Indessen bietet nur *die* Familie aus begünstigteren Klassen dem Kinde ausreichend Schutz vor Gewaltförmigkeit, die jener oben erörterten Strategie der *Vermeidung* folgt, was die Kinder gesellschaftlichen Einflüssen direkt ausliefert; andernfalls können soziopsychische Komplikationen gleichfalls zu Grausamkeit gegen Kinder führen. In zu vielen Familien wird die Hauptsache ihres allgemeinen Unglücks: der Widerspruch zwischen Nähe und Bedürfnisbefriedigung einerseits, der wechselseitigen Kontrolle andererseits, zwischen Zuwendungsbereitschaft und der Unterwerfung unter soziale Normensysteme zur verleugneten Nebensache, dagegen die Nebensache: ein Stück Schutz vor »draußen« zu finden, ein Stück Klein-Eigentum zu haben, an das man sich in Zeiten aufsteigenden Unbehagens klammern kann, wird zur artikulierten Hauptsache.

Aber die *Person* des Täters, was hätte Psychologie denn nun zu ihm genauer zu sagen? Dass es in der Tat rare Ereignisse im Bereich der Grausamkeit gegen Kinder geben mag, die sich aus der spezifischen Struktur einer bestimmten Person erklären ließen; dass wir aber nur eine Grundwahrheit unserer Gesellschaft aussprechen, wenn wir sagen, dass jeder Täter austauschbar, dass jeder ersetzbar ist, *dass es auf den Einzelnen nicht mehr ankommt.*

Kapitel 3

Gewalt in der Sozialisation (II)
Zur Situation der Familie

VORBEMERKUNG

Dass es in den Familien nicht mehr mit rechten Dingen zugeht, jedenfalls
wenn man sie an der Familienideologie unserer Gesellschaft bemisst, ent-
hüllte schon die Statistik der intrafamilialen Gewalt. Ich habe nun nicht die
Absicht, eine auch nur einigermaßen umfassende Analyse der gegenwärtigen Situation der Familie zu versuchen, sondern beschränke mich auf einige für den Gang der Untersuchung bedeutsame Momente, die in der Regel
der Aufmerksamkeit vieler entgehen: die Entwicklungsgeschichte der
Aggression, unabtrennbar von der Dialektik der Eigentumsverhältnisse und
von der Gewaltförmigkeit der Sozialisation auch dort, wo Gewalt latent
bleibt; die Rolle der Frau in Gesellschaft und Familie, deren Emanzipation
die *conditio sine qua non* für die Humanisierung zwischenmenschlicher
Beziehungen darstellt und die doch im institutionellen Rahmen durchschnittlicher Familien nicht stattfinden wird. Stärker an den Verhältnissen
in der Mittelschicht orientiert, hebe ich auch damit neue, innerhalb des
gesellschaftlichen Prozesses wirksame Momente der tendenziellen Anomie
und Dissozialität des gegenwärtigen sozialen Zustands hervor.[1]

ENTWICKLUNGSGESCHICHTE DER AGGRESSION

Die Bedürfnisse des neugeborenen Kindes verweisen es von den ersten
Lebensäußerungen an auf ein Nicht-Ich, auf Umwelt und Welt. *Welt*
erscheint als Inbegriff aller Mittel, Bedürfnisse zu befriedigen, aber
zugleich auch als der Inbegriff von Hindernissen, die das Erreichen und
Konsumieren des Mittels erschweren:
   (1) Objekte, die der Befriedigung dienen, können durch Barrieren vom
bedürfenden Subjekt getrennt sein, zunächst nur durch äußere: Ein Apfel
liegt hinter Gitterstäben, ein Knopf unter der Decke, eine Puppe hinter'm
Sofa. (2) Objekte, die im Zuge der Befriedigungshandlung an einen ande-

---

[1]   Relevant insbesondere für die Motivation des studentischen Protests.

ren Ort gebracht werden müssen, setzen diesem Versuch ihre Schwere oder ihr Befestigtsein entgegen. (3) Objekte können sich dem Zugriff des Bedürfens auch aktiv entziehen – die Mutter, wenn sie sich abwendet oder zurückweicht. (4) Objekte können hinter inneren Barrieren dem Zugriff des Bedürfens entzogen sein: Den Griff nach vielem erschwert oder verbietet das Über-Ich. Für das Kind in unserer Zivilisation sind sehr viele Objekte, auch wenn sie dem Maße biologischer Reife nach erreichbar wären, aus Gründen von Geschichte und Gesellschaft nur über Schranken und Widerstände hinweg zugänglich – schließlich sind die Gitterstäbe des Spielfeldes nicht weniger gesellschaftlich produziert als das Über-Ich: Sie sind Binnenstrukturen des »Reservats« (Kapitel 1). Die Wucht seines darauf antwortenden, freilegenden, Hindernisse beiseite räumenden, Masse überwindenden Handelns bemisst sich einerseits nach der Dichte und Festigkeit der Barrieren, andererseits nach der Dringlichkeit des Bedürfnisses. Von wann ab und innerhalb welcher Handlungsstrukturen Erwachsene solches (klein-) kindliches Verhalten oder auch ihr reaktives eigenes als *aggressiv* bezeichnen, ist kulturell vorgegeben: Erst indem sich das Verhalten, welches Hindernisse beseitigt, im Medium von Thesis, Sitte oder Gewohnheit bricht, wird es *aggressiv*. Selbstverständnis wird über soziale Interaktion vermittelt: Zu lernen, dass bestimmte Verhaltensweisen als *aggressive* auf Tadel stoßen, ja, dass sie überhaupt recht undifferenziert als aggressive bezeichnet und mit Sanktionen versehen werden, greift in das Selbstverständnis des Kindes und damit in seine zentralen Lebensprozesse ein.

Es wäre zu ergänzen, dass an dieser *Aggressivität*, die sich an den Widerständen der Befriedigungsobjekte bildet, neben dem Aspekt der Freilegung, der Zerkleinerung usw. noch ein zweiter abzuheben wäre: Aggressivität funktioniert nach der Innenseite des bedürfenden Individuums, wo es auf Barrieren stößt, als Spannungsregler, als *Ventil*. Auch diese Spannungsregelung stößt häufig auf Sanktionen der Mitwelt.

Die Welt des Kindes, Inbegriff aller Mittel zur Bedürfnisbefriedigung, ist, wovon bezeichnenderweise selten die Rede ist, in den Verhältnissen der Dinge und Menschen nach bestimmten possessiven Weisen geordnet: *meine* Dinge sind anders als *deine*, der Stuhl des Vaters ein anderer als der der Mutter, insofern sie unterschiedlichen Regeln des Zugriffs oder des Zugangs unterliegen. *Besitzverhältnisse, von Anfang an in Macht-Ohnmacht- Strukturen verflochten, konstituieren die sinnlich erfahrene Welt. Wer sie akzeptiert hat, akzeptiert auch Herrschaft.* Die Strukturierung des Erscheinenden durch Possessivpronomina – anders als Masse, Festigkeit, Befestigung und äußere Barrieren ist mystisch: Sie sind keine phänomenalen Daten am Objekt. Eigentumsverhältnisse sind weitgehend abstrakte, unsichtbare und nirgends sich sinnlich zeigende Merkmale der gegenständlichen Welt. »Mein« und »Dein« erschließt sich dem Heranwachsenden über Sprachlaut und vielfältige Formen von Lohn und Strafe als ein transzendentales Etwas höchster Bedeutsamkeit. Eine der für unsere Gesellschaften so zentrale Gegenstandskategorie wie die des Eigentums bleibt in der Regel unanschaulich.

Dass Objekte nicht nur durch sinnlich objektivierbare, anschauliche sowie greif- und sichtbare Merkmale Widerstand leisten, wenn sie gegriffen, »konsumiert« und angeeignet werden sollen – hier können Welt und bedürfendes Individuum handelnd verändert werden –, sondern durch ein mystisches Datum: weil sie irgendjemandes Besitz sind – was sich *nicht* aktiv soll ändern lassen, sondern Unterwerfung oder Verzicht verlangt –, muss die Situation des lernenden Kindes zusätzlich komplizieren. Schichtspezifische Differenzen wären anzumerken: Für Kinder der Unterschicht wird zeitig ein Kognitives (Erkennbarkeit, Wissbarkeit etc.) an ein Konatives (Habbarsein, besitzbar, konsumierbar sein etc.) gebunden. Das Arbeiterkind, das nach glänzenden Waren greift und zugleich fragt: »Was ist das?«, erhält von der Mutter die Antwort: »Das ist nichts«; mit dem Zusatz: »Das ist nichts für Dich«. Dass in die bisher beschriebenen Formen von reaktiver Aggressivität konstitutionelle und biologische Momente mit eingehen, ist unbestreitbar. Aber alle spontanen, nicht reaktiven motorischen Äußerungsformen, triebhafte biologische Komponenten von Aggressivität, gehen im Laufe der kindlichen Entwicklung sehr bald in spezialisierten Handlungseinheiten auf. Sie geraten im Prozess der Zentralisierung und Differenzierung gleichsam instrumentell unter wechselnde und übergeordnete Ich-Umwelt-Beziehungen. Die konstitutionelle, nichthistorische Komponente gibt ihre Selbstständigkeit auf, wird Aggregat. Die Frage ihres angeborenen Anteils ist daher für das Studium menschlicher Aggressivität recht unwichtig. Jene destruktive Feindseligkeit, von der in dieser Untersuchung vielfach gesprochen wird – reichend hin bis zur Lust daran, andere zu quälen – ist späten, nie biologischen Ursprungs. Sie wird durch die immanenten Herrschafts-, Kontroll- und Anpassungszwänge der Sozialisation und ihrer Agenten eingeleitet und mit dem ersten Schritt des Kindes in die extrafamiliale Gesellschaft als dunkle Alternative insgeheim präsentiert.

Auch hier wären klassen- und schichtspezifische Differenzen zu beachten. Das Kind in der sozialen Unterschicht lernt die Verknüpfung von *Haben* und *Kognition: Besitzgrenzen sind Lerngrenzen.* Neugier beschränkt sich auf Dingliches, auf Anfass- und Konsumierbares. Der Diebstahl ist eine der ihrer Bedeutung und Herkunft nicht bewussten Techniken, die Borniertheit des kognitiven Horizonts aufzusprengen. Kinder der Mittelschichten lernen dagegen eine Verknüpfung von *Haben* und *Leistungsmotivation*: Besitzgrenzen sind durch akzeptierte Leistungen verschiebbar.

Man muss einräumen, dass auch die Erwachsenen diese Generalisierung des Possessivpronomens vor nicht zu langer Zeit erst unter nachdrücklicher äußerer Repression erlernen mussten (vgl. Marx 1983, S.109ff), und dass die Grenzen, bis zu denen das Tabu gewordene Eigentumsverhältnis sich erstreckt, immer gewissen Schwankungen unterliegen. Die Zunahme an Ladendiebstählen, seitdem moderne Formen des Warenangebots der Aufforderung zum Zugriff frühere Schranken vor der Ware geopfert haben, demonstriert, dass jenes Tabu labilisierbar bleibt. Dennoch führen in den Familien der Gegenwart, die kaum schon ihre Habe als ein gemeinsames frei nutzbares Eigentum ansehen, an dem partizipiert, wer ihr Leben teilt, und die auf dem Erlernen des Unterschieds von *Mein* und *Dein* bestehen, solche Lockerungen der Eigentumsgrenzen höchstens zur Doppelmoral oder zum verborgenen Riss in der normativen Orientierung ihrer Sozialisation.

DIALEKTIK DER BESITZVERHÄLTNISSE

Mein und Dein – *Besitz* – wurde in langen kollektiven Lernprozessen wie die zweite Natur alles gegenständlich Erfahrbaren: Alles gehört jemandem: das Haus, der Laden, der Weg, der zu ihm führt, selbst der Baum an der Straße. Und dies alles ist weitgehend unreflektiert und vorprädikativ geworden. Die Entwicklungsgeschichte der Aggression bleibt ohne Berücksichtigung dieser schon präreflexiven Beanspruchung der dinglichen und menschlichen Welt durch Eigentumsverhältnisse, an denen das Individuum sich stößt, unverständlich.

Wir dürfen aber Eigentum gegenwärtig nicht mehr unter dem Aspekt betrachten, dass es die Welt »vermenschlicht« oder dass es den Eigentümer in den Stand setzt, andere zu kontrollieren; in der Sprache bourgeoiser Ideologie: dass Eigentum ihm »Freiheit«, einräumt, denn dies gilt nur für das große, den vielen ewig unerreichbare Eigentum. Vielmehr dient gerade das Eigentum der Lohnabhängigen gesellschaftlich dazu, den *Eigentümer* zu kontrollieren. Mittels seiner Habe – von der Wohnungseinrichtung bis zum Einfamilienhaus – wird er abhängig gemacht. Sein Leben gerinnt, Geschichte wird stationär. Das Privateigentum vermag dies über den Lohnabhängigen zu erreichen: Dass er sich zähe jedem Impuls zur Veränderung, zum Protest wird widersetzen müssen, dass er sich bei aufsteigendem Unbehagen an seiner Lage am Besitz festklammert, dass er über seine wahren Bedürfnisse sich täuscht.

Die Dialektik des Eigentums – das für die lohnabhängigen Massen zugleich eine Bedingung ihrer Emanzipation und die Bedingung ihrer lebenslänglichen Unfreiheit ist, ein Stück Sicherung gegen die Unberechenbarkeit des ökonomischen Schicksals, Ausdruck partieller Unabhängigkeit und zugleich die Stelle, an der sie im organisierten Kapitalismus individuell kontrollierbar werden – erfahren die Kinder in unseren Familien früh. Kinder lernen bewusstseinsnahe, wie sehr der unbeschränkte Umgang mit Objekten, der so viele Verhaltensweisen, Fähigkeiten und Emotionen anregt und fördert, der sie beglückt, davon abhängt, dass man diese Objekte als Eigentum *besitzt*. Erst *meine* Puppe ist wirklich glücksgewährend. Mit dieser schönen Eigenschaft des Possessivverhältnisses tritt zugleich das Leid in das kindliche Leben: Die Eltern können es nur mit jener Puppe kontrollieren, die wirklich die seine ist (»Erst wenn Du brav wirst, darfst Du wieder mit ihr spielen«). Andere Kinder drohen, sie ihr wegzunehmen. Die Puppe zwingt zu Misstrauen und Wachsamkeit – Eigentumsverhältnisse zerstören Solidarität. Andererseits entdeckt das Kind, dass es versuchsweise selbst Kontrollfunktionen über andere ausüben kann (»Du darfst nur mit meiner Puppe spielen, wenn du ...«). Auch entzündet sich an den Objekten der kindlichen Welt erst durch das allgegenwärtige Possessivverhältnis die Instrumentalisierung der Objekte für Rivalität und Konkurrenz. Insofern stiftet die Dialektik des Eigentums zeitig zwischenmenschliche Feindseligkeit. Im Reservat der *glücklichen Kindheit* wird der Modus späterer Integration auch damit wirksam vorbereitet.

GEWALTFÖRMIGKEIT UND SOZIALISATION

Zwar schaffen erst Sprache, Sitte und Erziehung menschliche Heimat, aber die Vorgehensweise durchschnittlicher Aufzuchtspraxis ist so, dass der Mensch von Anfang an ein sozial vergewaltigtes Wesen ist, und nicht nur im Hinblick auf Eigentum und Aggression. Das wahre *apriori* der bürgerlichen Kultur ist Repression (vgl. Agnoli/Brückner 1968). Die zunehmende Umklammerung des individuellen Daseins beginnt früh und beängstigend. Nicht nur empfindet das Kind die in den Erziehungs- und Aufzuchtspraktiken tief verwurzelten Strafprozeduren mit wenig gemilderter Todesangst: Überhaupt führt die totale Abhängigkeit gerade des Kleinstkindes von der Zuwendung der Erwachsenen zu traumatisierenden Erfahrungen, weil eine komplette Verzahnung von Bedürfnis und Befriedigung nicht möglich ist und bei noch nicht erworbener Frustrationstoleranz jeder vorübergehende Hungerzustand dem Säugling zur vitalen Katastrophe gerät. So beginnt's und wäre später zu heilen. Das Vertrauen des gestillten Kindes stößt sich jedoch immer wieder an der Ahnung gewaltsamer vitaler Bedrohung, solange ungenügend versteckte Gewalttätigkeit und achtlose Selbstbezogenheit der Erwachsenen noch zur wirklichen oder imaginierten Gefahrenquelle werden. Herrschaft ist erkennbar als Drohung der Anwendung physischer Gewalt, die als letzte Steigerungsform das Töten ebenso sehr einschließt wie unbewusst vorwegnimmt (Brückner et al. 1969, S.44ff). Vernichtung als allgegenwärtiges Prinzip sozialer Beziehungen, eine Quelle der Deformation der Eltern, strahlt ein auf jedes Neugeborene und wird von diesem später reproduziert. Gewiss geben Eltern dem Kind Liebe. Aber mit ihr, diesem Lohn für Wohlverhalten, tritt alsbald die negative Sanktion in die Geschichte des Individuums ein. Wenn es wider den herrschenden Lebensstil, wider soziale Normen und sittliche Orientierungen oder auch einfach gegen Erwartungen verstößt (oder zu verstoßen scheint), erfährt es mit dem Entzug der Zuwendung mit einem Male tiefe Hilflosigkeit, Abhängigkeit und Elend. Akzeptiertwerden (von Vater und Mutter) ist nur deshalb Lohn, weil es als Strafe das Nichtakzeptiertwerden gibt. Es ist ja die gleiche Hand, die uns liebevoll streichelt oder uns ins Gesicht schlägt, uns der Verzweiflung überlassend. Nicht nur der soziale Verkehr in der Integrationsgesellschaft, auch Erziehung und Sozialisation haben die permanente Kriegsdrohung zu ihrem verborgenen Kern.

DER INSTITUTIONELLE BEZUGSRAHMEN FÜR SOZIALISATION

Der institutionelle Rahmen für Sozialisation, die Familie, kann zu ihrer eigenen – in der Ideologie längst geleisteten – Humanisierung wenig beitragen, obgleich es Güte und Zuneigung gewiss auch gibt.[2] Partikularisierung, Parzellierung und Isolierung des Menschen in der kapitalistischen Gesellschaft und ihr Fundus an zwischenmenschlicher Feindseligkeit reproduzieren sich zu prägnant in *der* sozialen Organisation, in der zugleich zu viel Nähe herrscht. Da fordern sich die Beteiligten zwanghaft Anpassung aneinander ab (oder beginnen, Kontakte zu vermeiden), was sich mit Feindseligkeit paart, die wiederum unter dem Prinzip des *Nests*, der *Idylle* verdrängt werden muss. Wer wen nicht ausstehen kann, wird vielfältig verschleiert. Da entwickelt sich Duldsamkeit gegenüber den Kindern, die von Schwäche, Verunsicherung sowie Desorientiertheit, selbst von mangelndem emotionalen Interesse, dieser Erscheinung verbreiteter Frustration, motiviert wird, und nicht nur von Zuneigung oder Einsicht. Das »feine und unmerkliche Gewebe von tausend banalen Umständen, von tausend trüben Einzelheiten« (Flaubert 1949, S.74), das hinter dem Rücken der Individuen ihre Beziehung durchwuchert, kann für die Menschen zur bloßen Neben-

---

2 Aber einzelne Individuen können das nicht abwenden, was das Verhängnis aller ist.

sache, zum kaum Bemerkten werden, deren Glück in ihm erstickt. Gar der Austausch von Zärtlichkeit, von Vertrauen findet am nicht vermittelten Ausschluss der elterlichen sexuellen Beziehungen aus dem gemeinsamen familialen Bewusstsein und Handlungsraum der Familie eine eherne Grenze.

Überhaupt wird der Austausch von Zärtlichkeiten in jüngster Zeit eher seltener: Trotz aller Illustriertenpropaganda fasst man sich in Familien nicht mehr oft an. Entgegen anders lautenden optimistischen Thesen konserviert sich in den Familien der Gegenwart zudem ein aggressionsförderndes Revierdenken, wie es sich additiv aus Arbeitsteilung, sozialer Rolle und Privateigentum ergibt. Während Väter und Mütter ihre jeweils verteidigten Reviere wahren, stehen die Lebensgelände der Kinder dem Zugriff der Eltern permanent offen:[3] ein von wenigen durchschautes, terroristisches Moment familialer Lebensordnung.

Während die außerhalb der Familie stehenden Funktionsbereiche der Gesellschaft versachlicht und durchrationalisiert werden, weil sie der Kapitalverwertung und der verwaltenden Kontrolle sozialen Lebens dienen, unterliegen Familien einer Emotionalisierung, die – obwohl als Signatur des Privaten und Menschlichen aufgefasst und daher blind angestrebt – nicht weniger belastet als die Zweckrationalität »draußen«, die keiner als Modus von Entfremdung und Profitinteresse durchschaut. Der familialistischen Orientierung entspricht fast nichts mehr in der anderen Welt (vgl. Neidhardt 1975, S.115) – dies gilt nicht nur für Mittelschicht und Oberklasse. Wo immer wir Strukturen, Subsysteme und Mikroeinheiten dieser Gesellschaft analysieren: Wir stoßen auf jene tendenzielle Anomie, die uns schon mehrfach beschäftigt hat. Die Parzellierung und Isolierung der Einzelnen setzt sich unter dem emotionalen Band der Ehe fort: Männer wie Frauen hoffen, in der Ehe der relativen Isolierung (am Arbeitsplatz, in der Nachbarschaft und in der Welt), der Anonymität sozialer Kontakte, der sich verbreitenden Neutralität, Indifferenz oder Gleichgültigkeit gegeneinander durch Isolierung in der Kleinstgruppe zu entgehen. Doch in ihr wird verfestigt, was der Einzelne zu fliehen trachtet – Isolierung bei allseitiger Abhängigkeit. Noch die Formen, in denen Menschen die Befriedigung sexueller und emotionaler Bedürfnisse organisieren, kehren sich wider sie und stiften neue Abhängigkeiten; in ihren Folgen ein hoher Preis für Befriedigung, die selten auf Dauer zustande kommt. Schließlich überwuchern die Prinzipien der Erwerbssphäre – als auch innerseelisch repräsentierte – langsam, jedoch unaufhaltsam das *Privatleben*.

---

[3] Schließlich muss man »auf Ordnung sehen« – in den Zimmern, den Schränken, den Schultaschen und den Mänteln der Kinder.

Da die Gesellschaft »und speziell die bürgerliche auf Grund ihrer Struktur-
gesetzlichkeiten eine krasse Trennung zwischen dem öffentlichen und privaten
Lebensbereich ihrer Mitglieder aufgerichtet hat, zwingt sie den Einzelnen zu
einem ständigen Pendeln zwischen beiden Bereichen und damit auch zu einer
Verinnerlichung dieser Trennung, d.h. zur Ausbildung entsprechender psychischer Instanzen, in denen getrennt das öffentliche und das Private repräsentiert
sind. Gleichzeitig aber wirkt das gesellschaftlich notwendige Streben des einzelnen nach Identität, nach einem fest geschlossenen Persönlichkeitskern, nach
einer einheitlichen Bewusstseinsstruktur dieser verinnerlichten Trennung wieder entgegen. ... Da nun die Grundlage der Existenz die Arbeit ist, und zwar
die Arbeit im gesellschaftlichen Rahmen, ist zu erwarten, dass auf die Dauer
die Gefühle und Eigenschaften, die für einen erfolgreichen Daseinskampf am
Arbeitsplatz ›kultiviert‹ werden müssen, die also das öffentliche Leben
bestimmen und als solche schon rein zeitlich dominieren, die Oberhand über
die Regungen des Privaten gewinnen. ... Diese allgemeine Gesetzmäßigkeit
des psychischen Haushalts der Individuen spiegelt sich wider in der von jeder
Generation neu gemachten Erfahrung, dass die Erwartungen und Vorstellungen von der Ehe als Insel des Glücks, als ›Idealgemeinschaft en miniature‹,
sich regelmäßig bei der Konfrontation mit der Realität in Enttäuschung auf-
lösen« (Ritter 1969).

Jeder Versuch, unausbleibliche Konflikte menschlich zu bewältigen, Enttäuschungen gemeinsam zu überwinden, dem Effekt der Emotionalisierung
und Übernähe – dem Absterben des mitmenschlichen Kontakts – zu entgehen, verstärkt unter diesen Bedingungen aggressive und destruktive
Impulse. Die sexuellen Beziehungen, mit den sozialen und seelischen
verfilzt, zugleich von Verdinglichung, Leistungszwang, Konsumtion
beansprucht, werden gleichfalls konfliktreich, schließlich unbefriedigend:

»Man begegnet sich nur, indem man zusammenstößt – und jeder, in den Händen die zerrissenen Eingeweide tragend, klagt den anderen an, der die seinen
zusammenrafft« (Flaubert 1949, S. 116).

Wer seine Arbeitskraft zu den Preisen der Unternehmen verkauft, und dies
darüber vergisst, dass er meint, nun, mit dem ersten Lohnempfang endlich
erwachsen zu sein, Zutritt zu den Riten der Gesellschaft zu finden (oder
einfach zu tun, was sich gehört), oder gar denkt, »sich selbst zu realisieren«; wer sich je an seinem Ort im Produktionsprozess sozialfunktional
verhält, der organisiert auch seine *Familie* als einen Konsumverband, der
alle Produkte, die er nie mehr als Resultate seiner Tätigkeit wieder erkennt,
zu Marktpreisen dem Handel entnimmt. Die allseitige Abhängigkeit und
Fremdbestimmung der so organisierten Einzelnen lässt sie selten auf den
Gedanken kommen, den sie doch haben könnten: dass Produktion, Distribution und Konsum als Lebensentäußerung eines kooperierenden Kollek-
tivs seiner Bedürfnisbefriedigung dienen und *ihm* pflichtig sind. Zu über-

mächtig ist der verselbständigte (Ausbeutungs-) Apparat, der längst die Individuen zu seiner Bedienung vereinnahmt. Die für die Einzelnen sehr definitive Trennung von Familie und Privatsphäre hier, Arbeit und Öffentlichkeit dort, lässt das System allseitiger Abhängigkeiten unerkennbar und unangreifbar erscheinen.[4] Die kumulierende Enttäuschung, als welche sich die Lebensgeschichte eines jeden in ihrer Nachtseite darstellt, geht in Bereitschaften zur Destruktion, zur zwischenmenschlichen Feindseligkeit, zu suizidalen oder homozidalen Tendenzen ein, in denen seine Kultur, zu der affirmativ sich zu verhalten er zeitig gelernt hat, sich zerstört. Fügsamkeit resultiert nicht zuletzt aus der Übermacht des Apparats, der fast jeden immer nur zu seiner Wartung freisetzt. Sie hat ihren kognitiven Aspekt: die Lebensverhältnisse sind nicht mehr durchschaubar. Selbst dort, wo – in der Arbeiterklasse – jene Fügsamkeit sich längst relativiert lockert, wo es spürbar wird, *dass* Arbeiter der bürgerlichen Gesellschaft nie voll zu assimilieren sind, befasst dann das sich neu konstituierende Klassenbewusstsein immer weniger unter sich, als es müsste. Das Verhältnis der Familie ist in allen Klassen und Schichtungen der Population vor dem klassenanalytischen und -politischen Zugang geschützt: als Raum für Freizeit, Hobby, Nestwärme oder Konsum hat es sich nach dem Prinzip des Wetterhäuschens von der Produktionssphäre scheinbar losgerissen.

Raum für Entwicklung? Selbst wo in Theorien der Sozialisation und der Entwicklungspsychologie inhaltlich etwas von dem aufgenommen worden sein sollte, was ich eben skizziert habe, scheint die These, das Leben in der Familie sei der Raum für menschliche Entwicklung (des Neugeborenen) nach wie vor zu gelten. Die Idee von *Entwicklung* wird aber nur darum scheinbar zu recht auf Kindheit und Jugend beschränkt, weil zu viele Menschen vorzeitig daran gehindert werden, sich zu entwickeln; weil die Einflüsse entfremdeter Arbeit und latenter wie offener Herrschaft *rückbilden*, die Evolution spätestens nach Ende der Schulzeit zur Involution wird, Entwicklung zum Abbau, Differenzierung und Zentralisierung zur Nivellierung und »Außensteuerung«. Auf die alte Goethesche Frage: Warum aus liebenswürdigen Kindern so unausstehliche Erwachsene werden? lautete heute eine erste Antwort: Dies geschähe aus dem Geiste des Widerspruchs von Lohnarbeit und Kapital.

So progressiv die Entdeckung der Bedeutung, die die frühen Lebensjahre für den einzelnen haben können, in der ersten Hälfte dieses Jahrhunderts

---

[4] Jüngste Beobachtungen, etwa bei Mieterstreiks, zeigen, dass dann, wenn der Gesamtzusammenhang plötzlich greifbar, als »Ahnung« auch artikulierbar wird, die Individuen darauf mit regressiver Abwehr antworten; bestenfalls mit einem irrationalen Radikalismus, der nicht durchgestanden werden kann. – Auch auf die Abwehr von aufsteigendem *Klassenbewusstsein* sind wir schon gestoßen: Gesellschaft *in uns*.

auch gewesen ist: die strategische Funktion dieses verhaltenstheoretischen Ansatzes hat sich seither unter der Hand gewandelt. Durch den Rang, den die These von der prägenden Kraft familialer Sozialisation gegenwärtig in den Sozialwissenschaften beansprucht, wird nicht nur übersehen, dass sie eine vernichtende Aussage über die Lebensbedingungen des Erwachsenen, d.h. des Berufstätigen enthält: *Dort* findet Entwicklung nicht mehr statt, ist es mit dem Lernen vorbei, hat jeder seine Reife der Repression bindend zu erwerben. Wenn einer 18 Jahre alt ist, fängt er schon an, partiell abzusterben.

Es wird auch die Verwobenheit *aller* (oder fast aller) Lebenssphären innerhalb der spätkapitalistischen Gesellschaft verdeckt. Was immer Kinder erwerben könnten, ist zugleich mehr, als sie benötigen. Für Fantasie, Spontaneität und Spiel ist später kein Raum, das ist schleunigst zu verlernen; und doch – in den lohnabhängigen Populationen – erwerben sie viel weniger, als sie benötigen, um den Ort, den sie von Geburt an einnehmen, im Sinne des sozialen Aufstiegs wieder zu verlassen. Und die Familie ist zuallererst ein Ort, an dem sich bestimmte psychische Deformationen der *Eltern* verfestigen. Nicht nur die Eheschließung, jedes Neugeborene konstelliert eine soziale Situation, in der sich das Ritual der Vergesellschaftung der Eltern gegen jeden erträumten oder gar versuchten Neubeginn durchsetzen kann und erneuert.

DIE ROLLE DER FRAU ALS »SOZIALSTRUKTURELLE GEWALT«

Dass der Zerfall des mittleren Eigentums, der »Untergang des freien Wirtschaftssubjekts«, die Familie betroffen hat: Sie kann nicht länger »die ehedem gerühmte Zelle der Gesellschaft (sein), weil sie nicht mehr die Basis der wirtschaftlichen Existenz des Bürgers abgibt« (Horkheimer & Adorno 1981, S. 127), bezeichnet eine Seite der Wandlungen, von denen Funktion und Struktur der Familie erfasst wurde; die andere ist ihre fast totale *Privatisierung*. Diese musste für die lange Zeit auf ihr familiäres Leben beschränkte – und noch heute von ihm dominierend beanspruchte – *Frau* alle Momente ihrer sozial unterlegenen Position verstärken. Was für die nach Arbeit und Beruf primär geöffnete Verfassung des Mannes im besten Falle die Rolle des »sicheren Hafens« spielen könnte, jedenfalls immer nur die andere Hälfte seiner Lebenstätigkeit darstellt, wurde für die Frau in dem Maße zum Ghetto, in dem sich für sie aus ökonomischen Gründen Wirtschaft, als billige Arbeitskraft oder Reservearmee, erschloss. Denn in der Privatisierung der Ehe zum Ausschluss aus der gesellschaftlichen und politischen Welt verurteilt, weil ihr ja lebenspraktisch annähernd jede Sozialerfahrung über den *Mann* vermittelt wird, soll sie nun zugleich auch noch in der vom Mann beherrschten Berufssphäre sich von der Privatisierung des ehelich-familialen Lebens lösen und Geld verdienen. Dort freilich wird, nicht anders als im Ghetto ihrer Familie auch, erneut die Negation von Individualität ihre Erfahrung – ohne dass sie im Gestrüpp mehrfacher Abhängigkeiten mit den ja gleichfalls abhängigen, in ihrer Subjektivität negierten Männern anders zu einer Art von »gemeinsamer Aktion« gegen Herrschaft und Eigentum gelangen könnte als durch den unzumutbaren Verzicht auf ihre eigene Emanzipation. Sie ist wie der Mann ein Opfer des gesellschaftlichen Verhältnisses, das für sie die Entfaltung von erfolgbringender »Initiative«, »Handlungsbereitschaft« etc. allerdings nicht vorsieht – Eigenschaften, die er sich gerade erwerben soll, um für den Prozess der Kapitalverwertung nutzbar zu sein. Überdies ist sie *sein* Opfer, weil er – oft unbemerkt – an der Destruktion des Selbstbewusstseins, an der »Ichlosigkeit« der Frau weiterstrickt (vgl. Schrader-Klebert 1969). Dennoch regt sich bisweilen ihr Protest. Wird aber den Männern gerade der Mittelschicht eher ihr augenfälliger Protest gegen bestehende Verhältnisse durch äußeren Druck abgewöhnt oder durch materielle Privilegien abgekauft, wird ihnen gar die legalisierte Chance eröffnet, in Führungspositionen an der Unterdrückung anderer aktiv teilzuhaben, so soll bei Frauen schon ein inneres *Sündenbewusstsein* denkbaren Protest erschlagen.

Hat sie im erwünschten Regelfalle nicht ihr Kind, das die Leere ihrer abhängigen Existenz ausfüllen wird? Letztlich hätte sie in der Passivität des Empfangens und Gebärens ihren Ersatz für gesellschaftliche Tätigkeit zu akzeptieren. Zwar haben die Erfindung sicherer Kontrazeptiva, die sozialen und psychischen Folgen der Berufstätigkeit und, in der Mittelklasse, der Abbau geschlechtlicher Doppelmoral Differenzierungen in den Zustand der Frau gebracht. Aber weder der Zwang zur Vermittlung mit der gesellschaftlichen Welt über den Mann noch das versteckte Postulat ihrer Ich-Schwäche haben je aufgehört, an ihrem Bedürfnis nach Autonomie zu zerren. Dass sie ihren Kindern normative Orientierungen weitergibt, ihnen unbewusste Strategien vermittelt, die zwischen Feindseligkeit und Fügsamkeit oszillieren; dass sie selbst die Position des gefälligen Knechts auch einmal umkehren und im Ghetto der Familie zum Tyrannen werden kann, macht sie nur in jeweils anderer Weise zum Agenten eines auf Herrschaft und Hass gegründeten gesellschaftlichen Zusammenhalts. Karin Schrader-Klebert hat eines der hauptsächlichen Unterdrückungsinstrumente der Frau: den *Mutterinstinkt*, als »Negation der Liebe« analysiert:

> »Weil er das Kind als Unterdrückungsobjekt missbraucht. Die Erziehung der Kinder wird für die Frau selbst zu einem Ritus ihrer Unmündigkeit. Sie quält es mit Ansprüchen, Anforderungen und Normen, deren Rationalität für sie selbst undurchschaubar ist, nur magische Qualität hat« (ebd., S. 36).

Die Fesselung der Mutter an das Kind, perpetuiert durch jene soziale Kontrolle, über die ich bereits berichtete, »erzeugt den Zwang, allen Druck, alle Gewalt in Form der Erziehung an das Kind weiterzugeben« (ebd.).

Dass viele Frauen ihren Status, den Ernst Bloch den »halbkolonialen« genannt hat, akzeptieren; dass sie oft anderes sich nicht wünschen als das, was sie heute haben; dass sie mit einer Hartnäckigkeit, die besserer Verwendung wert wäre, daran festhalten, die Familienidylle böte Glück, ist unbestreitbar. Wir stoßen hier auf Denk-, Gefühls- und Wahrnehmungsgewohnheiten, die sehr wohl selbst politische Revolutionen überdauern könnten.

Die Ehe, als Institution zur Befriedigung sexueller Bedürfnisse betrachtet, zeigt gleichfalls den Frauen eher das barbarische Gesicht der industriellen Gesellschaft als dem Manne, der sich zu helfen weiß. Das Wesensband, das den Einzelnen an andere Menschen knüpft, erscheint gegenüber den ökonomisch vermittelten Beziehungen der Produzierenden und Konsumierenden als ein unwesentliches Band, vielmehr ist die »Trennung vom anderen Menschen ... sein wahres Dasein« (Marx). Auf der Basis dieser ökonomischen Entfremdung der Menschen, unter dem Aspekt ihrer Partikularisierung und Indifferenz, treten die erotischen Verhältnisse zugleich als das dem Prinzip nach *andere* und als *Ausgeschlossenes*, ihrem »Anders-Sein« entfremdet und in die »Freizeit« (Privatsphäre) verwiesen, deutlich hervor. Die sexuellen Tätigkeiten in ihrer reprimierten, entfremdeten und ausgeschlossenen (parzellierten) Form bilden einen Kern der gesamten »Privatsphäre« und »Freizeit«, deren Verfestigung sich am Ende als strategische Maßnahme gegen die Gefahr des Einschlagens konsumtiver Leistungen in die Sphäre der Arbeit erweisen sollte. (Der Slogan *Sex im Büro* markiert die brutalste Form von Entfremdung sexueller Tätigkeit). Wieder trifft es die Frau am härtesten, die in der Privatisierung und Emotionalisierung der Familie dieses dem Prinzip nach andere, das erotische Verhältnis, fast nur in seiner reprimierten, entstellten, also bürgerlichen Form kennen und doch zugleich zum Inhalt ihres sozialen Daseins nehmen soll, soweit es den Mann betrifft. Die *Dischiasis* von Lust und Leistung – Schicksal namentlich jener Frauen, die dem ärgsten Zwang proletarischer Verhältnisse enthoben sind – hat für den auf private Lust beschränkten Partner, die Frau, noch den Spott, Lust eigentlich nicht finden zu dürfen. Bürgerliche Reputation und Sitte, noch vor wenigen Jahrzehnten die einzigen Garanten ökonomischer Sicherheit der Frau, bieten sich noch heute den Frauen (und vielen Männern) als vorgeschobenes Instrument der Abwehr gegen die Einsicht in diesen Tatbestand und gegen jeden Versuch zu seiner Veränderung an.

Am sozialen wie individuellen Schicksal der Frau in den Waren erzeugenden Gesellschaften ließe sich am besten exemplifizieren, was für die Familie insgesamt gilt: Während in den Sozialwissenschaften noch die Idee der Familie als *Sozialisationsagentur* umgeht, die ihr eine relative und beschränkte Exterritorialität gegenüber gesamtgesellschaftlich dominanten Regulationen des sozialen Lebens und namentlich gegenüber der Arbeitssphäre lässt, ist sie längst nach der Struktur ihrer Beziehungen und dem emotionalen Klima ein Anhängsel der Produktionssphäre geworden: ein Ort, an dem sich die fatalen herrschaftskonformen Denk- und Gefühlsgewohnheiten der Menschen und ihre normative Orientierung ständig verfestigen und erneuern. In ihr nimmt auch die direkte, d.h. nicht über den »Vater-Gatten« vermittelte, soziale Integration der verheirateten Frau ihren vorurteilsgetreuen und herrschaftskonformen Fortgang. Frauenzeitschriften, Frauenseiten und Wirtschaftswerbung bieten dem breiten Leserinnenkreis der Mittelschichten (und »Kleinbürger«) adaptative Muster für die Gestaltung aller nur irgendwie relevanten Bereiche fraulicher Lebenstätigkeit an. Wiewohl formal eben nicht mehr über den Ehemann vermittelt, verpflichten diese Identifikationsmatrizen die Leserin (oder Hörerin) nach wie vor auf ihre abhängige Position. In der Regel dürften jedoch selbst wahrhaft emanzipatorische Impulse, wenn auch aus anderen Quellen, von außen auf Familien einwirken, nicht etwa sich aus ihnen entfalten. Die Rezeptivität der Betroffenen muss sich erhöht haben, gerade weil die mehrfach erörterte Normenschwäche der Familien und die Gebrochenheit normativer Orientierungen die Einzelnen ratlos freisetzen. Sie sind zur Informationsaufnahme gezwungen, weil anders sie ihre Interpretationsschemata nicht verfestigen könnten. Gewiss böten sich in dieser Situation prinzipiell Chancen zu einem experimentierenden Verhalten, das sich durch Innovationen gegen die Verfilzung von Ratlosigkeit, normativer Dissonanz und suggestiv dargebotenen Identifikationsmatrizen (in den Medien der Massenkommunikation) durchzusetzen vermöchte. Sie werden selten genug genutzt, weil in der Regel jede Anweisungsstruktur nach dem Prinzip der Konfliktminderung bzw. der Anpassung an Dritte (Ehemann, Nachbarn usw.) ausgewählt wird.

Es ist fast so, als reagierten Menschen in intimen Gesellungen auf die wachsende Gewaltkomponente der sozialen und politischen Vorgänge der Gegenwart mit einer erneuten (und neu begründeten) Tabuisierung *jedes* Konflikts; zumindest solcher Konflikte, deren emanzipatorische Funktion eine Lockerung der Fixierung aneinander herbeiführen könnte. Die Antwort auf den Gewaltstil wäre demnach: Unterwerfung, hier: unter Identifikationsmatrizen, die den einzelnen kaum verübelt werden kann, wenn sich darin auch die Erosion der Widerstandskraft aller fortsetzt. Schon das

Schwinden der Vaterautorität in den Familien bedeutete, so positiv es auch in anderer Hinsicht bewertet werden muss, insgesamt einen Schwund ihrer historischen Kapazität, klassenspezifische und doch individualisierbare Normen gegen den Einfluss extrafamilialer Instanzen und Institutionen (Kirche, Adel und Staat) zu sichern. Mit ihr schwand die – wie immer gering anzusetzende, residuäre – antiautoritäre Komponente, die Merkmal der bürgerlichen Familie bis in unser Jahrhundert hinein geblieben ist und in den Ideen über *antiautoritäre Erziehung* erst in jüngster Zeit wieder Öffentlichkeit gewinnt, nun freilich gegen den Zustand vieler Familien polemisch sich wendend.

Diese bürgerlich-antiautoritäre Komponente der Vergangenheit fehlt im seit jeher rigiden Erziehungsstil der unteren sozialen Schichten. Dort muss Gehorsam erzwungen werden, weil die Arbeitsverhältnisse des Lohnabhängigen ihn erzwingen – Strenge wäre primär »Einübung«.

So können wir Herbert Marcuses These zustimmen: In den fortgeschrittensten Sektoren der modernen Gesellschaft werde der Bürger nicht mehr ernstlich von Vater-Imagines heimgesucht (vgl. Marcuse 1970, S.92). Die zwiespältigen Konsequenzen für Identitätsfindung und Ich-Konstituierung der Heranwachsenden haben wir schon gestreift. Ob ihm auch darin zuzustimmen wäre, die Sozialisation der Kinder werde seither zu wachsenden Anteilen von extrafamilialen Einflussträgern direkt vorgenommen (Massenmedien, *peer group*, Banden usw.), ist fraglich. Denn die Marcusesche These trifft nachweisbar aus den eben erörterten Gründen für die *Mütter* zu, deren Integration im Zustand der Normenunsicherheit und Dissonanz an extrafamiliale Informationsquellen gleichsam delegiert worden ist. Da aber die Väter und Männer längst über arbeitsplatzspezifische Bedingungen (und zusätzlich über die Verteilungsmechanismen der Waren erzeugenden Gesellschaft) vergesellschaftet sind und die Familie seit der Erosion ihrer imperativen Position ihnen ein Entwicklungsfeld ebenso wenig bietet, kann die von Marcuse und anderen beobachtete »direkte« und expandierende Vergesellschaftung der Neugeborenen durchaus *über die Eltern* laufen.

Die Emanzipation der *Frau*, um zu ihr zurückzukehren, setzte – nicht anders als eine wahre Sozialisation der Kinder: nämlich Einübung, Solidarisierung und Immunisierung – jedenfalls in breiten Mittelschichten der Bevölkerung eine neue, relative Exterritorialität der menschlichen Gesellschaftsformen gegenüber der Arbeits- und Öffentlichkeitssphäre voraus. Es lassen sich Bedingungen angeben, wie intime Gesellungen auszusehen hätten, die einen *point de résistance* böten. Die Leistung, gesellschaftlichen Zwängen auch widerstehen zu können, d.h. sich der fortschreitenden sozialen Integration zu erwehren, kann sich nicht mehr auf ein funktionierendes Über-Ich stützen oder Ich-Stärke zum strategischen Fundament wählen, vielmehr wäre diese Leistung auf (brüderliche) *Solidarität* zu fundieren; das ist eine Bedingung. Die zweite: *Exterritorialität*, wird gegenwärtig im Wesentlichen in anarchoiden, sektenartig abgeschiedenen Subkulturen angestrebt, die sich *entmischen*. (Außerdem sind exterritorial geblieben die *drop outs* der Gesellschaft, die Ärmsten, Obdachlosen, das »Lumpenproletariat«). Dort werden Hoffnungen auf Emanzipation in der wachsenden Autarkie gerade begraben. Autarkie, als Entmischungsform von Emanzipation und als reine Exterritorialität, wird mit purem, materiellem wie psychischem Elend identisch und scheitert darin. Eine durch brüderliche Solidarität gestiftete Gesellungsform hätte dagegen ihren Zusammenhalt über einen kritischen Austausch mit der umliegenden Sozietät zu vermitteln, also über den *politisierten Konflikt*, die dritte Bedingung von Emanzipation und Widerstand. Dieser wird eingeleitet durch normative Orientierungen, die aus der historischen Dimension bürgerlicher Gesellschaft gewonnen und im politischen Konflikt expliziert werden können – die skizzierten emanzipativen Gesellungsformen bedürften also, viertens, einer emanzipativen *Theorie*, die zugleich Maximen sozialen Handelns impliziert. Mir scheint, dass in dieser Situation die Bedeutung der sozialen Organisation *Familie* zugunsten anderer, zellen- oder kommunenartiger Formen des Zusammenlebens schwindet. Ob damit nicht auch die Emanzipation jener Frauen, die nicht mehr in explizit proletarischen Verhältnissen leben, den Weg über kontrafamiliäre (nicht nur: extrafamiliäre) Gesellungsformen einzuschlagen hätte, wäre zu erwägen.

Aus der Dimension, die das Problem der Frauenemanzipation in unserer Sicht annimmt, wird die Angst erklärbar, die viele daran hindert, mit der Emanzipation Ernst zu machen. Eine Angst, die auch linke Bewegungen nicht verschont (und mit klassentheoretischen Erwägungen rationalisiert wird). Schon der Versuch dazu rüttelt an Anpassungssystemen, ohne deren Stabilität weder der Einzelne noch die Gesellschaft des organisierten Kapitalismus lange bleiben könnten, was sie heute sind.

Doch lässt sich andererseits das Thema Emanzipation der Frau nur höchst unvollständig verdrängen und verleugnen. Es ist nicht vom Stundenplan der Geschichte abzusetzen. Deshalb sind gegenwärtig kaum Partnerbeziehungen denkbar, am wenigsten in den privatisierten und emotionalisierten Familien, die nicht unter dem verschleierten »Kampf um Anerkennung« (der Subjektivität des »Ich«) der Beteiligten litten.

»Das Ich hasst, verabscheut, verfolgt mit Zerstörungsabsichten alle Objekte, die ihm zur Quelle von Unlustempfindungen werden, gleichgültig ob sie ihm eine Versagung sexueller Befriedigung oder der Befriedigung von Erhaltungsbedürfnissen bedeuten. Ja, man kann behaupten, *dass die richtigen Vorbilder für die Hassrelation nicht aus dem Sexualleben, sondern aus dem Ringen des Ichs um seine Erhaltung und Behauptung stammen*« (Freud 1946, S. 320).

Diese Analyse Sigmund Freuds hält fest, was in den scheiternden und im allgemeinen Nebel fast unsichtbar werdenden intrafamiliären Kämpfen um Anerkennung an Feindseligkeit konserviert wird. Ein Moment der Gewalt entstellt daher alle Kommunikation oder Interaktion in der repressiven Gesellschaft. Diese bietet als Ersatz für Anerkennung der Subjektivität[5] extensive materielle Bedürfnisbefriedigung an, und hat damit zur Anpassungsbereitschaft und Integration der Individuen beigetragen. Die Basis des gesellschaftlichen Zusammenhalts: Feindseligkeit und Fügsamkeit, hat sie damit zugleich verteidigt. Wo aber die Konsumfunktion und was sie an Lockerungen klassischer, restriktiver Moralen erzwang, oder wo das geschichtliche Thema Emanzipation dieses inhumane Fundament der Gesellschaft schon einmal aufzubrechen drohen, stützt die Rückkehr zur Gewaltförmigkeit aufs neue die soziale Integration – und damit das Interesse der herrschenden Klasse und ihrer Filiaturen.

---

[5] Für »die Befreiung jedes einzelnen Individuums« (Marx & Engels 1969, S. 37).

Kapitel 4

Gewaltförmigkeit in der Regelung zwischenmenschlicher Beziehungen (Integration)

VORBEMERKUNG

Die Existenz einer Arbeiterklasse als potenziell revolutionäre Teilpopulation, deren Integrations- und Lebensbedingungen ihre Versöhnung mit dem Zustand unserer Klassengesellschaft ausschließen, gehört zu den Konstitutionsprinzipien *der* Form, die Herrschaft in parlamentarischdemokratischen Staaten annimmt. Ohne eine Strategie, die Lohnabhängige integrieren, d.h. steuer- und lenkbar und überhaupt *verwertbar* machen will (aber so, dass ihr Emanzipationsanspruch abgewiesen, ja an seiner politischen Konstituierung gehindert wird), wäre die geschichtliche Herausbildung des so genannten *sozialen Friedens* undenkbar, der bis zu den Rezessionsjahren 1966/67 die selten angefochtene Erscheinung einer fortschreitenden Verfestigung von Klassenherrschaft und staatsinterventionistischem Kapitalismus gewesen ist.

Die Verhältnisse namentlich in der Rekonstruktionsperiode des Kapitalismus nach dem Zweiten Weltkrieg brachten der bodenständigen lohnabhängigen Bevölkerung zwar ein materiell menschenwürdigeres Dasein (während sich die Konzentration der Vermögen in den Händen weniger beschleunigte), aber auch auf Kosten der imperialistischen Ausbeutung lateinamerikanischer, asiatischer, afrikanischer Staaten und durch die Einfuhr von Arbeitssklaven neuen Stils: die Gastarbeiter. Die im Zusammenhange mit der Steigerung der Arbeitsproduktivität anwachsende Belastung vieler inländischer Arbeiter fügt sich in das Bild wachsender Barbarei. Es lässt sich zudem zeigen, dass dieser *soziale Friede* als Technik sozialer Integration – durch ein komplexes System wechselseitiger Absicherungen unter potenziellen Konfliktpartnern, aber auch in den Beziehungen zwischen Verbänden, Parteien und Regierungen staatlich geregelt, einen Kern von Gewaltförmigkeit konserviert, der sich fortwährend roh enthüllt: im *Hass*, der alle zwischenmenschlichen Beziehungen in kapitalistischen Gesellschaften entstellt, aber auch in peter Rückkehr unverstellter Gewaltförmigkeit in die Politik der herrschenden Klassen. Man bemerkt an und in diesem Hass wohl, dass die Rebarbarisierung die geografischen Grenzen kolonialisierter Länder, den Stacheldrahtzaun der Konzentrationslager und die Mauern der Polizeikasernen überschreitet. Die Institutionen, die sozialen Frieden in parlamentarischen Demokratien sichern sollten, sind selbst kolonialistisch: Zu ihrem gesellschaftlichen Fundament gehört das für koloniale Herrschaft typische Bündnis, das die Träger von Macht mit den Feudalherren, mit rückständigen Eliten eingehen. In den Vereinigten Staaten ist dies, angesichts der Verfilzung von Regierungsapparat, Verbänden, der *cosa nostra* und anderen Gangsterorganisationen feudaler Struktur und der Kameraderie zwischen politischen Institutionen und den großen Unternehmen des Landes, besonders deutlich. Auch in Italien ist die Verflechtung von organisiertem Verbrechertum, der Mafia Siziliens, mit Regierungsmitgliedern und -institutionen sowie dem Justizapparat offenkundig: Der organisierte Kapitalismus in Staaten wie etwa der Bundesrepublik ist ohne ein vielschichtiges Bündnis von Regierungsgewalt, politischen Institutionen und rückständigem, heute entschieden konterrevolutionärem Industrie- und Finanzkapital ebenso wenig denkbar. Noch konservative Kräfte in den *Kirchen* tragen zum kolonialistischen Charakter der Klassenherrschaft bei, da der Pluralismus ihren Einfluss auf der Ebene der Verbände in dem Maße rettet, in dem er, direkt, auf das Kirchenvolk schwindet.[1] Dieses Bündnis von Staatsmacht und Verwaltungsapparat mit dem Kapital und seinen feudalistischen Tendenzen, die sehr wirksame, wenngleich der Öffentlichkeit weitgehend entrückte Verfilzung von Interessenverbänden, Lobbies, Banken, Unternehmern und Ministerialbürokratie – alles gesellschaftlich konservative, ja reaktionäre Mächte –, produziert über verschiedene Vermittlungen auch in den imperialistischen Nationen (und ihren Bündnispartnern) selbst, d.h. unter den Populationen, zwischenmenschliche Feindseligkeit, die an deren koloniale Erscheinungsweisen erinnert: Neue Formen von »Stammesfehden« längs horizontaler Disparitäten und Minderheitenkonflikte; Zerstörung oder Gefährdung der Solidarität des koloni-alisierten Volks durch Konkurrenz und gezielte Maßnahmen; assimilative Tendenzen (die so genannte Verbürgerlichung des Proletariats); Fetischisierung von Statussymbolen in halbemanzipierten und privilegierten Schichten der Beherrschten (hier: in der Mittelschicht) und hasserfüllte Abgrenzung nach unten (hier: gegenüber dem »Lumpenproletariat«) den Gammlern und Obdachlosen); die Tendenz zur Kollaboration mit den Stärkeren; den Klassenverrat als fast einzige Form des sozialen Aufstiegs; schließlich Entmutigung und Apathie. Noch die Ausbreitung der Rauschmittel wie Marihuana,

---

[1] Versucht wird's auch an der Basis. Der *Spiegel* (Nr. 23, 1971) berichtete von einem neuen »Gewissensspiegel« aus Niederösterreich, der für die Beichtpraxis der besser verdienenden Lohnabhängigen anstelle des »ich habe gestohlen ...«, anbot: »Ich habe im Beruf die Arbeitszeit nicht ausgenützt«.

Heroin und der moderne Alkoholismus erinnern an den resignierten Eingeborenen, der, abhängig und ohne Zukunftsperspektive, seine Kokablätter kaut. Der Güterwohlstand der Ausbeuterstaaten, die in Jahrhunderten anerzogene Arbeitsdisziplin und der vergleichsweise hohe Ausbildungsstand der kolonialisierten Bevölkerung – also der Masse der Lohnabhängigen – verhüllt freilich diesen Kolonialismus als die sozial-psychologische Innenseite des sozialen Friedens und der parlamentarischen Demokratie.

KOMPLIZENSCHAFT DER LOHNABHÄNGIGEN

Der soziale Friede enthüllt sich als im Kern gewaltförmig, zwischenmenschliche Beziehungen gefährdend, in der Bereitschaft der »halbkolonialisierten« Lohnabhängigen nicht viel anders als in der der »schweigenden Mehrheiten« des Kleinbürgertums auf Signale für politische und soziale Strukturveränderungen zunächst feindselig oder doch ablehnend zu reagieren. Wir werden im Folgenden zunächst *Phänomene* referieren, die wahrzunehmen und analytisch festzuhalten Bestandteil einer sozialpsychologischen Analyse der zwischenmenschlichen Beziehungen im Kapitalismus sein muss. Dann wird nach den Begründungszusammenhängen zu fragen sein, welche die Interpretation der Phänomene anzuleiten haben.

Studierende, Langhaarige, aufmüpfige Lehrlinge oder Bürgerrechtler wissen ein Lied von dem zu singen, was Alexander Mitscherlich unlängst in einem Vortrag die »konzentrierte Wut unbelehrbarer Massen« nannte. Wir könnten daran erinnern, dass die vom Bewusstsein der Einzelnen weitgehend unabhängig gewordene Zweckrationalität sozialer und industrieller Steuerungen die Rohheit von Affekten und Aggressionen konserviert, weil sie dem »sozialen Lernen« entzogen sind, und zusätzlich erwähnen, dass Unsicherheit über die eigene Lage und Existenzangst den sozialen Abruf von Rohheit erleichtern. Die Beherrschten stimmen in Abständen der Regression sozialer Steuerungen auf nackte Gewaltförmigkeit zu: 1969 in Manhattan und im Winter 1970 in Madrid forderten Menschenmengen von den Inhabern der Regierungsgewalt die Hinrichtung aller politischen Gegner des Staats, Gewalt gegen »Störer«, Vernichtung aller Feinde, sogar Krieg. Sporadisch nennen bald Stahlarbeiter in Leningrad, bald Bauarbeiter in New York oder Westberlin alles Dreck, Filzlaus und Ungeziefer, was der bürgerlichen Reputation, der über alle verhängten Integration und der Arbeitsdisziplin noch immer nicht sich fügt.[2] Auch an den rechtsradikalen Unruhen in der Bundesrepublik sind Angehörige der Arbeiterklasse, jedenfalls Lohnabhängige beteiligt, so sehr in *NPD, Aktion Widerstand,* Deut-

---

[2] Ich erinnere namentlich an das Westberlin der Jahre 1967 und 1968.

scher Befreiungsbewegung usw. der Ton auch von der nationalistischen Bourgeoisie und von den Ressentiments der Kleinbürger gemacht wird. *Weil,* der Krankenpfleger, der in Westberlin auf einen sowjetrussischen Soldaten schoss, ist kein Einzelgänger mehr – kein Grenzfall zur Pathologie wie vielleicht noch der Dutschke-Attentäter im Jahre 1968.

Wenn motorisierte *NPD*-Mitglieder in Essen ihre Kraftwagen in die Reihen von Gegendemonstranten lenken, wenn sie Brandt ein »Hängt den Verräter!« entgegenschreien und in Marburg bewaffnet an der Universität operieren, so drückt sich darin ein allgemeiner Tatbestand aus: die Rückkehr roher Gewaltförmigkeit in die Politik der herrschenden Klassen und ihrer Handlanger, die fortschreitende Rebarbarisierung einer Kultur, die von Kapitalisten und Kolonisatoren bestimmt wird.

Auch an der Diskriminierung der Gastarbeiter, dieser Neger Europas, haben nicht nur herrschende Klasse und Bürgertum teil. Ernst Klee berichtete unlängst dazu:

»Die Diskriminierungen sind vielfältig. Am 2. Januar 1970 wusste die in Rüsselsheim erscheinende *Main-Spitze* von stolzen Tatsachen Bericht zu erstatten: ›... erfreulicherweise ist nicht in allen Gaststätten Ausländern der Zutritt verwehrt‹! Die Kasseler CDU-Stadtverordnete Else Görgl beschwert sich, dass die Ausländer in der Stadt Kassel zwischen Ausländeramt, Arbeitsamt und Steuerkartenstelle hin und her geschickt werden: Es sind Fälle bekannt, in denen sich die Angestellten geradezu einen Spaß daraus machten und die Leute verspotteten: ›Mensch, Analphabet, können Sie nicht lesen? Anderes Zimmer!‹ Nachdem in diesem Fall die Ausländerin Anna Ferrari erneut Schlange gestanden hatte, wiederholte sich der Vorfall. Anna entgegnete, sie sei gerade vom anderen Schalter weggeschickt worden und wolle darum durch die Verbindungstür. Nix da! – Wieder Schlange stehen. Zum zweiten Mal am ersten Schalter: ›Na, kannst du wirklich lesen?‹ Den folgenden Tag hat Anna Ferrari alle Unterlagen zusammen. Formulare werden ausgefüllt. Doch nun wird das vor drei Monaten hinterlegte Gesundheitszeugnis nicht anerkannt. Der Beamte zerreißt das ausgefüllte Formular. Die Frau muss erneut zum Arzt, muss wieder zahlen, wieder Schlange stehen. Else Görgl: ›Konnte der Mist nicht wenigstens liegen bleiben, bis das Attest nachkam? Warum sollte die Röntgenaufnahme nicht nach drei Monaten noch gelten? Selbst Lehrer brauchen nur alle zwei Jahre ...‹
Eine nicht minder unerfreuliche Diskriminierung stellt die Alltagspraxis der Lohnsteuerkartenausgabe dar. Verliert ein deutscher Arbeitnehmer dieses Papier, so wird er in der Regel eine neue Karte der gleichen Steuerklasse erhalten, sofern nicht offenkundig Betrugsabsicht vorliegt. Der Beamte der ausstellenden Behörde ist dabei gehalten, die Glaubhaftigkeit des Kartenverlierers zu prüfen. Ist dieser nun ein die deutsche Sprache nur bruchstückhaft beherrschender Gastarbeiter, der noch dazu jenen spezifisch deutschen Respekt vor behördlichen Dokumenten nicht in ausreichendem Maß erkennen

lässt, so ist der Beamte häufig genug versucht, strengste Maßstäbe anzulegen und Denkzettel zu verpassen. Ergebnis: Der Gastarbeiter bekommt eine neue Steuerkarte, aber die mit der allerungünstigsten Klasse VI.

Dass extreme Ansichten tiefer wurzeln, als man anzunehmen bereit ist, zeigt ein Interview mit einem Angestellten des *Jugendsozialwerks*: ›Der Ausländer hat in seiner Jugend gelernt: Ein großer Mann wird der, der mit Ellbogen, Schnauze, mit List und Raffinesse handeln und schachern kann, der in der Lage ist, seine Umwelt auszutricksen, auszuspielen, sich Vorteile zu verschaffen, und so kommt er auch hierher. Und hier steht er nun verblüfft vor mir und muss erfahren: Er kann das werden, wenn er systematisch, ja manchmal mit einer gewissen Demut arbeiten muss, sich selber kasteien muss. Seine Bedürfnisse, als da sind: schnelles Geld, schnelle Freuden, große Frauen, blonde Frauen, evangelische Frauen, die nicht zu beichten brauchen, ja, das ist auch so eine Vorstellung in den katholischen Ländern. Und – das muss ich einfügen – die ihn dann wieder in Irrläufe hineinführen, wenn er eines Tages entdeckt: evangelische Frau, blonde Frau, deutsche Frau sehr schön, aber sehr schwierig.

Sie will nicht immerzu kochen, sie hat einen eigenen Willen, sie hat eine eigene Meinung, ich kann sie nicht so kommandieren wie in meiner Heimat. Alle diese Dinge, das sind doch Fakten, die ihn jeden Tag hier mit der Umwelt auch in Konflikt bringen können‹. So hoch- und so vieldifferenziert ist eigentlich das Bild des Ausländers« (FR 16.1.1971).

In einer Kölner Gaststätte drängte ein Arbeiter einen Jugoslawen aus dem Raum, ihm zurufend: »Wir Deutschen haben Frauen, Ihr habt Weiber, merk' Dir das«; als in einer Hannoverschen Straßenbahn Platz für einen Schwerkriegsbeschädigten gefordert wurde, sahen sich werktätige Männer suchend um, bis sie einen sitzenden Italiener fanden – der hatte aufzustehen, obwohl durch einen Gipsverband am rechten Arm durchaus behindert. Der feindselige Zuruf: »Geh' doch rüber, wenn's Dir hier nicht passt!«, etwa bei Diskussionen auf der Straße, trifft den, der *links* argumentiert, durchaus nicht nur von Kleinbürgern und Bürgern her. Die Ermordung eines siebzehnjährigen Lehrlings in Konstanz, weil er langhaarig war, demonstriert, welche Lehre Arbeiter aus dem Gerede von »langhaarigen Affen« ziehen können.

Gewaltförmig entlädt sich, dem Gefälle des Status innerhalb der »sozialen Unterschicht« folgend und besonders unter den Heranwachsenden, die von der Konsumfunktion freigelassene Sexualität: Von 1950 bis 1960 ist die Zahl der bekannt gewordenen Vergewaltigungen um etwa 95% angestiegen, namentlich die Vergewaltigung oder wenigstens sexuelle Nötigung einer einzelnen durch ganze Tätergruppen nahm zu. Ich will diese Aufzählung nicht fortsetzen. Die, über deren Abhängigkeit und Ausbeutung wir informiert sind, haben ihrerseits an der Unterdrückung von *Niggern,* von

Gastarbeitern und Frauen teil. Was den Konstanzer Vorfall angeht, und was – abgemildert, weniger tödlich – Studierende in Westberlin über Auseinandersetzungen mit Arbeitern berichten könnten, ist durchaus interpretierbar. Der Gedanke an *Glück*, an Lust, an Unabhängigkeit – mit dem Imago langhaariger Jugend, die sich dem Druck der Leistungszwänge nicht beugt und noch Konsumhaltungen negiert, neuerdings assoziativ verknüpft – wird dem unerträglich, der sich insgeheim als den immer ums Glück Betrogenen weiß. Der Hass auf alles, was einem selbst nicht gleicht, ist mit der Wut auf jedes verschwistert, das auf Veränderung abzielt: auf Veränderung, die nach den Erfahrungen der Klasse immer aufs Neue das Versprochene, das Erhoffte nicht einlöst. Kleine Leute erfahren sich als austauschbar, jederzeit ersetzbar: »Auf den Einzelnen kommt es nicht an«. Dies ist der qualitative Gehalt der Disponibilität, die der Kapitalverwertungsprozess ihnen abfordert. Seit der Produktionsfluss, d.h. die störungsfreie Verzahnung der verschiedenen Abteilungen, Werkhallen und Arbeitseinheiten unter extrem arbeitsteiliger Organisation, über Rentabilität und Profit entscheidet, muss die je individuelle Leistung der Arbeitenden weiter an Interesse für Unternehmer verlieren. Leistungszuschläge für Einzelne und die dafür existierenden Bewertungskriterien werden immer anachronistischer, jedenfalls was die Hauptsache, den ungestörten Ablauf des Arbeitsflusses in Unternehmen, angeht; ein Schein, dafür bestimmt, die Diskrepanz zwischen vergesellschafteter Produktion und den Bedingungen der Lohnarbeit (des »freien Arbeiters«) zu vergrößern und zu disziplinieren. Worauf es ankommt, ist die Organisierbarkeit der *Aggregate* (Gruppen, Untereinheiten, Abteilungen usw.), in denen die einzelnen *hands* zwangsläufig durch die Arbeitsbedingungen gebündelt werden, unter dem Prinzip der Harmonisierung und Homogenisierung aller Produktionsphasen bei hoch entwickelter Arbeitsteilung.

Die Lohnabhängigen der unteren sozialen Schichten wissen auch, dass Güter und Lebenschance in der Gesellschaft, in der sie gegen Lohn arbeiten, ungleich verteilt sind, und dass sie von den Lust gewährenden Vorrechten der reichen Leute ausgeschlossen sein sollen. Hier schlägt das Schicksal der Kolonialvölker, deren Ausbeutung die »kleinen Leute« ihre günstigere materielle Lage letztlich mit verdanken, in die weiße Kultur, die Zivilisation der Imperialisten, zurück: ausgeschlossen sein vom Vorrecht der reichen Leute, von »denen da oben« – es sei denn vereinzelt durch einen individuellen Aufstieg, der vom Klassenverrat kaum zu trennen ist. Der Lohnabhängige, der zum wohlhabenden Manne wird, ist *Kollaborateur*.[3]

---

[3] Arbeiterkinder, die über den *zweiten Bildungsweg* zum Studium gelangt sind, vertreten Anlagetheoreme von Begabung und Lernfähigkeit oft ungewöhnlich hartnäckig.

Die Erfahrung der eigenen Austauschbarkeit unter den Bedingungen bloß formaler (Rechts-) Gleichheit bei Fortdauer der Ausbeutung mag den Arbeiter mehr als anderes zur spontanen Feindseligkeit gegen alles reizen, was ihm als *nicht* austauschbar, als nicht verwertet oder verwertbar entgegentritt, oder den Anschein von Souveränität, von Autonomie erweckt. Auf wessen Kosten? Wenn Arbeiter glauben, sie hätten letzten Endes jede Zeche zu zahlen, wird man ihnen schwer widersprechen können. Als eine so verfestigte, wenn auch unartikulierte, zur seelischen Reaktionsbasis gewordene Erfahrung einer Klasse existierte Klassenbewusstsein auch schon vor den Rezessionen des Jahres 1966/67 in der Bundesrepublik. Solche Klassenerfahrungen – ob nun überwiegend tradiert (über Sozialisation, Organisation und Bildung) oder situativ bedingt, gleichsam jeweils neu konstituiert bei homologer sozialer Lage – haben ihren empirisch nachwirkenden geschichtlichen Horizont.

> »Es war der Sinn der Menschenrechte, Glück auch dort zu versprechen, wo keine Macht ist. Weil die betrogenen Massen ahnen, dass dieses Versprechen. ... Lüge bleibt, solange es Klassen gibt, erregt es ihre Wut; sie fühlen sich verhöhnt« (Horkheimer & Adorno 1981, S.196).

Dass der »Sinn der Menschenrechte« nicht nur durch Verbesserungen der wirtschaftlichen Lage des Arbeiters einzulösen, dass hier ein »Recht auf Subjektivität« einzufordern war, um das wenigste zu sagen, verstand schon Rodbertus[4] in den Jahren des Vormärz sehr wohl: Die humanen Ideen des 18. Jahrhunderts haben ihren Sieg gefeiert und die arbeitenden Klassen von persönlicher Unterordnung und der ihr entsprechenden Gewalt emanzipiert.

> Diese persönliche Freiheit sei, fährt Rodbertus fort, »die *Anweisung* auf alle Tugenden, welche die Moral schmücken und alle Schätze, welche die Natur und der Geist bringt. Aber sie ist damit auch eine *Berechtigung* dazu. Sie ist endlich eine *Verheißung* dazu geworden, insofern die arbeitenden Klassen in der Dienstbarkeit der anderen waren, und von diesen daraus entlassen wurden. Will man ihnen nun zum Vorwurf machen, dass sie die Natur der persönlichen Freiheit empfinden? Dass sie die Anweisung zu realisieren trachten? Dass die Berechtigung in ihrer Seele brennt? Dass sie vor die anderen Klassen treten und sprechen: Haltet jetzt, worauf ihr uns hingewiesen habt! Ihr habt uns bisher mit der persönlichen Freiheit nur die Sorgen derselben geschenkt, lasst uns jetzt auch an ihren Freuden teilnehmen! – Und in diesen Gefühlen ist insoweit kein Verbrechen, sondern Würde. Und die Würde eben des Freien« (Rodbertus 1946). »Solchem Andrange ... haben die Anderen nichts entgegenzusetzen,

---

[4] Rodbertus (1805–1875), Begründer des wissenschaftlichen Sozialismus. 1848 Mitglied der preußischen Nationalversammlung und Kultusminister. –kw–

als Polizei und Kanonen« bzw. malthusianisches Gerede. Die »Verheißung« implizierte doch wenigstens, dass Arbeit sich unter den ihrer menschlichen Natur würdigsten und adäquatesten Bedingungen vollziehen solle.

Der Typus sozialer Integration, der sich für die Arbeiterklasse herstellte, war jedoch weit von Rodbertus und von »Würde« entfernt. Was Lukács als Kontemplation, Popitz[5] und andere als »gefügeartige Kooperation« beschrieben, was der Arbeit ihren Tätigkeitscharakter nahm und den Arbeitenden dem Gang der maschinisierten Produktion unterwirft, fand seine Fortsetzung in der Verdinglichung vieler Lebensbeziehungen und konservierte, unter den im 1. Kapitel erörterten Bedingungen, Momente von sich intensivierender Ausbeutung, ja von kolonialistischer Unterwerfung. Dieses Schicksal des »Verkaufs in die Sklaverei« (Jaide 1960, S. 94) kündigt sich im Sozialisationshorizont der Unterklassen bereits zeitig an: Kindern teilt sich die Erwartung mit, dass einschneidende Verbesserungen der sozialen Lage nur dem *deus ex machina* zu verdanken wären, den die über Kino, »grüne Presse«, *Bild*-Zeitung, *Lore*-Roman und Wirtschaftswerbung vermittelte Illusion von Nestwärme und leichtem Leben fortwährend ankündigt und der dann doch nie kommt. Einschneidend für das zukünftige Leben ist jedoch mit Sicherheit der Übergang von der Volksschule in den Betrieb. Während die Jungen, die in Familie und Volksschule, wo sie nichts waren, von der Erwerbssphäre erhoffen, dort würden sie etwas sein – nur um zu lernen, dass sie dort erst recht nichts sind, ist die Lage der Mädchen noch inhumaner. Die doppelte Versuchung, die bei beiden Geschlechtern Illusionen anreizt: Kind ohne Anspruch auf Subjektivität gegenüber Erwachsenen, in denen die noch Unerfahrenen Chance und Lust von Autonomie vermuten; mittellos, aber auch wehrlos gegenüber der Suggestion, »später« könnten sie sich alle Wünsche erfüllen, die unsere Ladenstraßen permanent evozieren, erleben sie mit dem Eintritt ins »werktätige Leben« eine doppelte Enttäuschung. Während sie bald wie Erwachsene arbeiten und sich sozial mit den vorgefundenen Bedingungen passiv einrichten müssen, legt ihnen ihr Arbeitsverhältnis das Joch von Abhängigkeit und Unselbstständigkeit auf. Während sie lernen, sich mit dem halbkolonialen Status des Arbeiters oder kleinen Angestellten einigermaßen abzufinden, findet ihr Anspruch auf Subjektivität und Autonomie in den engen, materiellen Grenzen ihrer Rechtsstellung nur sehr bedingt Anerkennung. Schließlich reicht das Geld nie weit genug. Männer können, mit dem Fortdauern ihrer betrieblichen Erfahrung, in relativ privilegierte Teilpopulationen aufsteigen, Frauen so gut wie nie. Die Lage der Majorität der lohn-

---

[5] Johannes Popitz (1885–1945), deutscher Politiker. 1932/33 Reichsminister ohne Geschäftsbereich, als Mitglied der Widerstandbewegung hingerichtet. –kw–

abhängigen Massen bleibt bestürzend; nicht einmal die Arbeiteraristokratie kann sich als mitbestimmende und mit entscheidende verstehen, kaum als Avantgarde ihrer *Klasse.* Bei den Frauen haben Untersuchungen von Jaide und anderen belegt, wie sich Fügsamkeit und Illusion, Enttäuschung und Feindseligkeit miteinander verfilzen: Entmachtet, entmenschlicht, herabgesetzt, in ihrer Sexualität und Kontaktfähigkeit in der Art von Heiminsassen reprimitiviert, wehrlos gegenüber Güte oder Mängeln der Maschinen, des Materials, der Gunst oder Ungunst des Arbeitsplatzes, und mit Ermüdung, Erschöpfung, Kopf-, Fuß-, Rückenschmerzen, Sehnenscheidenentzündungen, Übelkeit oder Schwindel auf die Bedingung ihrer Kolonisierung reagierend, nämlich auf: Arbeitstempo und Tagesarbeitsdauer, auf Bewegungsarmut, Stehen, Monotonie der Verrichtungen, Lärm, Hitze, Staub, mangelnde Lüftung, unübersehbare soziale Verhältnisse im Betrieb, entwickeln sie sich eher noch zu einem faschistischen Potenzial. Die asketischen Ideale der Kolonisatoren: Pflichterfüllung, Fleiß, Gehorsam und Kameradschaft sind längst hinter jene Ideale zurückgetreten, in denen sich, was als besserer Lebensstil gilt, lockend und mit allem Flitter der Illusion präsentiert: Hinter den Mauern eines eigenen Besitzes im Schwimmbassin mit »ständigen Begleiterinnen« spielen, das Leben sexuell und konsumierend zu verbringen, ein einziger Genuss ohne Schweiß und Reue. Aber die Volkschülerin, die davon träumt, bald 15 Jahre alt zu sein und mit nackten Schenkeln in das Bett eines reichen Mannes zu kriechen, die Jungarbeiterin, die sich nach Filmschauspielern sehnt und halb an die Realisierbarkeit solcher Träume glaubt, sie sichern, solange sie nur ihren Illusionen mit Haut und Haaren gehören, den Bestand von Herrschaft und Besitz nicht weniger als Bank- und Bandnachbarinnen, die zeitig Arbeitsmoral entwickeln und auf einen eigenen Haushalt sparen.

Allgemeiner, für beide Geschlechter, gilt, dass ein geografischer Faktor, nämlich der gesellschaftlich zugelassene (motorische wie ideelle) Aktionsspielraum auf das Zugleich von Feindseligkeit und Fügsamkeit einwirkt, in dem nicht nur Herbert Marcuse ein sozialpsychologisches Merkmal der Industriegesellschaften sah. Arbeiter stoßen, wenn sie in Pausen ihre Halle verlassen und durchs Werkgelände schlendern, häufig auf Barrieren (tadelnde, negativ sanktionierende Fragen des Werkschutzes, der Aufseher, der Arbeiter anderer Orte). Prämiert wird ihre Treue zum Arbeitsplatz. Wie restriktiv es dabei zugehen kann, belegt, als ein Beispiel für viele, die Haus- und Betriebsordnung der *Melitta-Werke,* die Günter Wallraff unlängst veröffentlicht hat:

»Wer jenes Territorium betritt, unterwirft sich einem Gesetz, das mit –Block und Blei‹ überschrieben ist. Der Verfasser dieses Gesetzes verkündet darin vorweg, dass es ›nach eigenen, besonderen Grundsätzen aufgebaut‹ sei, um alles ›noch straffer zu gestalten‹. Er verlangt, dass alle jenes Gesetz ›restlos beherrschen und immer danach handeln‹.

›Ordnung und Disziplin‹ schreibt dieses Gesetz in der Einleitung vor, und später in den Ausführungsbestimmungen ist von ›Erziehung‹ und ›gründlichem Generalräumen‹ die Rede, von ›Anmarsch‹ und ›Anmarschwegen‹ und von einem ›besonderen Appell‹, den man den Neueinrückenden angedeihen lässt.

Verlangt wird: ›Alles strikt befolgen, bis anders angewiesen‹, und noch unmissverständlicher: ›Jede Anweisung ist strikt zu befolgen! Niemand darf von sich aus Anweisungen ändern, selbst wenn sie ihm völlig sinnlos erscheinen‹.

Das Gesetz gebietet: ›Jeder soll immer auf seinem Platz sein‹, und wenn das einmal nicht der Fall ist, fragt der Vorgesetzte Untergebene, die er unterwegs, d.h. nicht an ihrem Platz, antrifft, nach ihrem Weg und Auftrag.

Ansonsten sorgen Lautsprecher dafür, dass jeder jederzeit überall auffindbar ist: ›Wir legen Lautsprecher in alle Arbeitsräume, in Gemeinschaftsräume, auf die Grünplätze, auf die Höfe‹, um so alles, ›innen und außen besprechen zu können‹.

Die ›Führung‹ des Territoriums macht die ihr Unterstellten ausdrücklich darauf aufmerksam: ›Wie alles, überwachen wir auch das Telefonieren. Es geschieht durch Mithörer, die an einigen Plätzen angebracht sind. Vorurteile hiergegen sind vollkommen unberechtigt‹.

Das Gesetz ist zu allen Zusammenkünften mitzubringen: ›Ohne Block und Blei zu erscheinen, ist ein ebenso schweres Vergehen, wie eine Minute zu spät zu kommen‹.

Mehrmals weist die ›Leitung‹ die Untergebenen darauf hin, dass die Anordnungen des Gesetzes dazu da sind, die ›Schlagfertigkeit‹ der Organisation zu ›erhöhen‹; in einer anderen Formulierung (Bentz): ›eine außerordentliche Schlagkraft zu erreichen‹ und damit ›wirtschaftlichen Erfolg‹. ›Letztlich muss der Pförtner mit aufpassen, wenn wir unabgemeldet zu türmen, versuchen‹.

Diese Anstaltsordnung, Ausgabe Mai 1970, ist gültig für die 8500 Beschäftigten des Melitta Konzerns, Minden. Verantwortlich: Konzernherr Horst Bentz, 66, Alleinherrscher der Unternehmensgruppe« (Konkret 12/1970, S. 16).

Restriktiv und fesselnd, daran sei noch einmal erinnert, wirkt die wirtschaftliche *Unsicherheit* auf das Bewusstsein und Verhalten der Arbeiter und verstärkt den Charakter latenter Sklaverei. Längere Krankheit, Kinderreichtum, Stellungsverlust, Stilllegen von nicht mehr rentablen Betrieben, Produktionsumstellungen und konjunkturelle Schwankungen werden zu ebenso vielen Quellen von Verunsicherung und Sorge – unentrinnbar. In diesem trüben Milieu der Unterwerfung vieler unter einen gesellschaftlichen Zustand, der ihre Expropriation menschlich verschärft, während er sie materiell verschleiert; der ihnen Autonomie versagt, während er sie füttert, und sie doch auf immer von den Privilegien der entwickelten Nation ausschließen will – in einem Milieu, in dem im breiten Stile Angsterweckung, Brutalität und soziale Kontrolle als Herrschaftsmittel im Schwange sind, erhält sich und produziert sich immer aufs neue eine archaisch anmutende Affektmatrix von Feindseligkeit, ja Hass unberührt unter dem Schleier von Wohlverhalten und Konformität, und kann reformistische Veränderungen der Situation überdauern. In diesem trüben Milieu bewegt sich »bei denen da oben« wie bei »denen da unten« die von Adorno skizzierte Duldsamkeit des Bürgers gegen je seinesgleichen, die vom Hass gegen den wirklichen Menschen, den *homo absconditus*, ebenso untrennbar ist wie der Hass gegen alle, die nicht meinesgleichen, also Kastengenossen, sind. Die Wut der aneinander Enttäuschten, entweder Sklaven oder Herren, reproduziert sich und sucht nach Eigenschaften, an denen sie sich betätigen kann. Aus ihr speist sich jene Extrapunitivität, die unsereiner zu fürchten gelernt hat. Auch für die Unglücklichen gilt, dass man, wo man das Opfer der Refaschisierung des sozialen Lebens wurde, zugleich ihr Komplize war (vgl. Césaire 1968, S. 11).

Die Verwalter der Kulturdepots, allesamt Mitglieder der herrschenden Klassen, gehen mitsamt ihren Herrschaftsapparaten und Ideologen über diese Lage der Lohnabhängigen hinweg und rühmen sich noch, wenn sie wenigstens die physisch krankmachenden Faktoren der sozialen Verhältnisse im Betrieb ab- und anerkennen.[6] Wissenschaftler entwickeln *Measurement Time Methods* (MTM), mit denen alle nicht unmittelbar zum Produktionsfortschritt beitragenden Tätigkeiten der Lohnabhängigen eliminiert werden sollen.

Bei vielen Arbeitern und Arbeiterinnen ist der ganze Körper also eingezwängt in das Dutzend Grundfunktionen, das die Maschine der menschlichen Tätigkeit überlässt und anweist: Hinlangen, greifen, bringen, loslassen, fügen, trennen, drücken usf. Die Betroffenen passen sich im Laufe der Zeit kolonialistischer Unmenschlichkeit an: Weil man seine Arbeitskraft verkaufen muss, um leben zu können; weil es bürgerlich zwanghaft geworden ist, dass man regelmäßig zur Arbeit geht, anderes wäre moralisch anrüchig, verwahrlost und unanständig; weil man sonst mit scharfen Sanktionen rechnen muss (Betriebsführung, Polizei, Nachbarn usw.); weil die fixen Kosten für Miete, die Raten- oder Eigenheimverschuldung und das ganze, für die warentauschende Gesellschaft kennzeichnende System des Vorlaufs von Konsum vor Geld bringender Tätigkeit zu regelmäßiger Arbeit zwingen. Die so Kolonialisierten fügen sich, wenn auch, wie die Rückkehr roher

---

[6] Während sich in der reichen Schweiz nur 47 % der Arbeiter richtige Ferien leisten können, um sich zu erholen, gehen nicht weniger als 73 % der Führungskräfte in die Ferien; so eine Meldung in der *NZZ* – aber hier liegt das Problem der Lohnabhängigen und ihrer Herrn nicht.

Gewaltförmigkeit in die Politik der herrschenden Klassen mitsamt der Zunahme wilder Streiks, wie der »gefährliche Graben zwischen dem *establishment* der Arbeiterparteien und Gewerkschaften und ihrer Basis« (*Züricher Sonntags Journal* 1/1971), zeigen, dass Anpassungssysteme sich lockern. Die *Herren* aber nehmen die Lebensverhältnisse »derer da unten« nicht zur Kenntnis und erklären sie achselzuckend, vielleicht sogar »menschlich anteilnehmend«, für unvermeidbar und neigen dazu, in der so genannten Primitivität der kleinen Leute oder in der Fähigkeit ungebildeter Menschen zur Gewohnheitsbildung, Ausreden für das Unrecht zu suchen, das ein Fundament der eigenen Privilegien abgibt. Nicht einmal ein doch schon von Condorcet[7] gefordertes nationales System zureichender Volksbildung wurde institutionalisiert.[8]

»The whole commerce between master and slave«, so Thomas Jefferson, »is a perpetual exercise of the most boisterous passions, the most unremitting despotism on the one part and degrading submissions on the other«. Die Lage zerstört Herren wie Knechte: »The man must be a prodigy who can retain his manners and morals undepraved by such circumstances. And with what execration should the statesman be loaded who, permitting one half the citizens thus to trample on the rights of the other, transforms those into despots and these into enemies, destroys the morals of the one part and the *amor patriae* of the other! For if a slave can have a country in this world, it must be any other in preference to that in which he is born to live and labor for another« (Jefferson 1955, S. 60).

Jefferson fährt fort: »And can the liberties of a nation be thought secure when we have removed their only firm basis, a conviction in the minds of the people that these liberties are of the gift of God – that they are not to be violated but with His wrath? Indeed I tremble for my country when I reflect that God is just; that His justice cannot sleep forever; that, considering numbers, nature, and natural means only, a revolution of the wheels of fortune, an exchange of situation is among possible events; that it may become probably by supernatural interference! *The Almighty has* no attribute which can take side with us in such a contest«.

---

7 Marquis de Condorcet (1743–1794), französischer Philosoph, Mathematiker und Politiker. Gehörte den Ezyklopädisten an und wurde als Girondist verfolgt. Er begründete die materialistische Soziologie und verfolgte das Ziel der Gleichstellung aller Menschen. –kw–

8 Noch einmal Rodbertus: Anstelle von Zucht habe nun Bildung zu treten Zucht gründe auf Unterordnung, Bildung auf Unterricht und Erziehung: »Aber genügen die Schulen, in welchen heute die Kinder der arbeitenden Klassen unterwiesen werden? – *Genügt* das Wissen, was sie aus ihnen holen, um durch Bildung die Zucht zu ersetzen? – *Gibt* es Anstalten und Mittel für sie, nach dem der Schulbesuch vorüber? – Und gäbe es solche, würden sie Zeit haben, sie zu benutzen?« (Rodbertus 1946, S. 14).

Anderes wäre zu nennen: Die Vieldeutigkeit einer gesellschaftlichen Situation, in der sich auf verschiedenen Ebenen des sozialen Prozesses fast undurchschaubar abspielt, was falsches Bewusstsein fortlaufend produziert: Verbreitete Rationalisierungen, die sich an überdauernde Institutionen (Schulen, privatwirtschaftliche Unternehmen etc.) heften und sie undurchdringlich machen; die manipulative Gewalt des Privateigentums an Produktionsmitteln; die Verteilung von Besitz, Lebenschance, Lustprämie und Sanktion; die Eigenart der *vermittelnden* Prozesse wie etwa die sprachbildenden in Schule und Elternhaus und damit die Abhängigkeit vieler Gefühls- und Denkmodelle von Sozialisationsfaktoren sind Bedingungen, welche im Verein mit der konkreten ökonomischen Lage nicht nur in den Unterschichten der lohnabhängigen Bevölkerung einen Zustand begünstigen, in dem Enttäuschung, Feindseligkeit, Beschränkung und tendenzielle Assimilation an sie die Errungenschaften der »weißen« Kultur liquidieren. Breite Schichten der technischen Intelligenz, der Angestellten und Beamten sind in wenig besserer Situation.

Feindseligkeit zwischen den Einzelnen erfüllt eine ordnungsgewährende und systemstabilisierende Funktion. Sie können sich im Vollzug ihrer eigenen Aggressionen gegenüber Mitmenschen an den halb versteckten Gewaltcharakter bürgerlicher Ordnung erinnern. Dadurch werden sie fügsam und werden sogar zum Komplizen des Unrechts gemacht, das ihnen immerwährend geschieht. Zu viele Menschen erfahren unsere Gesellschaft als eine voller Ungerechtigkeit und Härte, ahnen kaum, wo sie selbst dazu beitragen – gerade durch Fügsamkeit, *nicht* revolutionäre Unruhe –, und müssen zugleich die Frage nach den wahren Ursachen des Zustandes vernachlässigen oder verdrängen. Die Einübung in diesen Zustand beginnt früh: in der *Schule*, auch hier also unter den sozialen Bedingungen von Macht und Ohnmacht. Dort lernen die Kinder Angst und die Bedeutung der Disziplin (als Bereitschaft zur angestrengten Ableistung sinnloser Tätigkeiten) kennen. Man lehrt sie, was sie als Arbeitende und Verbrauchende an Fähigkeiten und Fertigkeiten benötigen. Die Fähigkeit der Vernunft, gegen Unterdrückung tätig zu sein, die erwerben sich Kinder hier nicht.

Erklärte man den Einzelnen, welchen Kapitalinteressen zuliebe ihre Lebenserwartung und ihr Glück verkürzt, beeinträchtigt, ja geopfert wird, und organisierten sie sich so, dass sie diese Erklärung auch verstünden, so würde Feindseligkeit aus den zwischenmenschlichen Beziehungen des Proletariats schwinden können: Aggressivität vermenschlicht sich im entschlossenen Widerstand gegen das Unrecht, d.h. im politischen Kampf um die Kommandozentralen dieser Gesellschaft.

Wo aber, in den Klassen und Schichtungen der Gesellschaft, die in dichter Verfilzung von passiver und aktiver Unterdrückung genährte Feindseligkeit aufzuhören droht, als »private« zwischenmenschliche den gesellschaftlichen Zusammenhalt zu stabilisieren, sondern sich als offene Aggression gegen *Herrschaft* wendet; wo, infolge des Abbaus von Fügsamkeit intimer Hass zur öffentlichen Gegengewalt werden könnte, stehen Muster, Techniken sowie Strategien der Kanalisierung und Beschwichtigung bereit. Sei es die Kunst der betrieblichen Menschenbehandlung oder auch die des klärenden Gesprächs, die Einzelne zu sich selbst zurückbetrügt und den Protest erneut in zwischenmenschliche Kälte und Konkurrenz transformiert, sei es die Fähigkeit des sozialen Systems, rechtzeitig Randgruppen als »böse Objekte« zu präsentieren oder gar die konsumtive Integration des Protests – irgend etwas hilft in der Regel zu beschwichtigen, umzulenken oder abzuspeisen. Wo auch diese regulativen Mechanismen versagen, tritt, was den Horizont des Bewusstseins ständig umstellt – Gewalt – aus seiner Latenz nackt und reprimierend hervor.

Die Verwandlung von zwischenmenschlichem Hass in Auflehnung gegen die Herrschaft, in wilde Streiks, Proteste oder Besetzungen von Fabriken – vom integrativen und repressiven System des Spätkapitalismus nur zu oft aufgesaugt oder unterdrückt – hat ihre faschistische Quasi-Parallele. Auch die Kanalisierung von Feindseligkeit gegen »böse Objekte«, Juden, Fremdarbeiter usw., Bestandteil des Arsenals jeder konterrevolutionären Agitation, führt – vorübergehend – zu einer Minderung zwischenmenschlicher Konflikte und die Mitglieder der Mehrheit rücken einander näher, die Vernichtung des freigegebenen Feindes suspendiert kurzfristig die Vernichtung des privaten, mitmenschlichen Friedens. Aber der Hass, der sich gegen Verhältnisse und gegen die diese Verhältnisse tragenden Eliten richtet, unter denen es inhuman zugeht, Klassenbewusstsein und die Sammlung unter der Fahne der emanzipierenden historischen Tendenz gestatten gerade jene Selbsteinsicht und Selbstveränderung, die unter dem Einfluss rechter Agitation, in der Treibjagd auf Sündenböcke, erlischt. Ausschließlich dem neutralistischen Blick der in den Dienst von Herrschaft genommenen »wissenschaftlichen Objektivität« gelten – insofern interpretiert wird, was methodisch sich registrieren und objektivieren lässt, und die Ebene der Selbsterfahrung und ihrer Entwicklungschance suspendiert bleibt – beide Phänomene als identisch.[9] Freilich: Am Anfang einer solchen Re-Konvertierung von drückender zwischenmenschlicher Feindseligkeit in den gerechten Hass der Revolution mögen die Beteiligten schwanken, mag

---

[9] Hier liegt eine Wurzel für den Vorwurf des *Linksfaschismus*, der jede revolutionäre Tendenz erst einmal als das denunziert, wogegen sie sich richtet.

es auf des Messers Schneide stehen, ob die erworbene Gefühlsgewohnheit, ob der erlernte Mechanismus der herrschaftskonformen Kanalisierung sich durchsetzt oder der Atem von Freiheit. Zu lernen wäre daraus, dass die Intentionen derer von Bedeutung sind, die sich an die Spitze solcher – möglicherweise spontanen – Bewegungen setzen und den Agierenden deuten, was mit und in ihnen geschieht; nicht wäre daraus zu entnehmen eine Identität von Freiheit und Unterdrückung.

FEINDSELIGKEIT IN DEN ZWISCHENMENSCHLICHEN BEZIEHUNGEN

Die Störung und Zerstörung aller zwischenmenschlichen Beziehungen durch institutionalisierte Feindseligkeit schritt in der Rekonstruktionsperiode des organisierten Kapitalismus in *allen* Schichtungen der Klassengesellschaft fort. Sehr im Gegensatz zu den vielen Bekundungen, die Bundesrepublik dürfte als »Wohlstandsgesellschaft« oder als »Sozialstaat«, als harmonisiert und integriert gelten, suchten schon vor 1966 die Brief schreibenden Leser in den *Frau Irene*-Spalten unserer Massenblätter nicht nur Rat, sondern Hilfe gegen primäre Sozialerfahrungen wie Grausamkeit, Gleichgültigkeit und Härte. Das gilt unverändert noch heute. Zugleich werden Menschen, die selbst vergewaltigt sind, in der Situation eines viel besprochenen sozialpsychologischen Experiments, zum Folterer, wenn sie Prüfungskandidaten für Versagen und Ungehorsam mit Elektroschocks bestrafen. Die Vergewaltigten antworten mit Gewalt. Aus der Schweiz wurde unlängst berichtet, es habe sich im Zusammenhang mit dem Gastarbeiterproblem in der Population viel Rat- und Hilflosigkeit gegenüber dem »als bedrohlich empfundenen industriellen Moloch« gezeigt, *unreflektierte Industriefeindlichkeit* gar, ja verbreitet »Zukunfts- und damit Lebensangst«. Dass der Gastarbeiter zum »Feind« wird, in der BRD, in der Schweiz, in Norditalien (dort gegenüber dem Zustrom aus Süditalien), ist ohne jene ohnmächtige Sorge und Angst nicht denkbar, die auf erfahrene, immer drohende Feindseligkeit antwortet. Allerorten werden zwischenmenschliche Beziehungen in wachsendem Ausmaße bestimmt durch eine jederzeit abrufbare, doch in der Latenz schon belastende Bereitschaft zur Feindseligkeit, zur Abwehr fremden Anspruchs, als gegenseitige Frustration, als Entzug menschlicher Nähe, als Tendenz zur Kontrolle übereinander, als Rivalität, Konkurrenz und *Hass*. Auch Kleinbürger, auch Individuen der Mittelschichten verhalten sich konform nicht nur, weil Sehnsucht nach Glück und nach Lust in Ersatzbedürfnisse transformiert wurde, die über den Markt befriedigt werden sollen, sondern weil die Kosten für Abweichungen von konformen Verhaltensmustern und Einstellungen sehr hoch geworden sind. Die Psychoanalytiker lernen aus den Resultaten dieser wachsenden Verstörung, dass ihr Thema nicht mehr sein darf, das zu registrieren und zu behandeln, was Menschen nicht mehr können: verarbeiten, ausgleichen ..., sondern das, was ihnen angetan wird.

In diesen und anderen Informationen läuft Unterdrückung, läuft Gewaltförmigkeit in der Regelung zwischenmenschlicher Beziehungen um, die es angeblich nicht mehr gibt. Für Bevölkerungsmehrheiten war der »Wald von Cliquen und Institutionen, die von den obersten Kommandohöhen der Wirtschaft bis zu den letzten professionellen Rackets für die Fortdauer dieses Systems sorgen« (Horkheimer & Adorno, 1981, S. 56), längst undurchdringlich geworden, was sie im Verbund mit der Affirmation an die tendenzielle Anomie spätkapitalistischer Gesellschaften und der psychischen Expropriation durch Massenmedien, Massenkultur wachsend verunsicherte und *Anpassung* als die geeignete Daseinstechnik empfahl; Anpassung, aber auf der Folie von Apathie und Resignation – keine heitere, die mit der Entfremdung spielt, keine, die der Individuierung des Einzelnen vorangeht.

Herbert Marcuse hat beschrieben, wie sich die alte Kantsche Diagnose, Menschen könnten weder das friedliche Zusammenleben entbehren noch es vermeiden, einander beständig widerwärtig zu sein, in den entwickelten Industriestaaten konkret darstellt (Marcuse 1967, S. 7ff.). In der Gesellschaft wird Feindseligkeit akkumuliert, aber in dem Maße, in dem Feindseligkeit in die Struktur menschlicher Beziehungen eindringt, passt sich das seelische Gefüge der Bürger diesem gesellschaftlichen Zustand in Richtung auf Konformität und soziale Integration zunehmend an. Menschen werden nicht nur aggressiver und jeder wird des Anderen potenzielles Opfer wie Täter, sondern sie versöhnen sich mit ihrer Lage, in der sie einander leiden lassen und aneinander leiden. Sie erscheint ihnen sogar als akzeptierbar, wenn nicht gar als Harmonie.

POLARISIERUNG IN HENKER UND OPFER

Daran, dass Individuen in wachsendem Ausmaße zugleich feindseliger und fügsamer, auch nachgiebiger geworden sind, besteht kaum ein Zweifel; ob aber die kalkulierten langfristigen Strategien »gewaltloser« Ausbeutung mit Hilfe eines reichen Güterangebots und ob die Fähigkeit der Sozietät, die Triebansprüche der einzelnen zugleich zu befriedigen und zu verwalten, noch jene hohe Bedeutung haben, die ihnen gemeinhin zugesprochen wird, ist doch fraglich. Auch dass die Massenkultur die inwendigen Regungen ihrer Zwangskonsumenten in Beschlag nimmt und sich anstelle von Verinnerlichung überlieferter Werthaltungen jetzt die prompte, unmittelbare Identifikation mit stereotypen und standardisierten Wertskalen setzt, trifft

den gegenwärtigen Zustand nicht mehr genau, weil nur noch von einge-
schränkter Geltung. Zu dem geschilderten gesellschaftlichen Zustand –
Störung, ja Zerstörung zwischenmenschlicher Beziehungen durch Feindseligkeit – bedurfte es mehr: der Polarisierung in »Henker« und »Opfer«,
der Remilitarisierung auch des zivilen Lebens, wachsender Enttäuschungs-
raten, und schließlich der Waffen – als Ausdruck einer Entwicklungsgeschichte und als Symbol.

In der Bundesrepublik wie anderswo nimmt die Anzahl der *drop outs*,
der Ausgeflippten und der Randgruppen zu – eine Folge der kruden Selek-
tion nach Leistung und Konsumrate, die dazu tendiert, der Nation Merkmale einer Kastengesellschaft zu verleihen. Erst mit dem *paria* wird sie vollständig, und dem ist der Aufstieg für immer unmöglich. Da der Widerstand
gegen diesen Gang der Dinge, gegen die Fortdauer ungerechter und unzu-
mutbarer Verhältnisse bleibt, höchstens seine Träger wechselt (wilde
Streiks und Haus-Besetzungen lösen die Straßendemonstration von gestern
ab; Lehrlinge bilden Aktions- und Protestzentren wie früher nur die Studenten), werden die potenziellen Opfer der Feindseligkeit, die kleinbürgerliche Reputation und Klassenherrschaft im Windschatten internationaler Konterrevolution entwickeln, insgesamt also mehr. Da auch der
Besitz und folglich der Gebrauch von Schusswaffen in der Bevölkerung
zunimmt, befinden wir uns offensichtlich auf amerikanischem Kurs:

Süddeutsche Zeitung vom 16.12.1970: »Wirt erschießt Gast«; *Frankfurter
Rundschau* vom 14.12.1970: »Apfelkrotzen und zwei Schüsse«; *Süddeutsche
Zeitung* vom 6.1.1971: »Leichtsinniger Schütze ermittelt« (Ein Angestellter
feuert aus dem 11. Stock eines Wohnhauses wahllos mehrere scharfe Schüsse
ab und verletzt einen siebenjährigen Jungen lebensgefährlich). Am 4.1.1971
berichten mehrere Zeitungen, ein Hausbesitzer habe im Streit auf einen
Möbelträger geschossen und ihn am Arm verletzt. Im Dezember 1970 fielen
verschiedentlich Schüsse auf Wohnhäuser und Pkws. Ein Unteroffizier fühlt
sich von lärmenden Kindern gestört, schießt – verletzt ein Kind lebensgefährlich. Schon Mitte 1970 wurde gegen einen Studienrat in Kassel verhandelt, der
auf Schüler und Studierende schoss, die vor seinem Fenster demonstrierten.
Ein 62-jähriger Rentner, der schon früher Kinder mit Schüssen von seinem
Grundstück vertrieb, verletzte am 19. November 1970 einen 12-Jährigen
schwer. »Als der lebensgefährlich verletzte Junge ... hervortorkelte, ging Th.,
ohne Hilfe zu leisten oder zu veranlassen, nach Hause« (*H.A.Z.* vom 2. Juli
1971). Im Laskawy-Prozess in Frankfurt trug der RA Schmidt-Leichner nach
eigenen Angaben eine scharf geladene Pistole bei sich; aus Sorge, angegriffen
zu werden. Erinnert sei an die Entwaffnung von Franz Josef Strauß durch eine
Stewardess der Lufthansa.

Nicht nur der Griff des Bürgers oder Proletariers zur Waffe, wo es sich um die Dokumentation oder Verteidigung herrschaftskonformer Stimmungslagen handelt, auch die sich mehrenden Fälle organisierter Selbstjustiz wären unter dem Aspekt: Rückkehr roher Gewaltförmigkeit in die Praxis bürgerlicher Gesellschaft, zu gewichten. In Frankfurt trieben Taxifahrer unlängst einen Verkehrssünder so in die Enge, dass dieser seinen Wagen in den Main steuerte – drei Mitfahrer ertranken. Die *FAZ* schrieb:

»Dieses Drama von Rechthaberei und Gewalttätigkeit im Straßenverkehr, das mit der Missachtung einer roten Ampel begann, zeigt eine dem Anlass unangemessene Eskalation von Fahrer-Untugenden. Schon die schlechte Angewohnheit, Verkehrssünder zur Rede zu stellen und zu beschimpfen, schießt über das Ziel hinaus. Der geschnittene Taxifahrer hätte es dabei bewenden lassen sollen, die Nummer des Sünders zu notieren. Die im Gesetz mögliche ›vorläufige Festnahme‹ war hier weder notwendig noch angebracht. Dass der Täter den Taxifahrer selbst niederschlug, macht die folgende fatale Selbstjustiz zwar verständlich, rechtfertigt sie aber nicht. Im Rechtsstaat obliegt die Strafverfolgung in der Regel der Polizei und der Staatsanwaltschaft. Hilfe für den bedrängten Kollegen? Ja. Feststellung des Kennzeichens? Ja. Autojagd mit Hilfe des Funks und der Kollegen? Nein«.

Man muss ergänzen: Auch für Bevölkerungsmehrheiten ist, wenngleich in verändertem Kontext, der PKW längst zu einem gesellschaftlich akzeptierten Instrument der Realisierung tötender und selbsttötender Tendenzen geworden. In den letzten 10 Jahren starben etwa 160 000 Menschen auf den Straßen der BRD. Godards Film *Weekend* ließ noch in der Überzeichnung durchblicken, welches Maß an Destruktivität in der Tatsache sich verbirgt, dass »Anpassung« an den Straßenverkehr bei der überwiegenden Mehrzahl der Verkehrsteilnehmer nach dem Erwerb des Führerscheins im Sinne eines »negativen Lernprozesses« verläuft, d.h. in Richtung eines mit der Fahrpraxis erheblich *zunehmenden* Risikos.

Die Polarisierung in Henker und Opfer und damit die Césaire'sche »Verwilderung des Kontinents« hat viele Einbruchsstellen: Ich erinnere an die Misshandlungen in Kölner und Hamburger Gefängnissen (*Glocke* und *Klingelpütz*), an die Verhältnisse in Tegel oder die Behandlung ausländischer Untersuchungshäftlinge; an die Frau, die ihre Hausangestellte hungern lässt, in Verschläge sperrt, sie brennt und prügelt. Sie drückt sich aus im Hass, der auf den intimen Lebenskreis zurückweist; es ist die Lust, Schwächere zu quälen, in ihr Lächeln zu schlagen, wofür man politisch oder moralisch Rationalisierungen sucht und findet. Da machen mit: Studienräte, Kaufleute, Bauern, und Arbeiter; unser Nachbar; der Kassenbote einer Bank oder der Vertrauenslehrer eines staatlichen Gymnasiums. Wenn die Verwilderung des Kontinents fortschreiten sollte, die Bewaffnung in der Bevölkerung zunähme, die Polarisierung in Henker und Opfer den *Klassenkampf* endgültig substituierte, würde die Angst vor der Wiederkehr des Nationalsozialismus oder vorm faschistischen Putsch mehr und mehr überflüssig: Wäre die Brutalisierung des sozialen Lebens dann doch so allgemein geworden, dass jener »soziale Friede«, den der Kapitalismus meint, auch ohne faschistisches Regime gesichert bliebe.

Erst in diesem Zusammenhange kann richtig gewichtet werden, was die Notstandsgesetzgebung durch die Auflockerung rechtsstaatlicher Garantien zugunsten einer Militarisierung von Politik für die Lage in der Bundesrepublik und für die Entwicklung von Konflikt- und Herrschaftsstilen bedeutete.[10]

Waren die Massen in den Industriegesellschaften immer nur deshalb durch angebotene Gütermengen und Massenkultur lenkbar, weil sie zugleich politisch und ökonomisch ohnmächtig blieben, so ist es nach jüngsten Erfahrungen vorzüglich ihre Ohnmacht gegenüber der Drohung nackter Gewaltförmigkeit in ihren verschiedenen Formen, die sie zur Anpassung oder Vorsicht nötigt. Ich denke dabei nicht nur an die sich häufenden Drohungen, Vollbeschäftigung dürfe kein Fetisch sein, was, weil nur zu berechtigte Ängste aus Zeiten der Massenarbeitslosigkeit aktualisiert werden, selbst schon gewalttätig ist. Die Behandlung der Studenten, »neuen Linken«, Gammler oder Hippies in den Massenmedien, die Vielzahl der Zeitungsberichte über Folter und Sadismus (vgl. Lettau 1970), die Pornografie des Todes in den *Western* und vergleichbare Inhalte des Kommunikationsnetzes sind Mitursachen des gleichen Tatbestands, dessen Symptome sie sind: eben des Tatbestands, dass ein herrschaftskonformer sozialer Frieden sich über erneute Gewaltförmigkeit bürgerlicher Politik konstituiert. Da sich, wie es schon in der *Dialektik der Aufklärung* hieß, die gesellschaftlich verantwortliche Elite im Nebel der Verhältnisse von Eigentum, Besitz, Verfügung und Management der Bestimmung entzieht, erscheint freilich vielen auch unter den Gebildeten Feindseligkeit in der Art einer anthropologischen Konstante, als Ausfluss naturwüchsiger Merkmale des Menschengeschlechts, was Trends zur Anpassung und Versöhnung unterstützt. In der Tat bleibt Aggressivität eine »anthropologische Konstante«, solange sich der gesellschaftliche Zusammenhalt der Menschen noch auf zwischenmenschliche Feindseligkeit gründet.

---

[10] Immerhin drei der acht Bundesrichter erklärten zum Verfahren über das sog. Abhör-Gesetz, der Bürger werde hier zum Objekt *staatlicher Gewalt* gemacht, die kurzerhand von Obrigkeits wegen über sein Recht verfüge. Die im Rahmen der Notstandsgesetzgebung getroffene Regelung sei verfassungswidrig (FR vom 6.1.1971).

Anpassung, Fügsamkeit und Konformitätszwang nehmen in den verschiedenen Klassen und Schichtungen der Gesellschaft verschiedene Formen an. Bekanntlich entscheidet in den mittleren Schichten das Vorzeigen der als »richtig« markierten Bedürfnisse und das Demonstrieren des »richtigen« Lebensstils nicht nur über den individuellen Aufstieg, sondern – einschneidender noch – darüber, ob einer den sozialen Status wird einnehmen können, der ihm nach Herkunft und Bildungsstand zukommt, oder ob irgendeine Form sozialer Achtung über ihn ergehen wird. Die verinnerlichte Angst vor sozialer Isolation, eine verfeinerte Form des Ostrazismus[11] wird allerorten spürbar. Feindseligkeit schlüpft in die Techniken der Konformierung und nimmt die Gestalt wechselseitiger Kontrolle, der »diskutierenden« Verfügung über seelisches und soziales Material, der kaum mehr bewussten Sanktionierung abweichenden Verhaltens an; und zwar so, dass sich soziale Kontrolle, die man über andere ausübt, in der Form von Schuldgefühl, Instanzenkonflikten und Selbstunterdrückung reproduziert. Jeder wird sich selbst verdächtig – es sei denn, er verdächtige alle anderen.[12] Innerhalb der Unterschichten, d.h. der Masse der lohnabhängigen Bevölkerung, regelt sich die Lebenslage des Einzelnen über symbolische Interpretationen, die der Träger von Herrschaft dem Verhalten der Abhängigen gibt. Vielfach wurde bemerkt, dass Konformität und Loyalität beliebter machen als Leistung, und dass sie stärker als individuelle Leistungen die Höhe des Lohnes und anderer Anteile am gesellschaftlichen Produkt bestimmen. Das beginnt spätestens in den Volksschulen: Kinder der Mittelklasse erwerben sich Anerkennung durch das Vorzeigen von Leistungsmotivation und Neigung oder Leichtigkeit im Verbalisieren (»richtige« Bedürfnisse), korrektere Rechtschreibung und legere Kleidung (»Stil«), Kinder der Arbeiterklasse durch Bravheit, Sauberkeit, Gehorsam – symbolischer Ausdruck dafür, dass die unkultivierten, schmutzigen Kellerratten jeder Revolution disziplinierbar, *kolonialisierbar* sind; dass, infolge der Verteilung des Eigentums, der Sohn des Arbeiters nichts anderes werden soll als wieder ein Arbeiter. Karl Bücher (1946) fügt hinzu: »und dass dies eine Folge der Armut sei«. Übereinstimmend damit haben Mütter in der sozialen Unterschicht längst viele jener offen autoritären, auf die Herstellung von Sauberkeit, Ordnung und Disziplin abzielenden Sozialisations- und Erziehungstechniken übernommen, die im vorigen Jahrhundert im Bürgertum sich entfalteten.

---

[11] Scherbengericht; damit wurden in Athen zwischen 487 und 417 v.Ch. politisch missliebige Bürger verbannt. –kw–

[12] Andere Aspekte des Anpassungssyndroms lassen sich Untersuchungen über das Gesellschaftsbild des Ingenieurs, des Lehrers usw. leicht entnehmen.

Die Fügsamkeit der gegeneinander insgeheim Indifferenten und latent Feindseligen geht in den lohnabhängigen Massen einher mit der Übernahme gewisser kleinbürgerlicher Lebens- und Verhaltensformen. Wilhelm Reich hat dazu angemerkt, das kleinbürgerliche Schlafzimmer, das sich der Prolet anschaffe, die Unterdrückung der Frau, die anständige Kleidung am Sonntag und tausend andere Kleinigkeiten hätten bei chronischer Einwirkung unvergleichlich mehr konterrevolutionären Einfluss als Tausende von Versammlungsreden und Flugzetteln gutmachen könnten (vgl. Reich 1933, S.106). Kein Wunder, dass einer Sklavin der Industriegesellschaft, einer Akkordarbeiterin, beim Anblick des Unternehmersohnes nicht mehr als ein Tadel seines legeren Habitus einfällt: »Wenn der da herumsteht, mit ungepflegten Haaren, nicht einmal eine Bügelfalte in der Hose. ... Vom vielen Geld, das der verdient, könnte er sich doch wenigstens ordentlich anziehen« (Kursbuch 21, 1969, S. 86). Fällt ihr mehr denn nicht ein? Nun ist aber die kleinbürgerliche Reputation für die Unterschicht viel. Sie ist schließlich das Symbol vollzogener Angleichung an den Lebensstil der herrschenden Klasse, genauer: an die ihnen zugänglichen Stile der unteren Ränder des *kolonisierenden Volksteils*. Der Kolonisierte, Unterworfene und Ausgebeutete ohne wirtschaftliche und politische Macht findet seine schmale Chance zumutbarer Lebensfristung primär durch die strikte Übernahme mancher Bräuche und äußeren Lebensformen des Kolonialherren. Nur den Herrensohn trifft's als schlichter, verwunderter Tadel; kleinbürgerliche Reputation dient innerhalb der Kolonialisierten zur eminent feindseligen Abgrenzung gegen die je »Tieferstehenden«. Da sich mit solchen Abgrenzungen, weil von partiellen Angleichungen »nach oben« untrennbar, ein dichotomes Bewusstsein verfestigt, welches die Klassensituation nach wie vor mit dem ontologisierenden Topos derer »da oben« und »unten« umschreibt, wird »Reputation« und was aus ihr folgt auch als psychische Abwehrformation gegen ein Klassenbewusstsein wirksam, das sich unablässig, und sei es in noch so vager und flüchtiger Form, dem Bewusstsein des Arbeiters aufdrängen will; mitsamt eben den Handlungsanweisungen dieses Klassenbewusstseins, vor deren ungestörter Rekonstruktion er sich nicht ganz so ohne Grund fürchtet. Insofern droht der Anblick des leger sich gebenden Herrensohnes in der Tat, Anpassungssysteme ins Wanken zu bringen. Wieder einmal sind »die da unten« die Betrogenen. Der Herr selbst grenzt sich nun nach dem Kleinbürgertum hin durch den geschmackvollen, aus Boutiquen teuer genähten legeren *look* ab, dabei neuerdings noch die Protesttracht der Gegengesellschaft modisch integrierend.

Auf der Seite der Unternehmer zeichnet sich diese soziale Welt, in der wir mit ihnen leben, freilich anders ab. Wer, ein Beispiel für allzu viele, in seiner Hauszeitschrift die Frage eines Unternehmers liest, »wie traurig und leer es in solchen Menschen aussehen« müsse, die nichts anderes »tun als mit Hass und Gemeinheit Unfrieden zu stiften und zu zerstören« (Hauszeitschrift *Rund um Melitta* 12/1970), womit der Unternehmer Kritik an seiner Betriebsführung und politischen Haltung meint, dem werden sich Gegenfragen unabweisbar aufdrängen: Welche Konsequenz haben Täuschen, Verdrehen, Moralisieren und Lügen für den, der solches Verhalten nicht nur duldet, sondern es übernimmt? Täuscht am Ende der Lügner sich selbst? Nimmt er die Züge seines strategischen Projekts an? Was er irgendwann einmal noch als Verdrehen, Lügen, den Schein wahren usw. erlebt, als taktischen Kunstgriff im Kampf um seine Profite und Vormachten verwendet haben mag, restituiert sich später, auf einer neuen Ebene von Gewohnheit und Identifikation mit seiner »sozialen Rolle«, als *Wahrheit der Charaktermaske.* Sie findet den Konsens der herrschenden Klasse und geht als Moment ihrer verborgenen Erniedrigung in die heteronome Sittlichkeit der Beherrschten ein, soweit sie Unternehmer anerkennen oder gar bewundern, zerstört in sich und anderen menschliche Substanz und geht am Ende in ausgewählten Exemplaren als *Persönlichkeit* in die Schullesebücher einer sich selbst verhöhnenden Kultur ein (vgl. Brückner 1969). Kaum ist ein Aufstand gegen Herrschaft denkbar, der nicht einer gegen diese ganze »Kultur« selbst wäre, seitdem sie ein Sediment von »Sitte« und »Wert« gewordener Unredlichkeit darstellt.

Das tief Unversöhnte, das sich dem aufmerksamen Betrachter als Kern des »sozialen Friedens« enthüllt, und das von der Transformation der Klassen- und Emanzipationskämpfe in vorurteilsstrukturierte und ethnozentrische Freund-Feind-Konflikte innerhalb der Lohnabhängigen nicht getrennt werden kann, trifft, wo es sich loslässt, in großem Stile vorerst verpönte Minderheiten. Im Schutze öffentlicher Billigung (oder doch von Gleichgültigkeit) trifft Feindseligkeit pariaartige Subkulturen und erweist sich auch darin als unversöhnte. Wie jedermann seit einiger Zeit weiß, gibt es in Jugendstrafanstalten und Fürsorgeheimen nicht nur in der BRD, sondern auch in Österreich oder in der Schweiz offenes koloniales Elend.[13] Wir wissen, was auf straffällige Prostituierte und so genannte »Arbeitsscheue« wartet (vgl. Gravenhorst 1970) und was das Leben in Obdachlosenlagern und -asylen bedeutet. Noch immer klagen namentlich jüngere Arbeiterinnen zu recht, sie seien in die Sklaverei verkauft.

Beispiele dafür, dass ein entschlossener Protest – wenn er von Gruppen und Personen ausgeübt wird, die Öffentlichkeit finden – da und dort die

---

[13] Für die Schweiz verweise ich auf die engagierte Zeitschrift *focus*; in Wien hat der *VSStO* (Verband der sozialistischen Studenten) Informationen zu diesem Thema gesammelt.

Revision solcher »Urteile«, die Milderung eines Verdikts oder die Korrektur von schreienden Missständen erreichen kann, gibt es. In der Tat ist Gewaltförmigkeit, Feindseligkeit und Repression nirgends vollständig. Sie können es gar nicht sein; weil die herrschenden Klassen die Teilpopulationen, die für sie Mehrarbeit leisten, nicht vernichten wollen; weil unsere Kultur in Jahrhunderten leistete, was in den kolonialisierten »farbigen« Ländern in einigen Jahrzehnten nur zögernd versucht worden ist: die Heranbildung einer mittleren Führungsschicht und die (erzwungene) bessere Ausbildung auch der »unteren Klassen«. Gäbe es auf dieser Basis nicht die Chance für ein Mehr an Menschlichkeit und Emanzipation, gäbe es nicht immer wieder Entschlossene, die bereit sind, sich dieses *Mehr* auch zu nehmen (oder es für Andere einzuklagen), so wäre auch die Konterrevolution – nicht so allseits sichtbar und offen auftretend wie der Protest der Entschlossenen – weniger permanent. Im Jargon der verführten öffentlichen Meinung: Der linke Protest erst refaschisiert die Bourgeoisie und ihren Machtapparat. Verlangte niemand mehr als diese Bourgeoisie zu geben bereit ist, und ließe man sie sich nehmen, was sie haben will, so könnte Frieden sein.

Auch muss, wer herrscht, ein gewisses Maß von Plastizität wahren; bleibt doch die Erhaltung dieses sozialen Friedens gegenwärtig ein heikles Geschäft. Die Widersprüche des organisierten Kapitalismus werden immer schwerer staatsinterventionistisch zähmbar; das ist ein Grund dafür. Was vor wenigen Jahren noch als »wachsende Zufriedenheit« der Bevölkerungen angesichts der Erleichterung ihrer materiellen Lage verstanden wurde: die Tendenz zur Konformität, zum Desengagement, zur politischen Apathie und zum Wohlverhalten, erwies sich als in hohem Maße anfällig schon gegen Rezessionen beschränkten Ausmaßes. Auch lassen sich die einmal Halb-Emanzipierten nie wieder so leicht von Forderungen nach einem Mehr an politischer und ökonomischer Macht abbringen; das ist ein zweiter Grund.

Anderes wäre anzufügen. Sozial-integrative Organisationen, einstmals in der Überwindung roher Formen kolonialistischer Ausbeutung bewährt, sind heute vom Vertrauensschwund unter den Organisierten betroffen – die Gewerkschaften geraten unter den Druck von Doppel-Loyalitäten, Spannungen bis zum Zerreißen vertikaler und horizontaler Gefüge treten auf, auf ihre Stabilisierungsleistungen ist kein rechter Verlass mehr. Nicht einmal die Kanalisierung aller revolutionären Tendenzen in emanzipationswidrige Feindseligkeit, in zusätzliche Unterdrückung des Bodensatzes, der Hefe des Proletariats, oder die Ablenkung solcher energetischen Wellen auf systemimmanente Aktivitäten funktioniert noch so wie vor einigen Jahren. Auch wird von Rebarbarisierung, die alle ergreift, dennoch nicht jeder ergriffen. Die Plastizität von Herrschaft ist deshalb selbst Herrschaftstechnik, nicht aufgeklärte Milde, zum Teil doch schon aufgezwungen. Die Frage, welche Chance Versuche zur Militarisierung der Gesellschaft, zur Restriktion, zur Verunsicherung der Arbeiterklasse durch Verzicht auf den »Fetisch Vollbeschäftigung« und der eventuelle Rückgriff auf außerökonomische Zwangsgewalt gegenüber emanzipatorischen Kräften haben – emanzipatorische Kräfte, die jene »Plastizität« von Herrschaft ebenso wohl freisetzen musste wie sie auf die endemische Natur dieser Herrschaft reaktiv antwortet – ist noch offen. »Vorwarnungen der künftigen Entladung grausamer und unversöhnlicher innergesellschaftlicher Kämpfe«, die Alexander Mitscherlich in den Ghettoaufständen amerikanischer Städte sieht, sind jedenfalls auch dort zu finden, wo niemand sie vermutet. Wer weiß, was uns noch ins Haus fliegt? Die vergangenen Jahrzehnte haben gezeigt, dass viele Menschen sich gegen Gedanken, Haltungen und Verhaltensweisen brutalisieren lassen, auch wenn nichts darin in Wahrheit *ihre* Interessen und *ihre* Integrität bedroht, und dass sie – zustimmend – auch gegen ihre wahren Interessen handeln können. Vom verworrenen Zustand der Einzelnen zeugt die verbreitete Bereitschaft, sich auf nationalistischen Wellen militarisieren zu lassen. Wie ein Kind wimmert, das sich kochendes Wasser über den Fuß goss, wissen viele und sind bereit, es zu verhüten. Einfühlbar bleibt noch immer die Fassungslosigkeit, mit der jemand nach einem Verkehrsunfall auf das gebrochene Genick seines Partners sieht. Aber als Napalm, als Explosion, als Luftdruck im Kriege wird dies alles mit einem Male hingenommen und zugefügt. Viele würden die eigenen Kinder töten lassen oder selbst andere töten – nur wegen des Besitzes von Städten oder wegen Interessen, von denen sie in der Gesellschaft des organisierten Kapitalismus nichts haben. Wenn aber schon einmal der »Friede« so unerträglich wird, dass Unterdrückte sich bewaffnet auflehnen, soll dann die verbreitete Toleranz gegenüber den unterdrückenden oder räuberischen Kriegen mit einem Male nicht mehr gelten. Auf schlüpfrigem Blut wollen sie nur die Reiche der *Unterdrücker* gegründet sehen.[14] Weniges ist so widerwärtig und inhuman wie es der Anblick französischer Nationalisten zur Zeit des Algerienkrieges war oder wie es der Anblick von begeisterten Deutschen ist, die einem demagogischen Vertriebenenfunktionär zuhören.[15]

---

[14] Leserbrief im *Spiegel* vom 14.11.1970: »Meine oberschlesischen Landsleute setzen sich nach wie vor für die Interessen der Vertriebenen ein. An dieser heiligen Sendung halten sie streng fest. Grenzlandmenschen sind kämpferisch! Das Deutschtum muss stets neu unter Beweis gestellt werden. Oberschlesien ist blutgeweihter Boden! – Der heilige Berg Annaberg ist Mahnung, Verpflichtung und Wahrzeichen zugleich«.

[15] Jacob Burckhardt an Friedrich Theodor Vischer (1807-1887): »Dem Philister ist überall öd und bang, wenn er nicht zu einem enormen Staat gehört, der ihm außer

Auf das Über-Ich, das, im Verein mit der Verdrängung von Aggressivität Bürger der Mittelschichten eher friedfertig machte, jedenfalls von roher Gewaltförmigkeit abhielt, ist, so scheint es, kein Verlass mehr. Zu lange konvergierte das »Gute«, im Tun wie im Unterlassen, in allen Schichten der Bevölkerung in Apathie; zu lange meinten Mehrheiten, *gut* und *böse* schon kraft ihrer Mehrheit zu setzen. Jetzt meinen sie gar, der Ordnung hülfe man am sichersten zum Sieg durch ein Verbrechen (Heinrich Mann). Am Ende dieser Involution, durch die Widersprüche des organisierten Kapitalismus an den Wurzeln labilisiert und von verschiedenen Formen der Desorganisation und Dissozialität bedroht, könnten Bürger erneut zur blinden Exekutive jener Gewaltförmigkeit in der Politik herrschender Klassen werden, die auch von außen her langsam wieder auf sie zurückt.

Sicherheit auch noch durchgehende Nachtzüge u.a. Bequemlichkeiten verspricht. Freilich können ihm die Söhne perfect in Feldlazarethen sterben«.

Kapitel 5

Gewaltförmigkeit in der Politik der herrschenden Klassen

VORBEMERKUNG

Dass es seit der Morgenröte der bürgerlichen Gesellschaft, der *Französischen Revolution*, nicht nur vorangegangen ist: *wo Licht ist, da ist eben
auch Schatten*, die Dinge haben ihre Nachtseite nicht weniger als ihre lich-
te, ihren »Tag«, das wird nicht mehr bestritten. Wer heute daran erinnert
wird, meint, man müsse sich damit abfinden. Nicht alle Blütenträume reifen; gut Ding braucht Weile; wer das Paradies fordert, hat die bessere
Zukunft schon verspielt: bekannte Plattheiten der Gegenaufklärung. Ja,
jedes Ding geht mit seinem Gegenteile schwanger, so Karl Marx, und mir
scheint, die Nachtseite, die es bei allem Fortschritt der bürgerlichen Gesellschaft immer gab, wurde zum Tag; unter allem, was im Umlauf bürgerlicher Kultur ins Dunkel verschwand, z.T. in den Untergrund, war viel
Lichtes.
   Was wird in Schulen und Universitäten gelernt? Die bürgerliche Gesellschaft habe die Gewaltförmigkeit der Politik zur Zeit des Absolutismus
aufgehoben, die Regierungsgewalt an Prinzipien demokratischer Legitimi-
tät gebunden. Sie habe auf dem Wege zum Rechts- und Sozialstaat schließlich gewaltlose Formen von Gewalt zur Steuerung ganzer Bevölkerungsmassen entwickelt: etwa langfristig kalkulierte Strategien der Lenkung
durch materielle Befriedigung von Bedürfnissen, oder technologisch
ingeniöse Einrichtungen zur Planung sozialer Systeme. Sie müsse freilich
noch lernen, auch außenpolitische Konflikte gewaltlos zu lösen. Dieser
geschichtliche Prozess der Vermenschlichung in Politik und Gesellschaft
des Bürgertums fände seine Entsprechung im Wandel der Sozialisationsagenturen der Sozietät: In Familien, Schulen und Unternehmen sei Rohheit
verpönt, der autoritäre Duktus des 19. Jahrhunderts in der Epoche gewährender Umgangsstile, der »Betriebsgemeinschaften« selten und anstößig
geworden. Wenn auch das Glück, das in den Emanzipations-Verfassungen
der bürgerlichen Revolution *allen* Menschen angekündigt worden sei, auf
sich warten lasse, und wenn auch, wie die Episode des Nationalsozialismus
in Deutschland oder der disziplinierte Faschismus der griechischen Militär-

junta zeige, Demokratien das Risiko von Regression auf überwundene Stufen sozialer Ordnung eingehen – die Nachtseite, die gewiss nicht bestritten werden solle –, so sei doch die fortschreitende Humanisierung menschlichen Zusammenlebens unbestreitbar. Nicht nur in der Sphäre von Politik und Partei, im gesellschaftlichen Leben: auf den verschiedenen Ebenen der Erziehung, Ausbildung, Wirtschaft, in Güterwohlstand und allgemeiner Zivilisation reflektiere sich vielfältig der geschichtliche Fortschritt der Industrienationen. Was der Bürger mehrheitlich vorfinde, sei Freiheit und Eigentum im verbesserungsfähigen Sozialstaat.

Dieses panoramatische *vie en rose* wäre bestenfalls die eine, die Lichtseite der ersten sechs Jahrzehnte des 20. Jahrhunderts; liest man sie unter dem Aspekt zweier Weltkriege, des europäischen Faschismus, der Wirtschaftskrisen, des Algerien- und Vietnamkonflikts oder des Spanischen Bürgerkriegs, so hat das bestenfalls Untertöne von Hohn und Zynismus. Immer war es nur ein vie en rose der *Überlebenden*. Die Toten aber haben unter uns keine Stimme – dass sie wenigstens im Gedächtnis der Überlebenden sprechen, haben in früheren Jahrzehnten Gefallenendenkmale, Kriegervereine und Erinnerungsfeiern zu verhindern gewusst. Heute, in der Epoche der Verdrängung von Trauer, bedarf es solcher Zurüstungen kaum noch.

Über »Freiheit und Eigentum«, über Schule, Sozialisation und Ausbeutung habe ich mich bereits geäußert. Sind wir wenigstens unabhängiger von der Natur geworden, haben wir gelernt, sie zum Nutzen der Menschen zu beherrschen?

Während die Ausbeutung des Menschen durch den Menschen innerhalb der Industrienationen ihre Krallen ein wenig einzog, ohne ihn je aus ihrem Griff zu entlassen, schlug in der Ausbeutung der Natur die historisch errungene Herrschaft über die Natur in schleichende Vergiftung der Umwelt, in die Zerstörung materieller Ressourcen um und macht das überleben des homo sapiens erneut von ihr abhängig. Doch die Form, in der westliche Industriegesellschaften politisch organisiert sind, verhindert, im Verein mit dem Fetischcharakter des Privateigentums: »die Angel, um welche sich alles dreht« (Hegel), vorläufig jeden Lösungsversuch des ökologischen Problems. Dass Kultur, wenn naturwüchsig fortschreitend, *Wüsten* hinter sich zurücklässt, diese Marxsche Diagnose droht sich erneut zu bestätigen. Die systemaffirmative These, die ich an den Anfang gestellt habe, enthüllt sich auch hier als trügerischer Schein: nicht nur, dass äußere Natur und menschliche Innenwelt bei weitem nicht so exakt und dinghaft voneinander zu trennen sind, wie Naturwissenschaft und naives Vorurteil meinen, so dass möglicherweise, wer *Natur* zerstört, zugleich *Subjektivität* beschädigt – die Beherrschung der Natur, das »Macht Euch die Erde untertan« bedeutete von Anfang an Ausbeutung von Menschen im Weltmaßstab. Die cartesianische Formel, *maitre et possesseur* der Natur zu werden, löste sich nicht nur in die Entwicklung von Wohlstand und Rechtsstaatlichkeit auf, sondern in die Gefährdung natürlicher Ressourcen und in frühkapitalistisches und koloniales Elend. Letzteres ist noch heute eine Bedingung westlicher Güterschwemme.

Und wie steht es mit der Rechtsstaatlichkeit, auf die parlamentarische Demokratien so stolz sind? Sehen wir uns diese Rechtsstaatlichkeit unter einigen wichtigen Aspekten näher an. In einer Gesellschaft, in der jeder einen Anspruch auf ein ordentliches Verfahren vor unabhängigen, nur an das Gesetz gebundenen Richtern hat, falls gegen ihn der Verdacht besteht, strafbare Handlungen begangen zu haben, und in der die Rechte jedes Angeklagten durch Vorschriften geschützt sind, wäre zunächst zu fragen, wer denn dieser *jeder* wirklich sei. Ich wiederhole nur längst bekannte Daten, wenn ich darauf antworte: im Wesentlichen Angehörige der *unteren Klassen*, wie man das um die Jahrhundertwende gern nannte. Genauer: Personen, die aufgrund verschiedener Bedingungen, darunter vorzüglich der Last ihrer Lebensverhältnisse, die sie vorfanden, Normen und Moralen der bürgerlichen Gesellschaft nicht verinnerlichen konnten; denen es aufgrund ihres Bildungs- und Ausbildungsdefizits nicht möglich ist, Konflikte, Spannungen, Enttäuschungen sprachlich auszudrücken und die daher auf primitivere Formen motorischer Spannungsabfuhr angewiesen sind; die in ihrer Familie und unter Nachbarn nicht lernen konnten, die Befriedigung von Bedürfnissen aufzuschieben; Personen, deren Einkommen zu niedrig ist, als dass sie am Konsum der Gesellschaft teilnehmen könnten, obwohl Konsumtion, d.h. der Kauf von Waren, eine der wichtigen sozial-integrativen Funktionen der Einzelnen geworden ist: Ihre Konsumrate entscheidet darüber, ob sie zu unserer Gesellschaft gehören oder nicht. Dieser Personenkreis, die unteren Klassen, unterliegt trotz aller Rechtsstaatlichkeit im gesamten forensischen Verfahren zugleich einer einschneidenden moralischen Ächtung, die sich bis in die Presseberichterstattung über Prozesse und Strafsachen fortsetzt und die – im Falle des Freiheitsentzugs – nur geringfügig und erst in jüngster Zeit durch demokratische Resozialisierungstendenzen da und dort gemildert wird. Wie allein schon die Existenz des Worts »vorbestraft« andeutet, macht die Strafverbüßung der Sanktionierung dieses Personenkreises nicht etwa ein Ende. Konsequent wird unter den skizzierten Gegebenheiten der Strafvollzug selbst zur wesentlichen Bedingung von Kriminalität: Die Wahrscheinlichkeit des Rückfalls, hieße das in der Sprache der Statistik, nimmt mit jeder Strafverbüßung zu. »Rechtsstaatlichkeit« bedeutet im Bereich des Strafrechts anscheinend eine

Institution, zu einer in ihrer sozialen Zusammensetzung möglichst konstanten Quote von Rechtsbrechern zu gelangen.

Gewiss können gelegentlich auch Personen der Mittel- und Oberklasse in diesem Sinne straffällig werden. Ich erwähne nur kurz, dass selbst dann zu Buche schlagen wird, dass die Verfügung über (Rechts-) Mittel, die den Angeklagten schützen, vom Einkommen des Betroffenen mit abhängig ist, und ergänze, dass typische Formen von Kriminalität der oberen Klassen bekanntlich nur schwer zu ermitteln, zu beweisen und zu ahnden sind – das Problem der *white collar*-Kriminalität und der Wirtschaftsverbrechen. Dass im großen Ganzen die Verhältnisse in der Erwerbs- und Tauschsphäre so geregelt sind, dass die Eigentümer von Produktionsmitteln und die Anbieter von Waren und Dienstleistungen – die Ware Arbeitskraft streng ausgenommen – in der Art einer Spielbank letztlich immer gewinnen, ist gleichfalls bekannt. Geradezu absurd wird Rechtsstaatlichkeit dort, wo sie Vergehen schützt: So gestattet es die Rechtslage kaum, die ständigen schweren Verstöße von Presseorganen gegen §130 StGB, Volksverhetzung usw., zu kriminalisieren. Bei näherem Hinsehen zeigt sich freilich, dass eine Konzentration von Kapital in den Händen eines Mannes wie Axel Springer, diesen fortwährend – über seine millionenfach verbreiteten Zeitungen und Zeitschriften – dazu nötigt, subsidiäre Regierungsfunktionen zu übernehmen: Kontrolle der Bürger im Interesse von Herrschaft – auch wenn er dies gar nicht wollte. Insofern der Rechtsstaat ein Instrument der Kontrolle des Staats über Individuen ist, endigt in diesem Falle die Kontrolle überhaupt.

Bei politischen Prozessen allerdings sieht die Lage auch für Angehörige der Mittel- und Oberklassen ungünstiger aus; nicht zuletzt deshalb, weil dann der Staat Verpflichtungen, die sich aus der Rechtsstaatlichkeit ergeben, wie lästige Steine vom Tisch fegt.[1] Was bedeutet also Rechtsstaatlichkeit? Im Bereich des Strafrechts, dass die Achtung, die über bestimmte normwidrige Handlungen eines generell diskriminierten und unterprivilegierten Personenkreises verhängt wird, einen geregelten Gang nimmt und formelle Rechte des Diskriminierten geschützt sind; im Zivilrecht, dass das Eigentum an Produktionsmitteln gewahrt bleibt, dass die Prozesse der Kapitalverwertung und des Warenabsatzes möglichst ungestört zu Gunsten der Nutznießer, d.h. der *Bourgeoisie*, ablaufen. Kurz: Rechtsstaatlichkeit sichert unter gegebenen gesellschaftlichen Bedingungen, dass die klassenspezifische Verteilung von Kriminalität und entsprechenden Sanktionen sich institutionell geregelt vollzieht. Innerhalb der unteren Klassen haben

---

[1] Ich erinnere an den Prozess gegen Rechtsanwalt Mahler und andere in Westberlin, an den sogenannten *Pohle-Prozess* in München und an eine Vielzahl von »Demonstranten«-Prozessen der Jahre 1968 und 1969.

wenige Menschen eine hohe Chance, ihr Leben lang immer wieder straffällig zu werden, innerhalb der Mittelklasse aber sehr viele Menschen die Chance, nie vor Gericht zu stehen. Jedoch hat das System des Rechts und der Rechtsstaatlichkeit dieses Schicksal der einzelnen von der Willkür, Skrupellosigkeit der individuellen Herrschaft weniger Personen mit absoluter Regierungsgewalt emanzipiert, und es einem bürgerlich-demokratischen, geregelten, kontrollierbaren und in Grenzen revidierbaren Verfahren unterstellt. Die konservative Natur dieser Rechtsstaatlichkeit drückt sich in der bekannten Konservativität vieler Richter und der Institution aus, der sie dienen. Die Chance, Sprüche eines ordentlichen Gerichts aufzuheben, kann manchmal skandalös gering sein. Ihr Klassencharakter wird durch die alltägliche Wirklichkeit der forensischen Praxis und des Strafvollzugs bestätigt und erfährt seine abstrakte Krönung darin, dass Kapitalkonzentrationen in *einer* Hand den Eigentümer fortwährend dazu nötigen, in die Sphäre des Staats einzugreifen, ohne der geringsten Kontrolle zu unterliegen und ohne dass das Unrecht, das er begeht, geahndet wird, ja auch nur geahndet werden könnte – wirkt es doch systemstabilisierend.

Was erfährt der Staatsbürger in der Regel von diesem Wesen des Rechtsstaats? Immerhin teilt sich ihm mit, dass Isolieren, Diskriminieren, Aussondern und Sanktionieren die legalen Sozialtechniken der Stabilisierung des gesellschaftlichen Systems und der Korrektur alles Abweichenden darstellen; immerhin dämmert es ihm, dass uralte Begriffe der Rechtssphäre wie Gnade, Begnadigung oder Entschuldung rare Ereignisse ohne begründbaren Zusammenhang mit dem geschichtlichen Gang der Dinge bezeichnen – Interventionen hoch stehender Funktionsträger. In der konkreten Alltäglichkeit lernt er, vor Formen abweichenden Verhaltens zu scheuen wie das Pferd der mittelalterlichen Sage vor dem Blutbann, der magisch über dem Ort einer längst vergangenen Bluttat liegt, wird aber durch die gerade skizzierten Sozialtechniken der Isolierung etc. und durch das Imago des Strafvollzugs: der Gefängnisse, Wärter usw. davor bewahrt, aus diesem Schauder mehr zu gewinnen als die Bekräftigung sozialer Vorurteile. Für seine psychische Situation, d.h. für die Weise, wie seine Welt sich ihm vergegenwärtigt und wie er in ihr sich motiviert fühlt, sind große Anteile der Rechtssphäre und sind die vom Recht Sanktionierten ebenso unwirklich wie die Millionen von Toten, die er überlebt. Die Toten haben keine Stimme; so haben auch die keine Stimme im Rechtsstaat, denen ihr Recht ward. Sie sitzen in Gefängnissen oder, als entlassene Vorbestrafte, im außerbürgerlichen Ghetto. Es sprechen die vom Rechtsstaat, die er noch nie fühlbar unter sich befasst hat.

DIE RÜCKKEHR ROHER GEWALTFÖRMIGKEIT IN DIE POLITIK DER HERRSCHENDEN KLASSEN

Aimé Césaire, um mit einem Sprecher der Kolonialisierten zu beginnen, hat der europäischen, abendländischen, »weißen« Kultur bittere Prognosen gestellt: Die Kolonisation – und, seinerzeit, die nackte Ausbeutung des Proletariats – arbeite daran, Besitzer und Herren »zu entzivilisieren, sie im wahrsten Sinne des Wortes zu verrohen, sie zu degradieren, verschüttete Instinkte, die Lüsternheit, die Gewalttätigkeit, den Rassenhass, den moralischen Relativismus in ihnen wachzurufen« (Césaire 1968, S. 10). *Dass* »Rebarbarisierung« stattfand, dass rohe Gewaltförmigkeit in die Politik der herrschenden Klassen, in die Regelung, Produktion und Zerstörung sozialer Systeme zurückkehrt, ist unbestreitbar; fast ist, wer sein Leben genießt, schon Komplize. Gewaltförmigkeit, die selbst dem Übelkeit bereitet, der von ihr nur liest, die ihn zu ohnmächtiger Verzweiflung zu treiben droht und viele Sensible in der Tat aus der Gesellschaft heraus treibt, in die Subkulturen des *underground*, Gewaltförmigkeit wurde erneut zur Daseinstechnik der Herren – fast im Weltmaßstabe. Ich meine hier mehr als nur die Tendenz, nationale und internationale Konflikte im klassischen Sinne machtpolitisch zu lösen, was letztlich eher konservativ ist als auf der Höhe der Zeit (und wofür die UdSSR sowohl in Ungarn als auch in der CSSR ein Beispiel gegeben hat) – nämlich die gar nicht mehr konservative Infiltration ganzer Kulturen durch jene Verhaltensweisen, die während des französischen Kolonialkriegs in Algerien breite moralische wie politische Proteste auslosten: Folter, Vergewaltigung, Zerstörung, Vernichtung von Ernten und Äckern, Rohheit, genozide Tendenzen.

Die Stärkeren – ihrer Identität, ihrem möglichen Glück nicht weniger entfremdet als die Schwächeren – erzeugen den Schrei, den sie selbst nicht mehr ausstoßen durften noch wollten, tausendfach in ihren Gegnern. Von den Kriegsverbrechen der US-amerikanischen Armee in Vietnam, unvorstellbar in ihrer systematisierten Gemeinheit, vom Rassenkonflikt in den USA und von der Ermordung von Studierenden in Kent, den Folterungen in Brasilien, in Spanien, den Herrschaftsusancen der Junta in Griechenland bis hin zur kaum noch gemäßigten Brutalität französischer Polizeitruppen im Mai 1968 und, in der BRD, im Angriff der Polizei auf Streikposten 1971, wird, als ein fast schon massenhaftes Phänomen, die Rückkehr zur rohen Gewaltförmigkeit in die abendländische Kultur bezeugt; bei breitester, verborgener Komplizenschaft Unbeteiligter. Gewalt bestätigt sich ihre Herrschaft in fremder Qual und Erniedrigung; diese anderen anzutun, macht einem alten Adornoschen Diktum nach immer dort die größte Freude, wo Erniedrigung schon getroffen hat. Wie recht Aimé Césaire mit seiner düsteren Prognose behielt, man habe geglaubt, einfach Farbige zu erschlagen, in Wirklichkeit aber alle Schutzwälle niedergerissen, hinter denen europäische Zivilisation sich entfalten konnte, belegt die Praxis der *Compagnies Républicaines de Sécurité.* In den Transportwagen der *CRS* beispielsweise hängen von der Decke Handschellen, an die je ein Arm der Transportierten gefesselt werden kann, so dass diesem gegen die üblichen Schläge ins Gesicht nicht einmal mehr der psychologische Schutz des Händevorhaltens bleibt. Die Einrichtung wurde, nach der Erklärung der CRS, für Algerier geschaffen, die sich gegen ihre Abschiebung über Marseille zur Wehr setzten – französische Studenten und Arbeiter haben längst gelernt, dass sie für jedermann anwendbar sind, der in die Hände der Para-SS fällt.

Inhumanität ist unteilbar. Nicht einmal mehr bleibt die Folter, wie im Mittelalter, an bestimmte Rechtsverhältnisse und geregelte Prozeduren gebunden (und damit in Grenzen kontrollierbar). Gewaltförmigkeit verzichtet allerorten auf ihren legalistischen Schein.

Der Schrecken eskaliert: Es kann nicht mehr nur die Rede davon sein, dass – schlimm genug – gewisse soziale Klimata und Stimmungslagen individuelle Sadismen freisetzen und die kollektive Entmenschlichung kleinerer Gruppen (etwa militärischer Sondereinheiten) begünstigen; vielmehr wird Rohheit und die Technik der Erniedrigung zum Thema systematischen Trainings. Ob nun Vietnamesen, die sich der Amerikanisierung und dem Bruch internationaler Verträge widersetzen; ob Priester und Arbeiter in Spanien, deren Widerstand gegen Zentralisierung und Klassenherrschaft nicht erlischt; ob Professoren, Journalisten, Künstler in Griechenland, die die »Lichtseiten« parlamentarischer Demokratie wider deren Antagonismus verteidigen; ob Studenten oder Angestellte, Liberale oder Kommunisten: Die soziale Ordnung, die verteidigt wird, entlarvt sich im Leiden, das man ihnen zufügt, als permanente Konterrevolution, als weißer Terror, der um so vieles blutiger ist als es der »rote« je war. Es sind die Wehrlosen, die Besiegten, diejenigen, die waffenlos in die Hände von Herren geraten, an denen die Konterrevolution sich entlädt und zugleich enthüllt. »Je weniger Gefahr für den da oben, desto ungestörter die Lust an der Qual, die ihm nun zu Diensten steht: erst an der ausweglosen Verzweiflung des Opfers wird Herrschaft zum Spaß« (Horkheimer & Adorno 1981, S.133). Diese erneute Lust an der Qual ist nicht weniger als technische *all-round-Intelligenz,* ein Sozialisationsprodukt bürgerlicher Gesellschaften in ihrer Verfallszeit. Dass rohe Gewaltförmigkeit in die Politik der herrschenden Klassen auch parlamentarisch-demokratischer Staaten wie den USA oder Frankreich zurückgekehrt ist und ihre Ausübung in Spanien, Portugal, Griechenland, Brasilien usw; toleriert wird, wäre bereits Anlass zu erschrecken, und doch kündigt sich darin ein Stück Untergang abendländischer Kulturen erst an; wie überhaupt das Grauen über die Formen, welche die Verteidigung reaktionärer Machtpositionen und ökonomischer Interessen in Algerien, Vietnam, Griechenland, Spanien usw. annahm, nicht davon abhalten durfte, destruktive Feindseligkeit, Hass, Erniedrigung bis in die üblichen, alltäglichen Verkehrsformen der bürgerlichen Gesellschaft, ja bis in ihre sublimsten Ausprägungen zu verfolgen und erst dort, in den scheinbar gewaltfreien Beziehungen, die Menschen »privat« untereinander eingehen, den eigentlichen Nachweis für die These von der Rebarbarisierung der abendländischen Kultur zu führen.

Welchen Einfluss der skizzierte klimatische Wandel in der BRD beispielsweise auf öffentlich bedeutsame Entscheidungen gewinnt, demonstriert die Innen- und Gesellschaftspolitik der sozialliberalen Koalition.. Sie weicht der Mitbestimmungsfrage aus und verschleppt damit erneut, was vielleicht zur Emanzipation der Arbeiterklasse beitragen *könnte*. Sie weiß gegenüber der »Rauschgift«-Welle, selbst ein verlagertes Symptom der Selbstdestruktion einer Kultur durch ihre privilegierten Klassen, nicht anders sich zu helfen als durch Kriminalisierung auch der Konsumenten. Unter der Hand gerät das Gesetz schärfer, als es beabsichtigt gewesen sein mag – überschießende Gewaltförmigkeit, die öffentlich restriktive Stimmungen verstärkt und vermittelt neue Gewaltförmigkeit auslösen wird. In der Pornografiedebatte lässt sich die Regierungskoalition durch fromme Dummköpfe und schweigende Mehrheiten fürs erste verunsichern. Die Eherechtsreform scheitert. Erhalten bleibt, was Feindseligkeit zwischen den Individuen begünstigt, aber deren revolutionäre Transformation erschwert. Doch ist dieser Tribut an die Rebarbarisierung bürgerlicher Gesellschaften noch milde. In anderen Ländern ist es offener sichtbar, dass die Folter nicht nur den Gefolterten zerstört. Sie treibt die Zerstörung der Folternden und ihrer Befehlshaber voran, vermittelt die Zerstörung der Kultur, wo immer sie geduldet wird. Man kann sich ihr gegenüber nur um den Preis des eigenen Bewusstseins affirmativ verhalten; Zivilisation verfällt, wo rohe Gewaltförmigkeit zum Prinzip von Herrschaft wird. Im Lande der rohesten Folterknechte, den imperialistischen USA, gaben 1967 bei einer Umfrage zwei Drittel aller Befragten an, sie fänden es richtig, wenn Plünderer und Brandstifter noch auf der Straße niedergeschossen würden; 1968 stimmten 50 % aller Amerikaner der Äußerung zu, dass das Rechtswesen im »Wilden Westen« zwar grob und ungenau verfahren sei, dass die Dinge aber immerhin besser gelaufen seien als heutzutage bei dem ganzen juristischen Papierkrieg. *Rechtsstaatlichkeit*, auf die unser panoramatisches *vie en rose* so großen Wert legt, wird von der schweigenden Mehrheit wie ein lästiger Stein vom Brett gefegt. Jeder zehnte Amerikaner erklärte 1968, er würde bereit sein, mit körperlicher Gewalt oder mit Waffen gegen eine Gruppe von Personen vorzugehen, die absichtlich den Verkehr lahm legt, um gegen den Krieg in Vietnam zu demonstrieren (vgl. *Zeit* 25.12.1970). Aber schon hat annähernd *jedes* westliche Staatswesen seinen Anteil an der »Verwilderung des Kontinents«. Es besteht kein Zweifel: Entschiedenes Handeln wäre fällig.

»Fällige Praxis wäre allein die Anstrengung, sich aus der Barbarei herauszuarbeiten« (Adorno 1969, S.179). Die Existenz vieler, die sich gegen die Politik roher Gewaltförmigkeit empören, ist ein Faktum wie die äußerste Machtlosigkeit, die ihnen, noch immer Minorität, der Gang der Dinge bescheinigen will. Empörung, mit der Emanzipation beginnt, als das *sittliche Interesse* auch, das der Anstrengung um Einsicht vorangeht, weiß überdies kaum, wohin mit sich; die Konsequenz scheint wie abgeschnitten zu sein, zur Trauer gesellt sich der Verlust praktischer Dimension:

> »Ich laufe im Zimmer auf und ab«, schrieb ein Leser nach dem Vietnambericht des *Spiegel* an das Nachrichtenmagazin, »und überlege, was ich tun kann, was ich tun sollte. Ich muss etwas tun, sagen Sie mir, was! Soll ich an Nixon schreiben, soll ich nach Genf schreiben, an den Außenminister ...? Gibt es jemand, der einflussreich genug wäre, hier einzuschreiten, dem ich irgendwie helfen kann? Soll ich an meiner Universität Unterschriften sammeln? Oder Ihren Artikel aushängen? Gibt es eine seriöse Organisation, die Einfluss hat und die vielleicht Geld braucht? Sagen Sie mir, was ich tun soll. Wenn es nur ein wenig Aussicht auf Erfolg hat, werde ich es tun« (*Spiegel* 52/1970).

Dass es keine Instanz mehr gibt, an die sich wenden könnte, wer es angesichts fortschreitender Brutalisierung Politik nicht mehr mit sich aushält, ja dass es nicht einmal mehr möglich ist, Empörung, Erschrecken, Verzweiflung zu *vermassen*, hat für die Kommunikationsstrategien der antiautoritären Revolte Bedeutung gehabt; an anderer Stelle wird darauf zurückzukommen sein. Hier beschäftigt uns ein anderer Umstand. Die Empörung nämlich, aus dem zitierten Leserbrief in jeder Wendung spürbar und von der Identifikation mit den Opfern der Gewalttätigkeit untrennbar, bildet eine mächtige Basis der studentischen Bewegung. Die »Sensibilität für Unterdrückung« (vgl. Reiche 1968) hat eben diesen menschlichen, in der reduzierten Sprache der Konservativen, »moralisch-gefühlsmäßigen« Kern: Mit dem Schmerz, mit Empörung, Mitgefühl und Auflehnung beginnt's, danach erst organisiert sich das Bedürfnis, alle Zustände umzuwerfen, in denen der Mensch noch ein geknechtetes, erniedrigtes, ausgebeutetes Wesen ist. Theodor W. Adorno, der mehr als viele andere Lehrer den Blick der linken Studenten für Barbarei geschärft und ihrer Sensibilität analytisches Werkzeug vermittelt hat, bestritt in einer seiner letzten Arbeiten, dass solches Mitgefühl (noch) möglich sei.

> »Im sicheren Amerika vermochte man als Emigrant die Nachrichten von Auschwitz zu ertragen; nicht leicht wird man irgendeinem glauben, Vietnam raube ihm den Schlaf. ... Wer sich einbildet, er sei als Produkt der Gesellschaft, von der bürgerlichen Kälte frei, hegt Illusionen wie über die Welt so über sich selbst; ohne jene Kälte könnte keiner mehr leben. Die Fähigkeit zur Identifikation mit fremdem Leiden ist, ausnahmslos in allen, gering« (Adorno 1969, S. 187).

Es geht aus dem Kontext der zitierten Stelle deutlich hervor, dass Adorno die Fähigkeit zur Identifikation mit fremdem Leiden bestreiten muss, weil anders seine Politik gegen die studentische Linke nicht so ungebrochen daherschießen könnte. Indem er bürgerliche Kälte unentrinnbar macht, nimmt er ihren Gegnern, was sie legitimierte: Menschlichkeit; streicht er die studentische Opposition auf Geistfeindlichkeit, Privatwahn und Theaterrevolution zusammen. Seiner Aufforderung, die ich weiter oben zitierte: Fällige Praxis wäre die Anstrengung aus der Barbarei sich herauszuarbeiten, folgt ein resigniertes, gleichwohl nur zu wahres *statement*: Sie, die Barbarei, sei »so weit gediehen, dass sie alles ansteckt, was ihr widerstrebt«. Indessen ist Psychologie schon seit Dostojewski ein Stock mit zwei Enden: Will Adorno auch darauf hinaus, die studentische Linke sei »angesteckt«, im Sinne seiner alten These, die Qualität des überwundenen schlage im Überwinder noch roh durch, worüber sich reden ließe, so erweckt sein Passus über »bürgerliche Kälte« im Kontext der späten Streitschrift den Verdacht, auch er könnte der Adjustierung menschlichen Denkens an gesellschaftliche Großwetterlagen erlegen sein. Ich möchte nicht weiter auf seine Alterspolemik eingehen, nur darauf hinweisen, dass er in einer erstmals 1968 (!) veröffentlichten Arbeit über Erfahrungen in den USA schrieb:

> »Drüben lernte ich ein Potential realer Humanität kennen, das im alten Europa so kaum vorfindlich ist. Die politische Form der Demokratie ist den Menschen unendlich viel näher. Dem amerikanischen Leben eignet ... ein Moment von Friedlichkeit, Gutartigkeit und Großzügigkeit. ... Aber wahrscheinlich ist die Resistenzkraft gegen faschistische Strömungen in Amerika doch größer als in irgendeinem europäischen Land« (ebd., S. 145/46).

Die wie immer auch versteckte, partielle oder aus privaten Lebenssituationen verstehbare Adjustierung an den *common sense*, die hastige Durchkreuzung eigener Analysen, wo es um die Abqualifizierung opponierender sozialistischer Gruppen geht, erschreckt, weil sich darin eine *Kapitulation* abzeichnet, die durch den Gegenstand der Kritik ausgelöst, aber nicht allein durch ihn verursacht sein kann. Es wäre zu fragen, inwiefern nicht überhaupt in der *Kritischen Theorie* ein Moment der Kapitulation: vor der »Verwilderung des Kontinents« sich verbirgt: Indem sie im Medium von Reflexion jene Freiheit und Menschlichkeit beschwört, ins Wort bringt, die ringsum in der gesellschaftlichen Praxis schwindet, macht sie Humanität selbst dort zum praxislosen Genuss einer privilegierten Elite, wo sie eben diese Situation als allgemeine durchschaut und kritisiert. Die »Kultur«, die sie nach 1968 vor der Studentenrevolte zu schützen vorgab, hatte sie selbst längst der Komplizenschaft mit Barbarei und Gemeinheit überführt. Was sie wirklich schützen wollte, war ein Teil dieser »Kultur«: das Privileg einer intellektuellen Elite.

Die Politik der Anpassung an gegebene Machtverhältnisse, stumme Restriktion und intellektuelle Unterwerfung bleiben nicht auf Parteien, Gelehrte sowie Presseorgane beschränkt. Sie wäre auch an ihren unscheinbaren Zeichen abzulesen: etwa an der wachsenden Bedeutung, die Polizei oder Gerichte für die Regelung sozialer und politischer Konflikte gewinnen. In der expliziten Verschmelzung zweier einst voneinander relativ unabhängiger Institutionen, *Ausnahmezustand* und *politische Strafjustiz*, zeigt diese Anpassung an gegebene Machtverhältnisse deutlich genug ihre Identität mit dem reaktionären Trend der Rückkehr zur Gewaltförmigkeit – schon in einer demokratisch sich verstehenden »Politik im Frieden«. Dass auch der ideelle »Nicht-Konformismus« unter Strafe gestellt wird, steht vor der Tür. Carl Schmitt erweist sich als der Hellsichtige: Dass der Staat sich als politische Einheit durch den inneren Feind bestimme, dass in der Formel von »absoluter Einheit« und »absolutem Gegensatz« Ordnung und sozialer Friede auf innerstaatlicher Feinderklärung, also auf intendierter Unterdrückung in Gewaltform beruhen, bezeichnet weit über den Nationalsozialismus hinaus die geschichtliche Tendenz in der Politik herrschender Klassen.

Die Hegel'sche Dialektik von Herr und Knecht, die politische Umwälzung an die Emanzipation gesellschaftlicher Klassen bindet, rückte Gewalt noch in den Zusammenhang der *Humanisierung* der gesellschaftlichen Prozesse. Die von Carl Schmitt nur artikulierten »Freund-Feind«-Schemata begründen dagegen jene konterrevolutionäre Gewalt, in der die befreiende Dialektik von Herr und Knecht blutig ersticken soll. Das ist mehr als eine theoretische Setzung. Denn seit der Klassengegensatz, objektiv wirksam und wirklich wie eh und je, hinter Disparitäten, Polarisierungen und Schichtungen für viele unsichtbar wurde und Feindseligkeit sich herrschaftskonform verteilt, seitdem beschreibt das Schmittsche Denken in

»Freund/Feind« die als kompakte Realität sich formierende, gleichwohl ideologische Verschleierung der fundamentalen Konflikte des Klassenstaats: den sozialen Frieden. Um es noch einmal am empirischen Datum festzumachen: Wenn ein hessischer Polizeichef Langhaarige verbal anrempelt und später erklärt, zwischen langen Haaren und Kriminalität sei oft kein weiter Weg (vgl. Robinson 1971), verifiziert er den Trend der Rückkehr zu roher Gewaltförmigkeit und verschleiert er die *Klassen*aspekte unserer Situation nicht weniger, wenn auch vorerst unblutig, als der Arbeiter, der in Konstanz einen langhaarigen Lehrling erschoss. Jene Bürger, die einem Anwalt, nachdem dieser Strafantrag gegen den Freiherrn von Guttenberg gestellt hatte (wegen Geheimnisverrats), in Briefen als »rote Sau«, als »sozialistisches Schwein« beschimpften und mit Mord bedrohten, wissen nicht, dass sie selbst Opfer jener Interessenten sind, deren unheilvollen Einfluss sie, die Brief schreibenden Bürger, in ihrer Funktion als Täter verleugnen.

Immer bedient sich die Konterrevolution des Hexeneinmaleins: Einer der bezahlten Vertriebenensprecher der Bundesrepublik, W. Becher, bezeichnete unlängst die Vertriebenen als die Parias unserer Sozietät, denen wenig anderes übrig bliebe, als sich zu radikalisieren. Ob nun die Politik der CSU in Deutschland, die Burgos-Demonstrationen in Frankreich, ob die Verfilzung der Prozesse gegen Manson, Angela Davis und die Beteiligten am Massaker von My Lay in den USA, ob neue kriegerische Wendungen der USA in Indochina, ob die U-Boot-Lieferungen unseres Landes an Griechenland und der Waffenhandel Großbritanniens mit Südafrika – die Konterrevolution, die auf allen Ebenen des politischen und sozialen Geschehens versucht, emanzipatorische Kräfte zurückzudrängen, bedient sich roher Gewaltform, der Angsterweckung, der innerstaatlichen Feinderklärung, der kolonialistischen Komplizenschaft mit den reaktionärsten Kräften und ist darin erfolgreich, das Drängen des Knechts nach Freiheit und die Ausbeutungspraxis des »Herren« hinter ihren Freund-Feind-Schemata unkenntlich zu machen. Dass sie in hoch industrialisierten Ländern wie Frankreich oder der BRD in einer Art von Vorlauf Institutionen der Unterdrückung schafft, denen der »Feind«, der in ihnen geschlagen werden soll, noch fehlt,[2] ist kein Anlass zur Mäßigung des Urteils: Diese Politik ist nicht mehr die Ursache kontinentaler Verwilderung, sie ist schon ihr *Ausdruck*.

»Die Wahrheit ist, dass diese Politik den Untergang Europas bereits in sich trägt, und dass Europa, wenn es sich nicht sehr verändert, an der Leere sterben wird, die es um sich herum geschaffen hat« (Césaire 1968, S.71).

---

[2] In der BRD die Notstandsgesetzgebung.

Kapitel 6

Öffentliche Kapitulation vor unterdrückender Gewalt

»Es gibt ein Gesetz fortschreitender Entmenschlichung«, so Aimé Césaire, »demzufolge auf der Tagesordnung der Bourgeoisie jetzt nur mehr die Gewalt, die Korruption und die Barbarei stehen können« (ebd., S. 60). Césaire weiß, dass es sich hierbei weder um ein Naturgesetz noch um eine schlicht wie naturwüchsig verlaufende Entwicklung handelt:

> Fortschreitende Entmenschlichung hat ihre *Handlanger*: »... die Paternalisten, die Schöntuer, die Korrumpierer, die Schulterklopfer ..., die Einschläferer, die Mystifikatoren, die Geiferer, die Reinleger und ganz allgemein jene, die, indem sie ihre Rolle spielen in der schmutzigen Arbeitsteilung zur Verteidigung der westlichen und bürgerlichen Gesellschaft, auf diverse Art und durch infame Diversion versuchen, die Kräfte des Fortschritts zu zersetzen, auf die Gefahr hin, die Möglichkeit des Fortschritts überhaupt zu leugnen; allesamt Helfershelfer des Kapitalismus ..., allesamt Miturheber der kommenden revolutionären Aggressivität« (ebd.).

Worauf in diesem Zusammenhang heute aufmerksam zu machen wäre, ist nicht mehr nur die Existenz solcher Einschläferer und Einschärfer in den westlichen Industrienationen, die es immer gab. Was die Nachtseite zum Tag der Gesellschaft macht, ist ohne die fortschreitende Destruktion jener Köpfe und Kreise nicht denkbar, die einst oder noch vor kurzem mit wechselnder Zähigkeit und mit Ernst auf der Humanisierung dieser Gesellschaft bestanden; ist die Rebarbarisierung auch der Kritik. Theodor W. Adorno gab ein bitteres Beispiel dafür (vgl. Kapitel 5). Die Aktivität der Reaktion, der Totengräber von Menschlichkeit, signalisiert zwar die Rückkehr von roher Gewaltförmigkeit und Unterdrückung in die Politik der herrschenden Klassen: »Die Leute zu Hause«, rief Spiro Agnew, US-Vizepräsident, den amerikanischen Soldaten in Vietnam zu, »sind verdammt stolz auf das, was Ihr hier macht!«. Besiegelt aber wird sie erst von der Kapitulation solcher Gruppen, Individuen und Institutionen, die sich einst als konservative oder liberale Hüter der humanistischen Tradition des Bürgertums begreifen durften. Ich werde diesen Verfall der Kritik unter die Gewaltförmigkeit der Politik herrschender Klassen an zwei Beispielen darstellen, und zwar an zwei *Schweizer* Presseorganen.

Was konservativem Denken zustößt, was es zum Vermittler der Gewalt, zum »Schöntuer«, »Schulterklopfer« oder Handlanger macht, lehren Schweizer Zeitungen besonders deutlich. Sie sind wohl dank der immer prekären, doch selten wirklich bedrohten Lage dieses sowohl hochkapitalistischen wie bereichsweise rückständigen Landes feine Barometer. Lorenz Stucki schrieb im Dezember 1970 in der angesehenen *Neuen Zürcher Zeitung* (NZZ), was seines Symptomwerts wegen ausführlich mitgeteilt und erörtert sei:

»Es war in Rio de Janeiro, am Tag nach der Entführung des deutschen Botschafters von Holleben durch die brasilianischen Stadtguerilleros. Ein katholischer Pater erzählte mir von seinem Gespräch mit einem *führenden General des Militärregimes*, bei dem er sich kurz zuvor über die Folterungen politischer Häftlinge beschwert hatte.

›Ich bin ganz mit Ihnen einverstanden, Padre‹, sagte der General. ›Folter ist etwas Scheußliches, Gewalt überhaupt, besonders gegen Wehrlose. Aber nun sagen Sie mir, was Sie täten. Sie haben, weil Sie es nach bestem Wissen und Gewissen für notwendig hielten, die Verantwortung für die Politik des Landes übernommen. Sie wissen, dass es eine kleine Minderheit gibt, die versucht, den Erfolg dieser Politik zu verhindern, die Ordnung zu zerstören, den Bürgerkrieg anzuzetteln, der Mehrheit des Volkes ein Regime nach ihrer Vorstellung aufzuzwingen. Sie wissen, dass für diese Leute der ideologische Zweck jedes, auch das kriminellste Mittel heiligt und dass sie sich bewusst und offen zu den Methoden des Terrors, des Raubes und des Mordes auch an politisch Unbeteiligten und Unschuldigen bekennen, um ihre Ziele zu erreichen. Doch Sie kennen diesen Feind nicht. Er tarnt sich und schlägt aus dem Hinterhalt zu. Solange Sie nicht wissen, wer von den Millionen Mitbürgern, die Ihnen in der Straße begegnen und harmlos mit Ihnen im Fußballstadion sitzen, gestern einen Diplomaten entführte, einen Polizisten ermordete, eine Bank ausraubte oder dergleichen für morgen plant – solange sind Sie gegen diesen Feind wehrlos und unfähig, seine potenziellen Opfer zu schützen. Doch nun, Padre, haben wir einen von denen erwischt und wissen, dass er über die Information oder zumindest einen Teil der Information verfügt, von deren Besitz jede Möglichkeit unserer Gegenwehr abhängt. Wenn wir ihn mit allen Mitteln, notfalls auch mit Foltermethoden, zwingen, sein Wissen preiszugeben, sind wir grausam, und die ganze Welt verurteilt uns. Und wenn wir es nicht tun und unsern Todfeinden erlauben, Brasilien in den Bürgerkrieg hineinzuführen, den sie anstreben: Nehmen wir dann nicht noch schwerere Verantwortung auf uns? Würde uns die Welt nicht mit mehr Recht verurteilen? Wie würden Sie entscheiden, Padre?‹

Der Priester erzählte mir die Rede des Generals mit einer gewissen *Verzweiflung*. Nach wie vor verurteilte er die Folterungen und glaubte, die Regierung als die weitaus stärkere Partei im Kampf müsste aus dem Teufelskreis von Gewalt und Grausamkeit irgendwie einen Ausweg finden. Aber er war ehrlich genug, seine Hilflosigkeit, eine überzeugende Antwort auf die Kernfrage des Generals zu finden, offen zuzugeben. Die meisten machen es sich leichter«.

Gegen Schluss seines mehrspaltigen Artikels äußert sich Stucki noch einmal explizit zur Frage der Folterungen:

»Schließlich das internationale Hauptthema, die *Folterungen.* Es ist schwer, die eingangs zitierten Argumente des Regimevertreters ganz von der Hand zu weisen, auch wenn man sie wie mein priesterlicher Gesprächspartner gefühlsmäßig moralisch zurückweist. Doch da die sonst so harte Regierung gegenüber den erpresserischen *Diplomatenentführern sehr nachgiebig* ist und es hinnimmt, durch die befreiten Feinde in der ganzen Welt unwidersprochen angeklagt zu werden, droht der Schaden größer zu werden als der Nutzen. Auch ist Brasilien trotz allem noch immer ein viel zu freies Land, als dass man dort nicht unter der Hand – und oft aufgebauscht – erführe, was nicht in der Zeitung stehen darf. So gibt die internationale Kampagne gegen die brasilianische Regierung, wie sie von Algier, Genf und andern Orten aus systematisch betrieben wird, den Guerilleros eine moralische Unterstützung und eine Aufwertung zu demokratischen ›Freiheitskämpfern‹, die vielleicht schwerer wiegt als die Erfolge im polizeilichen Abwehrkampf, die den Resultaten von Folterungen zu verdanken sind. Das zumindest wäre dem General zu entgegnen, wenn man sich schon des moralischen Urteils – weil es leicht selbstgerecht wird – enthalten will. Denn jene Kampagne ist, ungeachtet ihrer Einseitigkeit und Verlogenheit, zu einem *politischen Faktor* geworden, und sie tut bei einem Publikum, das von den wirklichen Verhältnissen und sehr komplexen Problemen Brasiliens keine Ahnung hat, ihre Wirkung«.

Eine Analyse konservativer Verwilderung, des Weges zum Césaire'schen Schulterklopfer, Schöntuer und Speichellecker, stößt in den ersten Sätzen des Generalissimus schon auf eine rhetorische Figur, in der wohlbedacht der Tatbestand, um den es geht, Folterung, entschärft und Antikritik aufgebaut wird: »Folter ist etwas Scheußliches, Gewalt überhaupt, besonders gegen Wehrlose«. Zumindest bei flüchtigem Lesen könnte hier der Eindruck entstehen, es werde ein Fakt, ein Isoliertes (Folter) in das übergreifende Ganze eingeordnet, in dem es systematisch seinen Platz findet (Gewalt überhaupt ...); das erweckt eine Anmutung von Sorgfalt und von *Denken.* Der Padre und die *NZZ* machen den Leser nicht darauf aufmerksam, dass »Gewalt überhaupt«, auch »Gewalt gegen Wehrlose«, den Bezugsrahmen für Folterungen nicht abgeben kann. Es sei denn, man wollte gerade das unterschlagen, was das Spezifische des Folterns ist: die vorsätzliche, sadistische und sorgfältig prolongierte Zerstückelung und Zerquetschung eines Menschen, der sich in der infamen Gewalt des Folterers befindet; seine abgrundtiefe, hoffnungslose Verlassenheit, die sich der

Sprache verweigert; dass er bewusst, und zur Lust seiner Schergen, in ein schreiendes, stöhnendes, schließlich wimmerndes Opfer verwandelt wird. Was Padre und konservative Verrottung gleichfalls sehr wohl bemerken sollten, ist die zusätzliche List des Generals, der mit der Erwähnung von »Gewalt ... besonders gegen Wehrlose« anspielend bereits das in seine Mitteilung einholt, was man seinen Gegnern vorwirft: Begehen nicht sie Gewalt gegen Wehrlose, wenn sie ausländische Diplomaten entführen? Was immer über Gewalt, Gegengewalt, Repression, Entführungen usw. erst auszumachen und dann zu diskutieren wäre, wird hier in einer preiswerten rhetorischen Figur vom Tisch gewischt.

Vom Tisch gebracht, noch ehe sie überhaupt hätte zum Thema werden können, wird die Frage nach der Wahrheit, Richtigkeit und Verlässlichkeit dessen, was einer unter der Folter gesteht. Man zwingt ihn, »sein Wissen preiszugeben«, man verdankt den *Resultaten* von Folterungen spätere polizeiliche Erfolge im »Abwehrkampf«. Ich will die Frage offen lassen, ob erkenntniskritische Bedenken nur gegen das Geständnis der im Mittelalter gefolterten Hexe, nicht auch gegen die Aussage des heutigen Opfers angebracht sind – er könnte endlich zugeben, was man ihm vorsagt, um die Folter abzukürzen, aber er könnte auch mit dem Rest seiner Identität Unvollständiges oder Falsches äußern. Genug, General, Padre, und Züricher Konservative nehmen das Ergebnis der Folter für wahr. – Sie können es leider, und zwar aus zwei Gründen, die wiederum nur zwischen den Zeilen stehen oder die bittere Konsequenz des Mitgeteilten sind. Die Frage, ob das preisgegebene Wissen, der unter Qualen herausgestöhnte Name, der Treffpunkt, stimmen, »polizeiliche Erfolge im Abwehrkampf« ermöglichen, wird nach der Festnahme der Genannten (oder der am Treffpunkt Angetroffenen) ja durch *erneute* Folterungen verifiziert. Da im Zuge dieser Falsifikation oder Verifikation polizeilicher Vermutungen und Kenntnisse auch neue Namen und Daten erpresst werden, bringt sie eine dritte Generation von Personen in die Hände des Henkers, der mit ihnen nach Üblichkeit verfährt, usw. Dieser erste Grund: unter dessen Einfluss sich das Wahrheitsproblem der unter der Folter gewonnenen Aussagen Gefangener in *Kontinuität der Folter*, in *Sukzession von Vernichtung* auflöst, darf den zweiten Grund nicht verdecken, der Konservative, Padres und Generäle von Wahrheitsprüfungen entlastet: Die Folter muss, wenn sie überhaupt etwas erbringt, Wahrheit erbringen, denn es gibt keine *Unschuldigen*. Wer gefoltert wird, geriet vorher in die Gewalt der herrschenden Klasse; wer aber als Beschuldigter in ihre Hände gerät, *ist* schuldig – jedenfalls schuldig genug, um die Verifizierung des Verdachts via Folterung zu rechtfertigen.

Der Priester, von dem in der *NZZ* die Rede ist, war »ehrlich genug, seine Hilflosigkeit offen zuzugeben«; ein ehrlicher Priester, der macht es sich gewiss nicht so leicht mit der Verurteilung der Folter »wie die meisten«. Bei so viel suggerierter bourgeoiser Moral (ehrlich, offen, offen zugeben, es sich nicht leicht zu machen ...) wird der Leser kaum auf den Gedanken kommen, die priesterliche Hilflosigkeit auf ihren Begriff zu bringen: platter Verrat des Evangeliums. Aber der Glaube an den wiedererstandenen Christus ist längst wenig mehr als ein Gruppenmerkmal, ein – abgewertetes – Statussymbol.

»Gefühlsmäßig-moralisch« weisen Padre und *NZZ* Folterungen zurück; die *NZZ* nicht ohne anzumerken, die Gefahr des moralischen Urteils sei, dass es leicht selbstgerecht werde. Wir sollten wohl aufmerken, dass hier von *menschlich* nicht die Rede ist, sondern von *gefühlsmäßig-moralisch*. Wo, was andere sehr wohl menschlich empfinden und auch so benennen dürfen, auf Gefühlsmäßiges-Moralisches zusammenschnurrt, verselbständigt sich *Rationalität* und vermag, als die »vernünftige Überlegung« der *NZZ* und des Padres, das über sie, was früher nur Sklaverei, lakaienhafte Botmäßigkeit bezahlter Speichellecker über sie vermocht hätten. Rational in ihnen ist, was sie dazu bringt, der Gewalt in den Händen der herrschenden Klasse zuzustimmen. Aber dazu treibt sie auch *Irrationales* – die Differenz von »vernünftig« und »affektiv – unbewusst – widervernünftig« ebnet sich ein. Was immer geschichtlich betrachtet an ökonomischem Verhängnis über dieser Zerlegung des Menschlichen in »Gefühlsmäßig-Moralisches« einerseits, herrschaftskonforme »Ratio« andererseits hängen mag, und wie unentrinnbar im großen Ganzen der Verfall bürgerlicher Vernunft – sollte hier nicht an Subjektivem *Feigheit* mit im Spiele sein –, hier wird – im Sinne Theodor W. Adornos – ein Mann gegenüber dem bewaffneten Mann »zum Weib, das auf die Herrschaft blickt?« (Horkheimer & Adorno 1981, S. 290).

Und was soll im Zusammenhange der konservativen Schmähschrift *Selbstgerechtigkeit* bedeuten – bei einem Stil, der von Selbstgerechtigkeit an keiner wesentlichen Stelle frei ist? Sollen Ordnung und Sicherheit, für wen, von wem und mit welchen Mitteln auch immer gestiftet, gegen die Einwände, die man selbst zulassen muss, doch gleich wieder abgesichert sein? Macht Lorenz Stucki in der Kritik an den moralischen Kritikern der Folter pflichtschuldig und paternalistisch seine Verbeugung vor dem Generalissimus? Oder meint der Zeitungsschreiber, er oder etwelche Kritiker der Folterungen oder gar der Padre seien nicht davor sicher, ob sie – in der Lage des von Gewissensnot bedrängten Generals, bei dem gleichwohl Staatsraison überwiegt – nicht ebenso handeln, richtiger: handeln lassen würden wie er? In der Tat war der Bourgeoisie selten eine Gemeinheit zu groß, als dass sie zum Schutze bestehender Verhältnisse nicht zu guter Letzt, mit vielen Skrupeln, von ihr Gebrauch gemacht hätte. Was die *NZZ* angeht, so vermöchte ich dieser implizierten Selbstanklage gar nicht mehr zu widersprechen. Wer angesichts der Regression auf brutale Gewaltförmigkeit und der Qual ihrer Opfer, wer angesichts einer Politik, die alle Gewalt, auf der sie beruht, nicht einmal legalistisch verhüllt, dem brasilianischen General zustimmt, der hat dank dieser Affirmation die Chance, in ausdenkbarer Rohheit sich einst selbst zu vollenden.

Aber äußert die *NZZ* nicht Einwände gegen die brasilianische Praxis der herrschenden Klasse? Bourgeoise Vorbehalte lässt sie sich nicht nehmen: die einer händlerischen Zweck-Mittel-Kalkulation; man nennt sie wohl auch *common sense*. Folterungen schaffen, weil, wegen der »großzügigen Freilassung« von Häftlingen bei Erpressungen, doch nicht zu verheimlichen, Ansätze für Gegenpropaganda der Staatsfeinde; eine Propaganda, die vor allem auf ein Publikum wirke, das von den komplexen Problemen Brasiliens keine Ahnung habe. Die Schmähung nach der Seite derer, die gegen Folter sich auflehnen, wird nicht vergessen, aber etwas *wird* vergessen: Den Leser der *NZZ* darauf hinzuweisen, dass die Henker eines Volkes gar kein Interesse daran haben, ihre sadistischen Prozeduren zu verheimlichen. Sie setzen auf einen generalpräventiven Effekt, der ja bei dem Schreiber der *NZZ* prompt wirksam wird. Unterwerfung ist von der Interessenlage, aber auch von der Angst vor dem Zugriff des Henkers nicht zu trennen.

Wie, so fragt Aimé Césaire, wird westlich-abendländische, »weiße« Kultur zerstört, entzivilisiert, verroht, degradiert? Man müsste zeigen,

> »dass jedes Mal, wenn in Vietnam ein Kopf abgeschlagen und ein Auge ausgestochen wird und in Frankreich nimmt man das hin, ein Kind vergewaltigt wird und in Frankreich nimmt man das hin, ein Madegasse hingerichtet wird und in Frankreich nimmt man das hin, dass damit die Zivilisation eine Erfahrung macht, die wiegt, dass eine universale Regression stattfindet, ein Krebsgeschwür sich einnistet, ein Infektionsherd sich ausbreitet, und dass am Ende all dieser Vertragsbrüche, all dieser Lügenpropaganda, all dieser geduldeten Strafexpeditionen, all dieser gefesselten und ›verhörten‹ Gefangenen, all dieser gefolterten Patrioten, dass am Ende dieses angefachten Rassenhochmuts, dieser zur Schau gestellten Prahlerei das Gift in die Adern Europas infiltriert ist und die langsame, doch sichere Verwilderung des Kontinents ihren Lauf nimmt« (Césaire 1968, S. 10f).

So wenig sich konservatives Denken der Infiltration durch Gewaltförmigkeit zu erwehren weiß, ja bereits korrupt genug ist, sich und seine Leser zu betrügen, zu belügen, zu täuschen und damit die Zerstörung unserer Kultur zu befördern, so wenig kann sich Liberalität der Subsumtion unter die rohe Gewaltform der herrschenden Klassen entziehen; auch in ihm und über es vermittelt nimmt die Verwilderung des Kontinents ihren Lauf. Die

Schweizer *Weltwoche*, Nr. 52/53 vom 24. 12.1970, demonstriert, wie *liberale* Haltung sich mit der Folter einzurichten weiß:

> »Die Entführer von Rio tun so, als ob sie ihre 70 Häftlinge direkt aus den Folterinstrumenten der Polizei retten müssten. Dabei sind die Verhöre, bei denen sich solche Unmenschlichkeiten zu ereignen pflegen, für die meisten von ihnen längst zu Ende, und selbst wenn wir allen Grund haben, an der Gerechtigkeit der Urteile zu zweifeln, so steht doch die Drohung, das Leben eines Unbeteiligten auszulöschen, in keinem Verhältnis zu der Summe der Leiden, die den Gefangenen noch zugemutet würden«.

Auch die *Weltwoche* bezieht sich auf die Entführung des Schweizer Diplomaten Bucher. (Warum spricht niemand von jenem jungen Schweizer Studierenden, der sich unter den Gefolterten befindet?) Sie richtet sich mit Schergen und Henkern, uralten Symbolen der Gegenaufklärung, häuslich ein, indem sie die sadistische Prozedur der Folter zu einer (»gewiss unmenschlichen«) *Durchgangsphase* eines langfristigen Lebensprogramms macht, die für die Verhafteten bald Vergangenheit geworden, die »für die meisten von ihnen längst zu Ende« ist. Wenn man sie einmal hinter sich gebracht hat, kann es nur besser werden, und wird ja auch besser; Folterung, das ist eine Episode, die der Überlebende überlebt. Die *Weltwoche* verschweigt, was nicht zu wissen schon die krude Affirmation an Unmenschliches wäre: dass Folterungen in ihren *physischen* Folgen überdauern; dass brasilianische Gefolterte nach ihrer Befreiung in Algier an Krücken aus dem Flugzeug stiegen; dass Verletzungen der Wirbelsäule, schlecht verheilte Brüche, Defekte des Urogenitalsystems zurückbleiben; dass abgeschnittene Fingerspitzen nicht nachwachsen; dass die physischen Konsequenzen der Folterung unter den Bedingungen der späteren Haft nur die Quelle immer neuer, kaum erträglicher Folgeleiden werden; dass schließlich die *psychischen* Folgen zu oft nie wieder überwunden werden können. Wenn ein Säugling vor den Augen seiner Mutter gefoltert wird, wie in Brasilien, die Mutter vor den Augen der Kinder, wie in Algerien; ist das eine *Durchgangsphase*, die beruhigenderweise bald Vergangenheit geworden ist, bald zu Ende geht?

Weltwoche, *NZZ*, Padres und Generale, alle diese leichtfertigen oder verbrecherischen Vermittler kultureller Zerstörung, werden hier einwenden, ich griffe in ideologieverdächtiger Parteilichkeit Einzelfälle heraus. Sie werden vielleicht einräumen, dass dort, wo Folter zur *ultima ratio* der herrschenden Klasse geworden ist, die zu Tage getretene Nachtseite der abendländischen Zivilisation, neben dem gerade noch akzeptierbar Unmenschlichen (»nur eine Durchgangsphase...«) auch das Nicht-Akzeptierbare vorfällt. Gut, reden wir von den Methoden der Wahrheitsfindung der *Guardia Civil* in Spanien, vom Normalfall, vom Alltag in einem europäischen Land alter Kultur:

»Die Säge. Das Verfahren ist eine Spezialität der 551. Kompanie der Guardia Civil in San Sebastian. Im Erdgeschoss des Kommissariats befindet sich eine kleine Schreinerei. In der Schreinerei steht eine Kreissäge mit einem Sägeblatt von ungefähr 50 Zentimetern Durchmesser. Kopf und Hals der Gefangenen werden dicht an die angeschaltete Säge gehalten. Die Tortur ruft Panik, Todesangst hervor und wird mitunter bis zum Wahnsinn betrieben.
Der Operationstisch. Der Gefangene wird auf einen Tisch gelegt. Männer werden festgebunden, Frauen meist von mehreren Polizisten festgehalten. Zwischen Schlägen und Misshandlungen wird ihnen in Mund und Nase schmutziges Wasser oder eine andere Flüssigkeit eingeführt. Durch die Verstopfung der Atmungswege scheinen die Lungen zu verbrennen.
Der Bleistift und das Öffnen der Finger. Durch die fest zusammengebundenen Finger wird ein Bleistift gesteckt und gleichmäßig gedreht. Die Prozedur dauert so lange, bis die Finger völlig wund sind und die Haut am Bleistift kleben bleibt. Die Finger werden dann dadurch ›geöffnet‹, dass man einen Stock von 30 Millimeter Durchmesser zwischen die zusammengebundenen Finger drückt. Dabei spreizt sich der Handknochen bis zur Verrenkung. Die Sehnen sind so überdehnt, dass der Schmerz tagelang anhält« (FR 16.12.1970).

Und wenn die Leiden der Wahrheitsfindung zu Ende, »Vergangenheit geworden« sind? Ein weiterer Bericht aus Spanien:

»In der Zelle war das Leiden genauso schrecklich. Ich hatte keine Decke, mein ganzer Körper war zerschlagen. Wie ich mich auch legte, ich litt unsägliche Schmerzen. Mich auf den Beton auszustrecken, war eine langwierige und äußerst schmerzhafte Anstrengung; das Aufstehen war noch schlimmer« (*Spiegel* 14.12.1970).

Es wäre ein Leichtes gewesen, aus deutschen Tageszeitungen, namentlich des Springerkonzerns, ähnliche, ja schlimmere Beispiele für die Kapitulation vor solcher Gewalt zu finden. Aber von Springerzeitungen erwartet der Vernünftige nicht, was einige Schweizer Organe immerhin zu leisten bestrebt waren.

Für eine vergleichsweise ganz milde anmutende Problematik – nicht Folter und Kolonialismus, sondern nur die Erziehung der Heranwachsenden – möchte ich dagegen abschließend eine deutsche Zeitschrift, *Eltern*, bemühen. Nicht erst der entfesselte Sadismus oder der *easy-rider*-Mord, nicht erst der flagrante Ausbruch gegenrevolutionärer Destruktion – jede Vermittlung belehrt uns über den rüden Gang des Ganzen. So ist nicht erst die Zunahme von Kindermisshandlungen und Kindestötung, über die ich berichtet habe, oder das Sich-Einrichten mit der Folter bezeichnend für die Wandlung gesellschaftlicher Stimmungen, in denen Rohheit und Repression allerorten begünstigt werden, sondern schon der stillere Umstand, dass in der BRD neuerdings namhafte Psychologen und Pädagogen den erzieherischen Wert von Ohrfeigen, Schlägen und Prügel wieder entdecken und dafür breite Öffentlichkeit gewinnen – ja von *ihr* erst eigentlich zu jener Wiederentdeckung gebracht worden sind; vermittelt sehr charakteristischer Weise über ein *Profitinteresse* des Kapitals.

Otto Köhler berichtete unlängst über die Professoren Undeutsch und Zielinski, Mitglieder des »Wissenschaftlichen Beirats« der Zeitschrift *Eltern*:

> »Aber der Wissenschaftliche Beirat erkannte jetzt nicht nur den erzieherischen Wert der als Klaps umschriebenen Ohrfeige. Er kann sich neuerdings auch für ›eine ordentliche Tracht Schläge‹ auf das Hinterteil erwärmen. … So kann ›Grausamkeit einem Tier gegenüber ein Grund für Schläge sein‹. Professor Undeutsch bestätigt: »›Die körperliche Züchtigung ist nötig, wenn ein Kind einem Menschen oder einem Tier gegenüber ein ausgesprochenes Rohheitsdelikt begeht‹. Und Professor Zielinski bekennt sich ohne Umschweife dazu, dass er bei Tierquälereien selbst zuschlägt. »Aber früher«, so fährt Köhler fort, »galt es genau umgekehrt. Da billigten auch diese beiden Professoren ..., dass Tierquälerei die Folge von ›häufiger Demütigung‹ der Kinder durch Ohrfeigen sein kann« (ebd.).

Otto Köhler sieht, gewiss mit Recht, diesen Zug zur *Rattenpädagogik* im Zusammenhang mit ökonomischen Interessenlagen; die Auflage von *Eltern* sinkt. Da sich erst nur eine Minderheit unseres Volkes zur gewaltlosen Erziehung (noch) bekennt – nach *Eltern*-Informationen nur 16 % – empfiehlt sich eine Anpassung an die *schweigende Mehrheit*.

Cui bono? Dass es möglich ist, gerade in unserem Lande erneut die Ansicht zu vertreten, es sei manchmal gut, sein Kind zu schlagen – einfach weil solche Ansichten akquisitorisches Potenzial besitzen, weil sie Geld bringen, obschon die Verbreitung der Prügelpädagogik die Misshandlungsrate steigen lässt (vgl. Kapitel 2) und dadurch, aber auch über Erniedrigung, Angst jenseits der strafbaren Misshandlung, beschädigte Erwachsene produziert, ist *ein* Indiz dafür, dass und auf welche Weise sich die Rebarbarisierung unserer Kultur fortpflanzt. Nun ist dergleichen Borniertheit gewiss in vielen Ländern endemisch. Erst dass sie öffentliches Interesse findet, ihr Profitaspekt, *dass sie sich äußern darf, weil sie wieder gefragt wird*, lehrt uns den Zusammenhang mit dem Duktus geschichtlicher Gewaltförmigkeit.

»Dass Staaten an einer kühnen Umformung, wie die Zeit sie fordert, zu Grunde gegangen wären«, schrieb Theodor Fontane im Jahre 1897 an Georg Friedländer, »dieser Fall ist sehr selten. Ich wüsste keinen zu nennen. Aber das Umgekehrte zeigt sich hundertfältig«. »Wir brauchen einen ganz neuen Unterbau. Vor diesem erschrickt man; aber wer nicht wagt, der nicht gewinnt«. Anstelle des *ganz neuen Unterbaus* begegnet uns heute jedoch ein anderes weltgeschichtliches Ereignis mit dem Auftrag, die Gewichte zwischen Umformungswagnis und Untergang zugunsten der je etablierten Mächte anders zu setzen: in dem am weitesten fortgeschrittenen kapitalistischen Staat, den USA, und in den noch rückständigen Randstaaten der industrialisierten Welt (wie Spanien, Portugal, Griechenland oder auch Brasilien und Persien) die Figur des *Henkers*, die Rückkehr roher Gewaltförmigkeit in die Technik der Konstruktion und Destruktion sozialer Systeme, um jene staatliche Ordnung und Stabilität zu erhalten, die an den inneren Widersprüchen des organisierten Kapitalismus und unter dem Druck der Befreiungskämpfe in der nicht-industriellen Welt zu wanken, zu scheitern droht. Doch auch in den Kernländern abendländischer Zivilisation, in Frankreich, der Bundesrepublik und der Schweiz machen sich die Antagonismen des organisierten Kapitalismus allerorten in Rissen, Dysfunktionen und Partialkrisen bemerkbar. Da kein Krisenmanagement mehr dem unkontrollierbar gewordenen Verwertungsprozess des Kapitals gewachsen ist und selbst technokratische Orientierungs- und Steuerungsmodelle wie ein Anhängsel vom Verwertungsprozess mitgerissen werden, das Kapital seine Propheten gleichsam hinter sich herschleift, beginnt auch hier die »Versöhnung mit dem einzigen Wege« der sich zur Stabilisierung der Lage anpreist: dem der Gewalt, der Militarisierung der Gesellschaft in entscheidenden Sektoren.

Friede: der Stand eines Unterschiedenen ohne Herrschaft, in dem das Unterschiedene teilhat aneinander, Versöhnung, kennzeichnete einen gesellschaftlichen Zustand, in dem Glück, in dem ein befreiteres Dasein für alle denkbar wäre. Die Zeit des großen Aufatmens wäre angebrochen. Die Gesellschaft des organisierten Kapitalismus hat sich von diesem Zustand – nie mehr als ein Horizont von Hoffnungen – weit entfernt. Die Geschichte und Organisation seines einzigen ernsthaften Gegners, der Arbeiterklasse, schärfen mehr als anderes den Blick für die Divergenz zwischen der geschichtslogischen Präzision revolutionärer Theorie und dem faktischen Verlauf des geschichtlichen Prozesses. Der wälzt sich langsamer um, scheint stillzustehen und blickt sehr lange, ein beim Bild genommener Benjamin'scher Engel der Geschichte, auf Trümmer zurück.

Doch zeigt sich heute in einigen Ländern, darunter der Bundesrepublik, dass die Loyalität und politische Apathie der Bürger des Staats zunehmend von dem Umstand betroffen werden, dass der Staat, Regierungsgewalt und Bürokratie bestimmte berechtigte Bedürfnisse und Wünsche der Populationen nicht mehr befriedigen können (Wohnungsbau, Straßenverkehr, öffentliche Dienste, Gesundheitswesen, Bildung ...) und innerhalb der Arbeiterklasse[1] die Bereitschaft zum (auch politischen) Streik anwächst. Die *Studentenbewegung* hat hier eine avantgardistische Funktion gehabt. Ausschließlich in der künftigen Organisierung des wachsenden Konflikt- und Protestpotentials als Gegenmacht, *contropotere*, werden wir uns der von so vielen Seiten her drohenden Rebarbarisierung und der gewaltförmigen Zerstörung menschlichen Zusammenlebens erwehren können. Die Kapitulation der Kritik vor dem Ungeist roher Gewaltförmigkeit und vor Kapitalinteressen, die anhand einiger Zeitungen analysiert wurde, ist zugleich ein Zeichen der Schwäche von Herrschaft; offensichtlich bedarf es wirklich globaler Anstrengung, sie noch zu stabilisieren; und so enthalten annähernd alle Signale der Barbarei, über die ich berichtet habe, im Kern immer auch ein Signal der *Niederlage* der Gesellschaftsordnungen, in deren Zeichen sie gegeben werden.

---

[1]   Und anderer lohnabhängiger Teilpopulationen.

Literatur

Adorno Theodor W. (1969). Stichworte. Frankfurt/M.: Suhrkamp.

Agnoli Johannes & Brückner Peter (1968). Transformation der Demokratie. Frankfurt/M.: Europäische Verlagsanstalt.

Bernstein Basil (1970). Soziale Struktur, Sozialisation und Sozialverhalten. Amsterdam: de Munter.

Brückner Peter (1973). Springer-Presse und Volksverhetzung, in: Ders., Th. Leithäuser & W. Kriesel, Politisierung der Wissenschaften. Gravenhage: van Eversdijck. S. 108–122.

Brückner Peter (1969). Das Selbstbild eines Konzernbesitzers, in: P. Brokmeier (Hg.). Kapitalismus und Pressefreiheit. Am Beispiel Springer. Frankfurt: Europäische Verlagsanstalt.

Brückner Peter, Leithäuser Thomas & Kriesel Werner (1969). Psychoanalyse. Zum 60. Geburtstag von Alexander Mitscherlich. Frankfurt/M.: Europäische Verlagsanstalt.

Bücher Karl (1946). Arbeitsteilung und soziale Klassenbildung. Antrittsvorlesung 1892 Leipzig. Frankfurt/M.: Klostermann.

Césaire Aimé (1968). Über den Kolonialismus. Berlin: Wagenbach.

Eyth Max (1930). Hinter Pflug und Schraubstock (Skizzen aus dem Tagebuch eines Ingenieurs). Berlin: Vier Falken Verlag.

Feidel-Mertz Hildegard (1964). Zur Ideologie der Arbeiterbildung. Frankfurt/M.: Europäische Verlagsanstalt.

Flaubert Gustave (1949). Briefe an die Geliebte. Stuttgart: Klett-Cotta.

Freud Sigmund (1946). Triebe und Triebschicksale, in: Ders., Gesammelte Werke Bd. 10. Frankfurt/M.: Fischer.

Göhre Paul (1891). Drei Monate Fabrikarbeiter und Handwerksbursche. Leipzig: Grunow Verlag.

Gravenhorst Lerke (1970). Soziale Kontrolle abweichenden Verhaltens. Fallstudien an weiblichen Insassen eines Arbeitshauses. Frankfurt/M.: Suhrkamp.

Hanack Ernst-Walter & Wahle Eberhard (1969). Zur Revision des Sexualstrafrechts in der Bundesrepublik. Reinbek: Rowohlt.

Hausenstein Wilhelm (1912). Die großen Utopisten. Berlin: Buchhandlung Vorwärts.

Hofmann Werner (1968). Zur Soziologie der Studentenrevolte. Berlin: arbeitsgemeinschaft agitation & propaganda.

Horkheimer Max & Adorno Theodor W. (1981). Dialektik der Aufklärung. Frankfurt/M.: Suhrkamp.

Horn Klaus (1968). Dressur oder Erziehung. Schlagrituale und ihre gesellschaftliche Funktion. Frankfurt/M.: Suhrkamp.

Jaide Walter (1969). Junge Arbeiterinnen. München: Juventa.

Jefferson Thomas (1955). The Political Writings. Notes on the State of Virginia., Query XVIII, zit. nach: Forum Books, N.Y. 1955

Jeziorowski Jürgen (1970). Das Elend deutscher Kinder. *Vorgänge. Zeitschrift der Humanistischen Union.* S. 393ff.

Jünger Ernst (1932). Der Arbeiter. Herrschaft und Gestalt. Hamburg: Hanseatische
    Verlagsanstalt.

Knilli Friedrich & Münchow Ursula (1970). Frühes Deutsches Arbeiter Theater
    1847–1918. Eine Dokumentation. München: Hanser Verlag.

Marcuse Herbert (1970) Studie über Autorität und Familie, in: Ders.: Ideen zu einer
    kritischen Theorie der Gesellschaft. Frankfurt/M.: Suhrkamp.

Marx Karl (1983). Debatten über das Holzdiebstahlsgesetz, in: MEW Bd. 1. Berlin:
    Dietz Verlag. S. 109–147.

Marx Karl (1969). Deutsche Ideologie. MEW Bd. 3. Berlin: Dietz Verlag. S. 5–530.

Marx Karl (1969a). Zur Kritik der Hegelschen Rechtsphilosophie, in: MEW Bd. 1.
    Berlin: Dietz Verlag. S. 378–391.

Meinhof Ulrike Marie (1967). Die Barbarei der sozialen Ungleichheit, Frankfurter Hefte
    11. S. 763ff.

Mitscherlich Alexander (1965). Die Unwirtlichkeit unserer Städte. Frankfurt/M.:
    Suhrkamp.

Mitscherlich Alexander (2003). Auf dem Wege zur vaterlosen Gesellschaft, Weinheim:
    Beltz.

Musil Robert (1978). Der Mann ohne Eigenschaften. Reinbek: Rowohlt.

Negt Oskar (1968). Soziologische Phantasie und exemplarisches Lernen. Zur Theorie
    der Arbeiterbildung, Frankfurt/M.: Suhrkamp.

Neidhardt Friedrich (1975). Die Familie in Deutschland. Opladen: Leske + Budrich.

Reich Wilhelm (1933). Massenpsychologie des Faschismus. Zur Sexualökonomie der
    politischen Reaktion und zur proletarischen Sexualpolitik. Kopenhagen/Prag/Zürich:
    Verlag für Sexualpolitik.

Reiche Reimut (1970). Sexualität und Klassenkampf. Zur Abwehr repressiver Ent-
    sublimierung. Frankfurt/M.: Neue Kritik.

Ritter Henner (1969). Grenzen der Emanzipation. *Das Argument 50.* S. 299ff.

Robinson H. (1971). Mosaik der Gewalt, *Vorgänge* 1. S. 1ff.

Rodbertus Karl Johann (1946). Die Forderungen der arbeitenden Klassen. Frankfurt/M.:
    Klostermann [1839].

Rosenmayer Leopold (1963). Familienbeziehungen und Freizeitverhalten jugendlicher
    Arbeiter. Wien: Verlag für Geschichte und Politik.

Sartre Jean-Paul (1971). Der Intellektuelle und die Revolution. Neuwied-Berlin:
    Luchterhand.

Schrader-Klebert Karin (1969). Die kulturelle Revolution der Frau, *Kursbuch 17*
    (Frau, Familie, Gesellschaft). S. 1–51.

Schwarz Martina (2004). Die bürgerliche Familie im Spätwerk Ludwig Tiecks. Familie
    als Medium der Zeitkritik. Würzburg: Königshausen & Neumann.

Vinnai Gerhard (1970). Fußballsport als Ideologie. Frankfurt/M.: Europäische Verlags-
    anstalt.

Wurzbacher Gerhard, Jaide Walter et al. (1960). Die junge Arbeiterin. München:
    Juventa.

Über die Autoren

Peter Brückner, Jahrgang 1922, studierte Psychologie (Promotion 1957) und Psychoanalyse bei Alexander Mitscherlich. 1967 wird er Professor für Psychologie an der Universität Hannover. Von Januar 1972 bis Sommer 1973 wurde er seines Amtes enthoben, weil man ihm die Unterstützung der Baader-Meinhof-Gruppe nachsagte. Vom Oktober 1977 war er erneut vom Dienst suspendiert (siehe Vorwort in diesem Buch). Die meisten seiner Veröffent-lichungen sind bei Wagenbach verlegt. *Zur Sozialpsychologie des Kapitalismus* erschien zum ersten Mal 1972.

Klaus Weber, Jahrgang 1960, Erzieher und Psychologe. Professor für Psychologie an der FH Frankfurt (1997–2003) und seit Mai 2003 an der FH München. Gastprofessur an der Universität Innsbruck (Institut für Psychologie) seit 1998. Habilitation an der Universität Oldenburg zu Psychologie und Faschismus (2002). Mitarbeiter am *Historisch-Kritischen Wörterbuch des Marxismus*, Mitglied des Wissenschaftlichen Beirats des *DGB Bildungswerk Bayern*. Vertrauensdozent der *Hans-Böckler-Stiftung* und der *Rosa-Luxemburg-Stiftung*. Veröffentlichungen: Rechte Männer (2001). Blinde Flecken. Psychologische Blicke auf Rassismus und Faschismus (2003).

2004 · 262 Seiten · Broschur
EUR (D) 24,90 · SFr 43,70
ISBN 3-89806-345-3

Jüngst zeigt, dass der für die heutige Globalisierung kennzeichnende »Raubtier-kapitalismus« und die mit ihm verbundenen gesellschaftlichen Prozesse weithin von einer psychosozialen (paranoid-schizoiden) Dynamik bestimmt werden. Diese Dynamik nahm von besonderen psychosozialen Konstellationen der US-amerikanischen Gesellschaft ihren Ausgang und ist mittlerweile für die weltweite Eskalierung von Krisen- und Konfliktsituationen wesentlich verantwortlich, wie beispielsweise im Falle des islamisch-westlichen Antagonismus oder in Bezug auf zahlreiche Problemsituationen vieler »Entwicklungsländer«.

Peter Jüngst thematisiert auch, wie solche Krisen und Konflikte durch die psychosozialen Voraussetzungen der betroffenen Regionen, d. h. im Falle von »Entwicklungsländern« auch durch die psychosozialen Nach- und Auswirkungen von Kolonialismus und »Neokolonialismus« beeinflusst werden.

Dieses Buch leistet einen unerlässlichen Beitrag zum tieferen Verständnis aktueller gesellschaftlicher Entwicklungen, vor allem der Globalisierung.

P⬚V
Psychosozial-Verlag